삶에서 찾는 문화선교

Christian Mission in Our Life

조은식 저

숭실대학교 출판부

추천의 글

조은식 박사는 선교학의 이론을 넘어 세계 선교 현장에서 선교를 실천하신 분으로 이 책에서 선교의 새로운 패러다임과 전망을 제시해 주고 있습니다.

조 박사는 이 책에서 사도 바울의 타문화권 선교 방법을 고찰함으로 성서적 토대를 세우고, 마테오 리치의 중국선교를 통해 역사적 교훈을 얻고 있습니다. 그리고 시각을 한국으로 돌려 한국 기독교 역사에 나타난 1907년 대부흥을 통해 성장이 정체된 오늘의 한국교회에 도전을 주고 있습니다.

또 한반도의 자주 평화통일을 위한 지속적인 교류를 제안하고, 특히 미국 이민자들의 정체성을 통한 새로운 공동체 형성의 필요성을 다루었습니다. 아울러 이 책은 청년목회를 문화적으로 접근하며 청년들의 고민과 아픔을 분석하고 치유 사역의 중요성을 알리며, 기독교대학의 채플교육의 기본적인 전략을 제시하고 있습니다.

『삶에서 찾는 문화 선교』는 저자의 학문적 배경과 현장경험이 균형 있게 결합된 귀한 선교학 책으로 청년목회 사역자, 목회자, 기독교 대학교수, 대학생, 그리고 전 세계에 흩어져 살고 있는 한인 디아스포라의 미래에 관심 있는 분들과 남북통일을 염원하는 분들, 그리고 더 나아가서는 오늘의 세계 선교를 마음에 품고 기도하며 준비하는 분들에게 새로운 이해와 도전이 될 것입니다.

2009년 5월 7일

김 인 식 목사

(전 미국장로교 총회 세계선교부 아세아 총무)

머리말

사람들은 보통 선교를 특정한 나라에 가서 복음을 전하는 것이라고 생각한다. 그러다 보니 선교를 나와 거리가 먼 것으로 여기게 된다. 또 문화가 다른 나라에 가서 생활해야 한다는 생각 때문에 선교에 대해 조금은 두려움을 갖고 있기도 하다. 사실 선교는 그렇게 멀리 있는 것도 아니고 그렇게 힘든 것만도 아니다.

선교란 우리 삶을 통해 나타나는 것이다. 다시 말해 우리가 그리스도인으로 사는 것이 그리스도의 증인으로 사는 삶이라면 그것이 선교이다. 남녀노소 지위고하를 막론하고 그리스도인으로서 아름답게 살므로 그리스도의 향기를 전하는 사람의 삶이 선교적 삶이며 선교이다.

이 책은 지난 몇 년 동안 발표했던 논문 가운데 10개를 선별하여 묶은 것이다. 우리의 삶 가운데서 발견할 수 있는 주제들이 많다. 그래서 『삶에서 찾는 문화 선교』라는 제목을 붙였다.

제1장은 선교 역사를 통해 변화된 선교 개념과, 선교의 범위의 변화, 교회와 선교의 관계 그리고 선교 신학적 관점에서의 교회와 세상의 관계를 살펴보고, 선교신학의 전망에 대해 논하였다.

제2장은 성경에 나타난 타문화권 선교 가운데 신약성경 사도행전 17장에 나오는 아덴에서의 바울의 선교사역에 초점을 맞추어 먼저 본문에 대한 간단한 주석을 하고 이 구절에 나타난 바울의 선교방법의 중요성을 살펴보며 타문화권 선교의 성서적 기초를 찾아보았다.

제3장은 선교 역사에 나타난 타문화권 선교 가운데 중국에서 문화적응 사역을 한 마테오 리치의 선교 사역을 조명해 보았다. 마테오 리치의 문화적응

선교 접근법은 종교와 문화의 상관성에 대한 적절한 모델로 타문화 선교에 귀한 교훈을 제공한다.

제4장은 1907년 한국교회 대부흥 사건의 시대적 배경, 원인, 내용, 긍정적 및 부정적 결과들을 재검토하고, 1970년대 한국교회 성장과의 유사점을 찾아보며 그 영향력이 오늘까지 어떻게 지속되고 있는가를 조사하였다.

제5장은 남북통일을 염원하는 남북한 기독자들이 해외에서 가졌던 다양한 회담과 교류를 조사하며 다가 올 통일을 준비하기 위해 어떻게 교류를 지속해야 하는지에 대한 제언을 하였다.

제6장은 다원화된 문화 속에서 현대 청년들의 성향을 분석하고 이들을 위한 청년목회를 문화선교의 관점에서 접근하며 청년목회의 변화를 제안하였다.

제7장은 청년들도 그들의 삶과 그들의 세계에서 나름대로 다양한 상처를 받고 있다. 이 연구는 청년목회 현장에서 발견되는 청년들의 상처를 살펴보며 그 상처에 대한 치유의 방향에 대하여 논하고 있다. 그들의 상처가 치유되지 않으면 그들은 교회를 떠나게 될 것이고 교회는 위기를 맞게 될 것이기 때문에 목회적 차원 및 선교적 차원에서 치유사역은 중요하고 필요하다.

제8장은 기독교대학에서 실행되는 채플은 참석자의 대부분이 비기독교인임을 감안할 때 단순한 수업도 아니고 교회에서 행해지는 예배의 형식을 따르기에도 무리가 있는 묘한 위치에 있다. 비기독교인 학생들에게 어떻게 하면 채플 참여에 대한 부담감내지는 반감을 최소화하고, 자발적으로 참여하는 채플이 될 수 있을까 하는 점이 운영의 중요성이다. 이 연구는 숭실대학교를 중심으로 학생채플의 변화를 비교 · 분석하여 보다 나은 채플로 만들어가기 위한 개선 방안을 살펴보며 채플 교육의 기본적인 전략을 찾아보았다.

제9장은 한국 교회가 펼치고 있는 전문인 선교 가운데 의료선교에 대한 기초적인 연구에 대한 시도이다. 이 연구는 단순한 문헌연구의 차원이 아닌 현장 답사를 통한 실제적인 연구이다. 이것을 위해 신생독립국인 동티모르를 선정하여 현장의 필요를 파악하여 현지 중심의 의료선교 사역을 고찰하였다.

第10장은 이민 1세라고 부르는 미국 거주 한인 성인 이민자들의 이민 경험과 적응을 살펴보며 주류 사회에 적응하고 정착하기 위해 이민자들의 정체성을 통한 새로운 공동체 형성에 대하여 고찰하였다.

이 책에서 다룬 다양한 선교 주제들이 선교를 공부하는 분들에게 도움이 되었으면 좋겠다.

특별히 이 책을 추천해 주시며 격려해 주신 김인식 목사님, 이광순 교수님, 이수영 목사님께 깊은 감사를 드린다. 선교행정과 현장 전문가이신 김인식 목사님은 필자가 선교사로 준비할 때부터 시작하여 필리핀에 선교사로 있는 동안 수퍼바이저로 도움을 많이 주셨고, 지금까지도 계속 관심을 가지시고 격려를 해 주시는 분이시다. 선교학계의 어른이신 이광순 교수님은 필자가 한국에 귀국하여 장로회신학대학교 선교학과 초빙교수로 봉직할 때부터 지금까지 한결같이 부족한 필자를 감싸주시며 지도해 주시는 분이시다. 신학자이시며 목회자이신 이수영 목사님은 일관된 모습으로 바른 목회자상을 보여 주시는 분으로 언제나 필요하고 적절한 말씀으로 교훈해 주시는 분이시다.

끝으로 이 책을 출판하도록 격려해 주신 숭실대학교 출판부 임경란 계장님과, 표지 디자인을 해주신 박현선 집사님 그리고 그 외 수고하신 여러분들께 감사의 마음을 전한다.

사실 이 책은 모친(文貞淑)의 팔순을 기념하여 출판하려고 계획되었었다. 그러나 필자의 게으름으로 차일피일하던 것이 팔순이 지난 이제야 출판을 하게 되었다. 죄송한 마음으로 늦게나마 이 책을 모친께 바친다.

2009년 5월 8일 어버이날에

조 은 식

차 례

선교신학 연구의 쟁점과 전망

들어가는 말

요즘처럼 "선교"라는 단어가 흔하게 사용되던 시기는 아마 없었을 것이다. 선교를 말하지 않는 교회가 없고, 기독교인들의 모든 활동 영역에 선교라는 이름이 빠진 경우가 거의 없는 것으로 보인다. 교회 이름도 '000 선교교회' 라고 하여 선교하는 교회 또는 선교를 강조하는 교회라는 느낌이 들게 교회 이름을 짓기도 한다. 교회 안에는 '남선교회' 와 '여선교회' 라는 조직이 있다. 선교지를 방문하는 일도 선교지 방문이나 선교지 여행이라는 말보다 단기 선교라는 이름 아래 사용하기를 좋아한다. 요즘 교회의 문화 사역은 문화 선교라는 말로 표현된다. 이처럼 교회의 활동을 선교라는 개념과 분리해서는 생각하기 어려운 것이 현실이다. "선교하지 않는 교회는 교회가 아니다"라는 말처럼 교회의 본질은 선교라고 할 수 있다. "기독교 신앙은 본질상 선교적"이고 따라서 기독교가 선교적인 신앙을 갖지 못하게 되면 그것은 스스로의 존재 이유를 부인하는 것과 같은 것이다.[1)]

1950년대 이후 선교의 논쟁이 선교 현장의 논쟁과 선교신학의 논쟁으로 다양화되기 시작하였다. 과거에는 선교 현장에서 복음을 제시하고 봉사의 사역 범위를 정하는 논쟁을 하였고, 이에 따라 선교의 방법, 동기, 목표 등을

---

1) David J. Bosch, *Transforming Mission: Paradigm Shifts in Theology of Mission* (New York: Orbis, 1991), 8.

논의하였다. 그러나 20세기 중엽부터는 선교의 목적과 본질에 대한 질문이 제기되었다. 아울러 구약의 구심적 선교에서 마태복음 28장의 대강령을 중심으로 한 원심적 선교로 전환이 되었고, 교회 밖의 세상에서 하나님의 구원 사역의 가능성이 인정되었다. 그리고 선교를 하나님 나라 관점에서 접근하기 시작하였다.[2] 이 외에도 복음화와 인간화의 문제,[3] 교회의 사회참여 방식과 범위,[4] 전도와 사회참여의 관계,[5] 선교와 문화의 문제,[6] 타종교와의 대화 문제와 다원주의 문제,[7] 뉴에이지 운동, 세속화와 포스트모더니즘, 평화의 문제 등이 선교신학의 주요 쟁점으로 다루어지고 있다.

이 논고에서는 한정된 지면관계로 선교신학의 쟁점 가운데 선교 역사를 통해 변화된 선교 개념과, 선교의 범위의 변화, 교회와 선교의 관계 그리고

2) 박영환, 『핵심 선교학 개론』 (서울: 도서출판 바울, 2003), 18-19, 42.

3) 세계교회협의회(World Council of Churches)의 웁살라 제4차 총회(1968년)에서 선교개념의 급진적 성향이 나타났다. 선교의 목표가 전통적 의미의 복음화에서 인간화로 바뀐 것이다.

4) 세계교회협의회의 웁살라 총회(1968년) 이후 1973년 방콕 선교대회에서는 교회의 사회적 참여 방식에 있어 급진성이 두드러지게 나타났다. 이에 대해 복음주의 신학자들이 에큐메니칼 선교의 방향과 내용에 대해 비판을 하였다. 이것을 계기로 복음주의자들이 에큐메니칼 선교를 부정적으로 보게 되었다. 그러나 에큐메니칼 선교의 도전을 받아들여 복음주의 진영은 1974년 로잔 선언을 통해 선교에 사회참여를 포함시키게 되었다.

5) 전도와 사회참여의 우선순위에 대한 문제에 대하여 복음주의 진영은 1974년 로잔대회에서 '사회책임'을, 1989년 마닐라 대회에서 '사회참여'를 선교의 과제로 추가하였다. 이들은 선교에 복음전도와 사회참여를 포함시키면서도 전도에 우선순위를 두고 있다. 반면 에큐메니칼 진영은 전도와 사회참여는 상황에 따라 다를 수 있다는 유연한 태도를 취하고 있다.

6) 사회윤리학적 관점에서 그리스도와 문화의 상관성에 대한 역사적 분석과 비판을 한 리처드 니버의 *Christ and Culture* (『그리스도와 문화』)가 1951년 출판되었고, 선교적 인류학의 고전인 유진 나이다의 *Customs and Cultures* (『풍습과 문화』)가 1954년 출판되었으며, 조직 신학자 폴 틸리히의 *Theology of Culture* (『문화 신학』)이 1959년 출판되었다. 복음주의 진영에서는 1978년 복음과 문화의 관계를 선교 신학적 관점에서 규명하는 보고서를 발표하였다. 그것은 *The Willowbank Report — Gospel and Culture*, (『복음과 문화』)로 과거 서구 교회의 문화우월주의와 문화제국주의에 대한 반성을 하며 선교 현장의 문화의 다양성을 인정하고 선교지 문화를 새로운 관점에서 이해하려고 시도하였다. 세계교회협의회 나이로비 제5차 총회(1975)와 밴쿠버 제6차 총회(1983)에서 문화의 문제를 다루었고, 1996년 살바도르에서 개최된 세계선교대회에서 이 문제를 집중적으로 논의하였다. 또한 선교학계에 토착화 문제와 상황화 문제 등이 중요한 이슈로 등장하였다.

선교 신학적 관점에서의 교회와 세상의 관계를 살펴보고, 선교신학의 전망에 대해 알아보겠다.

1. 선교 역사의 흐름

초대교회의 왕성한 복음전파 활동 이후, 복음전파라는 측면에서의 선교가 지금까지 일관되게 지속된 것만은 아니다. 사실 종교개혁 이후 개신교의 선교는 정체되어 있었다. 반면에 종교개혁으로 로마 가톨릭교회는 유럽에서 개신교에 회심자를 잃은 것보다 더 많은 이교도 회심자를 얻었다. 왜 그랬을까? 그 이유는 무엇일까? 선교사가들은 종교 개혁자들이 선교에 무관심했다고 지적한다.[8] 종교 개혁자들은 예수의 지상명령인 선교가 원 사도들에게만 해당된다고 가르쳤다. 그리고 복음은 사도들에 의해 세상 끝까지 전파되었기 때문에, 후대가 복음을 모른다면 그것은 그들 자신의 잘못이라고 생각했다. 그러므로 후대의 교회는 선교사를 땅 끝까지 보낼 권위도 없고 책임도 없다고 가르쳤던 것이다. 이런 당시의 잘못된 신학에 대하여 하드리안 사라비아(Hadrian Saravia, 1531-1613)와 져스티니안 폰 벨츠(Justinian von Weltz)는 교회가 세계 복음화의 책임을 감당해야 한다고 역설하는 글을 쓰기도 하였다.[9] 한편, 종교 개혁자들의 선교 활동을 주장하는 학자들도 있었으나 소수에 불과했다.[10]

17세기 독일의 경건주의와 18세기 모라비안 선교회 그리고 18-19세기의

7) 에큐메니칼 진영의 1928년 예루살렘 대회에서 타종교에 대한 이해와 태도에 대한 보고서를 작성하였고, 1938년 탐바람 협의회에서 헨드릭 크레머는 "The Christian Message in a Non-Christian World"(비기독교 사회에서 기독교 메시지)란 제목으로 타종교에 대한 기독교의 입장과 종교다원주의 신학에 대한 비교종교학적 비판을 하였다. 기독교와 타종교와의 문제는 세계교회협의회의 선교대회에서 중요한 의제로 등장하고 있다. 반면에 복음주의 진영에서는 타종교와의 문제에 대한 언급이 거의 나타나지 않는다. 존 힉(John Hick), 폴 니터(Paul Knitter), 레이몬드 파니카(Raymond Panikkar) 등은 대표적인 종교다원주의자들이다.

8) 케네스 라투렛(Kenneth Latourette), 스티븐 닐(Stephen Neill), 윌리엄 호그(William Hogg), 허버트 케인(Herbert Kane) 등이 여기에 속한다.

복음적 각성을 통해 선교에 대한 관심이 개신교 안에서 고조되기 시작하였다. 일반적으로 18세기 경건주의에 현대선교운동의 기원을 둔다. 경건주의 운동의 지도자 가운데 한 사람인 프랑케(August Hermann Franke, 1663-1727)는 사회적 차원에서 자선활동 성격의 봉사활동을 하였으나, 경건주의 선교는 개인의 회심에 중점을 둔 개인적 차원의 복음전도를 강조하였다.[11] 이런 분위기 때문에 "근대 선교의 아버지"라고 불리는 윌리엄 케리(William Carey)가 이교도의 회심에 대한 기독교인의 책임을 주장했을 때, 그의 호소에 동조하는 사람은 별로 없었다. 실제로 선교 사역은 그 당시 너무 새롭고 놀랄만한 것이었다. 케리가 선교지로 가려고 했을 때 심지어 그의 부친은 아들을 미친 사람으로 취급하였고, 그의 아내조차 동행을 거절했었다. 그러나 케리는 그런 아내와 네 자녀를 데리고 1793년 인도를 향해 출항해 40년 동안 선교사역을 하였다.[12] 그 후 선교 단체가 조직되고 각 교단에 선교 기관이 설치되었다.

18세기 말 영국에서 시작된 개신교 선교는 점점 확대가 되어, 마침내 여러 개신교 국가에서 이교도 세계에 선교사를 파송하기 시작하였다. 그래서 모든 개신교 국가가 선교지에 선교사를 보낼 정도로 확장되었다. 개신교 선

---

9) 개신교 선교 프로그램이 오래 걸린 이유는 첫째, 종교개혁자들의 신학의 문제 외에, 둘째로 로마 가톨릭교회와 비교했을 때 개신교의 세력과 숫자가 매우 적었다는 점이다. 가톨릭교회는 반종교개혁으로 종교개혁으로 잃었던 많은 영역을 되찾을 수 있었다. 셋째, 유럽의 개신교가 아시아, 아프리카 및 신세계의 선교에서 고립되었다는 것이다. 스페인과 포르투갈은 로마 가톨릭 국가로 상선이 가는 곳마다 상인과 선교사들을 수송하였다. 넷째, 개신교에는 로마 가톨릭교회가 세계로 확대되는 데 있어 큰 역할을 하였던 종교적인 질서가 없었다. J. Herbert Kane, *A Concise History of the Christian World Mission* (Grand Rapids, MI: Baker Book House, 1978), 박광철 역, 『기독교 세계 선교사』 (서울: 생명의 말씀사, 1981), 105-108.

10) 깔뱅의 선교활동에 대해서는 김성현, "종교개혁 운동에 나타난 선교와 부흥—깔뱅을 중심으로"(101-135)와 "선교사 깔뱅"(137-158)을, 루터와 깔뱅의 선교활동에 대해서는 변창욱, "루터와 깔뱅의 선교 사상과 사역"(159-196)을 참조하라. 이광순 편,『종교개혁과 선교』 (서울: 미션아카데미, 2007).

11) 한국일, "통전적 선교신학: 복음주의 선교와 에큐메니칼 선교의 대화적 관점," 〈제3회 春溪 신학강좌 발제 논문〉, (2004. 11. 9.), 3.

12) Kane, 『기독교 세계 선교사』, 121-126.

교가 19세기에 들어 가장 활발하게 활동을 하여 19세기를 "위대한 세기(the Great Century)"라고 부르기도 하였다.[13] 이 시기에는 유럽 세력이 아시아, 아프리카, 오세아니아 및 중동에 확장되며 선교사업이 진척되던 때였다. 유럽 세력의 확장에는 외교관, 상인, 선교사의 세 단체가 있었지만, 피선교지인의 눈에는 정치적, 경제적, 문화적 식민주의로 보였다.

이 시기에 특기할 것은 특수선교와 성서공회의 조직이다. 특수선교는 특정한 계층이나 상황에 처한 사람들을 대상으로 하는 선교로 인디언, 에스키모, 맹아, 농아, 군인, 부녀자, 어린이, 고아, 나환자 등을 대상으로, 문맹퇴치, 전도 문서 배부, 방송 전도, 사회봉사, 구호 사업 등의 사역을 하였다. 그리고 개신교 국가에서 거의 대부분 성서공회를 조직하여 성서의 번역, 출판, 배포를 담당하기 시작했다.[14]

19세기 후반에 시작된 신앙 선교 운동(Faith Mission Movement), 성서학원 운동(Bible Institute Movement), 그리고 학생 자원 운동(Student Volunteer Movement)이 20세기에 들어와 풍성한 열매를 맺으며 발전하게 되었다. 학생 자원 운동은 1930년대에 끝이 났고, 신앙 선교 운동과 성서학원 운동은 아직도 계속 되고 있다. 20세기가 되면서 선교의 성격은 개인적 차원에서의 선교가 선교단체 형태로, 초교파 선교단체로부터 교파주의적 선교회로 바뀌게 되었다.[15] 20세기에는 식민지주의가 붕괴되고, 제2차 세계대전 이후 공산주의가 발흥하게 되었다. 20세기 중반부터 서구 국가들의 식민지 시대 종식과 더불어 선교학은 상황과 신학적 차이로 다양한 형태로 전개되었다.[16] 세계는 점점 국제화 및 다원화 되어 가고 있다.

---

13) 케네스 라투렛(Kenneth Scott Latourette)은 그의 7권으로 된 *History of the Expansion of Christianity* (『기독교 확장사』)에서 19세기를 3권에 할애하여 "위대한 세기"라고 지칭하였다. 그것은 그 시대에 수많은 선교사들이 나왔기 때문이다. Kane, 『기독교 세계 선교사』, 133, 140.

14) 위의 책, 133-136.

15) 한국일, "통전적 선교신학: 복음주의 선교와 에큐메니칼 선교의 대화적 관점," 5.

16) 한국일, 『세계를 품는 선교』 (서울: 장로회신학대학교 출판부, 2004), 26.

이처럼 복음전파라는 소명에 순종하여 실천하는 활동이라는 면에 초점이 맞추어져있던 선교에 대한 이해가 발전하면서 선교의 개념도 확대되고 그러면서 선교가 신학의 한 부분으로 자리를 잡게 되었다. 이처럼 선교가 성서에서 근거를 찾아 신학의 한 분야로 정착된 것은 그리 오래전이 아니다.[17]

2. 선교 개념의 변화

선교는 "보내다(mittere)"라는 라틴어에서 유래하며 예수 그리스도를 전하기 위해 세상에 보내는 것을 의미한다. "선교(mission)"와 "전도(evangelization 또는 evangelism)"의 두 용어에 있어서, 일반적으로 선교는 외국에 복음을 전파하러 가는 것이라고 생각한 반면, 전도는 국내에서 복음을 전파하는 것으로 생각하였다. 이러한 지역적인 구분은 선교와 전도가 각각 다른 것처럼 보이게 하였다. 반면에 선교와 전도를 지역적 차이만 있을 뿐이지 복음 전파라는 공동분모를 갖고 있는 것으로 보는 견해도 있었다. 이런 의견에서 지역적 차이를 벗어나면 선교나 전도를 결국 같은 것으로 보는 시각도 있었다. 또 지역적인 차이가 아닌 영역의 차이로 보고 전도를 선교라는 큰 틀 안의 한 부분 그러나 중요한 부분으로 보는 견해가 지배적이다. (그림 1 참조) 일반적으로 선교는 말씀과 행동과 기도와 예배를 통해 복음을 선포하여 그리스도의 증인이 되도록 하는 것이며, 하나님과의 관계 안에서 사람들과의 관계를 세워나가고, 온전한 치유와 화해를 의미한다면, 전도는 사람들을 회개하도록 촉구하여 회심의 자리에 초대하여 그리스도 안에서 새로운 삶을 살고 제자가 되게 하는 것이라고 볼 수 있다.

---

17) 선교학의 발전 과정에 대한 설명은, Johannes Verkuyl, *Contemporary Missiology: An Introduction* (Grand Rapids, MI: William B. Eerdmans, 1978), 최정만 역, 『현대선교신학 개론』 (서울: 기독교문서선교회, 1991), 1, 2, 3장을 참조하라.

〈그림 1〉 선교와 전도의 관계

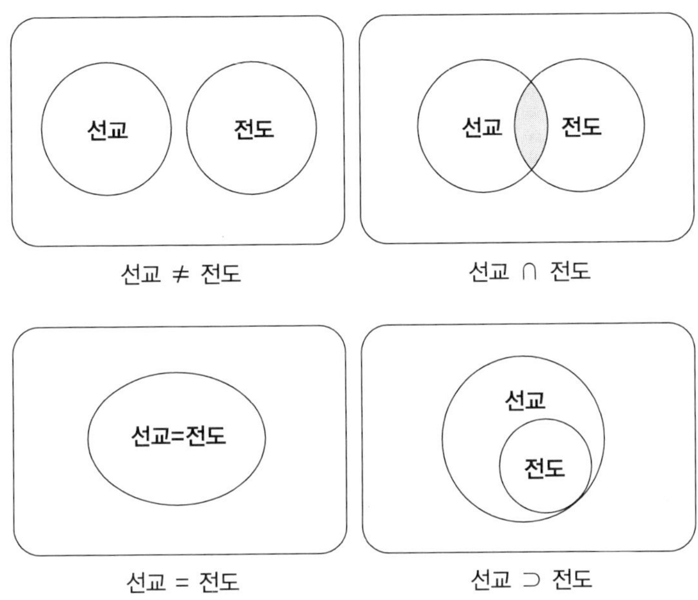

예를 들어, 인류의 구원을 위한 복음 전파, 하나님 나라 소개, 예배, 성경 공부, 회심, 증인, 교회 개척, 교회 건축, 용서, 화해, 평화 만들기, 치유, 봉사, 진리 수호, 사회정의 추구, 자유, 일치, 인권문제, 가정 폭력 방지, 고아 보호, 문맹자 교육, 농사 기술 교육, 우물 파기, 무주택자를 위한 주택 건설, 환경 보존이라는 문제들을 놓고 어느 것이 선교이고, 어느 것이 전도인지 구분을 하라고 하면 분명한 답이 나올 수 있을까? 아마 선교신학의 관점이나 개인의 신학적 성향에 따라 위의 예에 대하여 선교와 전도의 영역을 구분하기도 하고, 또 어떤 것은 선교와 전도 둘 다에 해당된다고 보는 것도 있을 것이고, 선교도 전도도 아니라고 말하는 것도 있을 것이다. 선교와 전도의 구분 없이 어떤 것이 선교인가라고 물을 때, 아마 위의 예 가운데 앞부분을 선교의 영역으로 말한다면 대부분 수긍할 것이다. 반면에 뒷부분에 대해서는 선교와는 다른 영역으로 생각하기 쉽다. 그러나 우리의 시각을 넓혀서 보면 이런 일들도 선교의 한 부분이 될 수 있다. “보편적 인간성의 완성을 위한 모든 노력을 하나님의 선교로” 보는 것이다.[18]

역사를 통해 볼 때, 기독교 선교는 다양한 시대와 상황의 변화에 따라 각기 다르게 이해되어 왔다. 그것은 선교의 이론적 기반이 되는 신학이 항상 시대와 상황의 변화에 따라 그 과제를 새롭게 이해하기 때문이다. 사실 모든 신학은 그 시대와 세계 역사가 안고 있는 문제에 대답하려는 시도에서 형성된다고 보아진다.[19] 선교에 대한 정의는 신학의 성향에 따라 그리고 학자에 따라 다양하게 나타난다. 로마 가톨릭 교회는 정의 구현과 봉사와 섬김을 선교의 중요한 과제로 여긴다. 복음주의 계통은 전도와 교회 개척과 봉사를 중심으로 한 영적 사역에 치중한다. 그리고 진보적 교회는 복음 선포, 정의와 공의 그리고 사랑과 평화라는 전인적 사역을 선교의 중요한 영역으로 다룬다.[20] 한마디로 선교는 복음 선포라고 하는 영적인 사역과 봉사와 섬김이라고 하는 사회적 사역이 조화를 이룬 총체적 사역이라고 할 수 있다.

예수 그리스도의 선교 사역을 살펴보자. 그러면 예수 그리스도는 단지 복음만을 전파하라고 가르치지는 않았다는 것을 발견하게 된다. 예수 그리스도는 열두제자를 파송하며 회개할 것과 천국이 가까이 왔음을 전파하라는 복음 전파 외에 병든 자를 고치고 나병환자를 깨끗하게 하라는 치유의 명령, 귀신을 쫓아내라, 거저 주라, 심지어 죽은 자를 살리라고 가르치셨다(마 10:7-8; 막 6:12-13). 또 예수 그리스도가 승천하며 주신 대강령을 보면 가는 것, 세례를 베푸는 것, 예수 그리스도가 말씀하신 것을 가르쳐 지키게 하는 것, 그리하여 사람들을 제자로 삼는 것이 나타나 있다(마 28:19-20).

그동안 우리의 선교는 단순히 복음 전파에 치중해 왔다. 선교를 개인의 영혼 구원이나 교회 개척이나 설립에 치중하게 되면 거기에는 선교가 개인

18) 이런 관점을 삼위일체론적 접근이라고 한다. 박영환, 『핵심 선교학 개론』, 42.

19) 한국일, 『세계를 품는 선교』, 37.

20) 박영환, 『핵심 선교학 개론』, 31.

적이나 교회적 차원으로 제한되는 단점이 있다. 반면에 이런 사역을 무시하고 사회적인 차원의 일에 치중하는 것 또한 바람직하지 못하다.[21] 선교의 개념에 있어서 과거에는 선교가 복음전파라는 개인 구원 및 직접 선교에 중점을 두었다면 현대에는 선교의 개념이 다양한 사역을 통해 확대된 포괄적인 개념으로 사용된다고 하는 것이다.

3. 선교의 범위

구약 성서를 보면 이방인을 구원하기 위해 지리적, 사회적 또는 종교적 경계를 넘어 파송된 기록을 찾기가 어렵다.[22] 이스라엘은 이방인에게 가지도 않고 그들을 초대하지도 않는다. 그러나 이방인이라 할지라도 이스라엘 경계 안으로 들어오는 경우는 배척하지 않았다. 오히려 구약 성서에서는 하나님 자신이 선교사이다. 하나님이 하나님의 백성을 선택하시고, 부르시고, 모으시고, 의롭게 하신다. 하나님이 열방을 초대하시고 그들을 언약의 백성들과 함께 예배하도록 하신다.[23] 이런 구약 성서의 선교 형태는 '오는 구조(Come Structure)' 또는 '구심적(centripetal)' 모습을 하고 있다.[24]

이런 구약과는 달리 신약은 선교의 책이라고 말한다. 예수의 선교와 이방인의 사도로 부름 받은 바울의 선교가 신약 성서의 중심을 이룬다. 예수와

---

21) 한국일, 『세계를 품는 선교』, 44.

22) 요나서를 선교의 책으로 말하기도 한다. 그러나 선지자 요나가 왜 니느웨에 갔는가, 요나가 어떤 메시지를 전했는가, 요나의 의도가 무엇이었는가를 생각해 볼 필요가 있다. 요나는 니느웨 사람들에게 회개와 회심을 촉구하기 위해 니느웨에 간 것이 아니었다. 좋은 소식 또는 구원을 선포하기 위해서가 아니라 심판을 선포하기 위해 니느웨로 파송되었다. 따라서 그의 메시지는 회개하지 않으면 심판을 받을 것이라는 것이었다. 뿐만 아니라 요나는 선교에 관심이 없었고, 그의 태도는 니느웨가 구원받지 못하고 망하기를 바라는 편협한 민족주의 또는 국수주의적인 것이었다. 이런 이유로 요나서는 선교에 대한 책으로 간주할 수 없다는 견해가 있다. Bosch, *Transforming Mission*, 16-19 참조.

23) 위의 책, 18-19.

24) 조나단 루이스는 이것을 "흡인력"이라고 표현한다. Jonathan Lewis, ed., *World Mission* (Pasadena, CA: William Carey Library, 1984).

바울의 선교는 찾아가는 형태의 선교이다. 도시와 마을을 찾아다니며 사람들이 많이 모이는 회당이나 장터에 가서 사람들과 만나고 무리들 속으로 들어가 그들과 대화하고 복음을 전하고 질병을 치유하여 주었고, 환자들을 온전하게 해 주었으며, 사람들의 망가진 삶을 고쳐주고, 소외된 관계를 회복시켜 주었으며, 절망과 낙심을 기쁨과 확신으로 바꾸어 주었다.

신약 성서에서 하나님은 예수 그리스도를 인류에게 파송하셨다. 그리고 예수 그리스도는 제자들을 세상에 파송하셨다. 예수 그리스도는 열 두 제자를 파송(마 10:15-15; 막 6:7-13) 하셨고, 부활 후 제자들에게 "나도 너희를 보낸다"(요 20:21), "너희는 가서"(마 28:19), "너희는 온 천하에 다니며"(막 16:15) 라고 말씀하시며 그들을 파송하셨다. 이처럼 신약 성서의 선교 형태는 '가는 구조(Go Structure)' 또는 '원심적(centrifugal)' 모습을 하고 있다.[25)]

구약의 공동체를 '모이는 공동체' 라고 한다면 신약의 공동체는 '흩어지는 공동체' 이다. 과거의 선교는 '오는 구조' 의 '구심적' 선교이고, 현재의 선교는 '가는 구조' 의 '원심적' 선교이다. 이 둘은 서로 상반된 것이 아니라 상호보완적이다. 어느 하나만으로는 불완전하다. 두 개념이 서로 연결되어질 때 비로소 온전한 공동체가 형성되고 온전한 선교를 할 수 있다.[26)] (그림 2 참조)

---

25) 조나단 루이스는 이것을 열방을 향하여 나가는 동력인 "팽창력"이라고 표현한다. 위의 책.

26) 박근원, 『교회와 선교』 (서울: 종로서적, 1988), 133.

〈그림 2〉 선교 형태

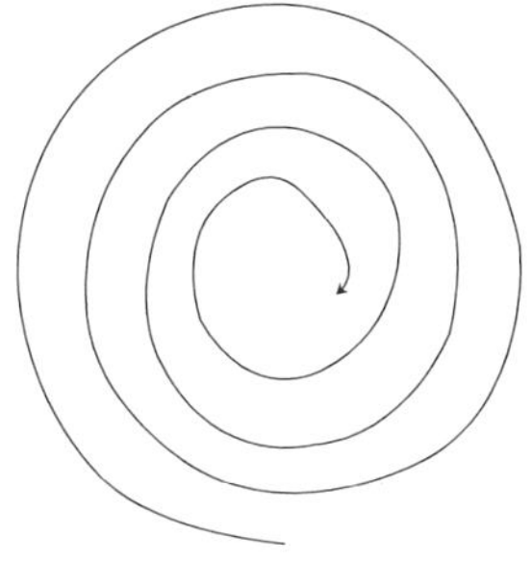

구심적 선교 = 오는 구조

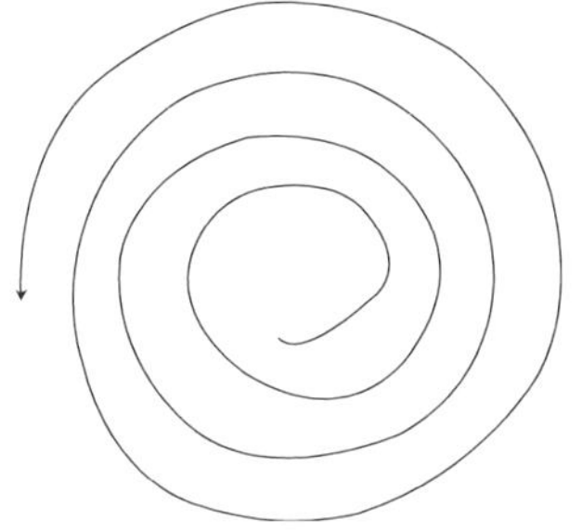

원심적 선교 = 가는 구조

'가는 구조'의 '원심적' 선교의 오해는 선교의 범위를 기독교 지역과 비기독교 지역으로 구분하여 비기독교 지역을 기독교 지역으로 만드는 일을 선교라고 생각하였다는 것이다. 마치 서양과 동양을 구분하여 서양은 동적 사회이고, 동양은 정적 사회라고 평가하고, 서양은 문명화된 사회이고, 동양은 서양에 비해 문명화가 덜 된 지역이라고 보듯, 서양은 기독교 지역이고, 나머지는 비기독교 지역이라는 도식을 하였다. 이렇게 세계를 기독교와 비기독교 세계로 양분하여, 비서구 세계에 들어가 복음을 전파하고 교회를 세워 기독교화하는 활동을 선교라고 생각하였다. 이런 생각은 19세기 말까지 계속되었다.

반면에 현대선교는 그런 지역적인 구분 없는 폭넓은 선교를 말한다. 탐바람 대회(1938)에서는 기독교 지역과 비기독교 지역을 구분하는 것을 폐기하였다. 아울러 기독교와 이교도, 교회와 세계의 구분도 사라졌다. 우리를 "기독교적 이교도(Christopagans)"라고 하였다.[27] 1963년 멕시코 대회는 육대륙 안의 선교(Mission in Six Continents)라는 주제 아래 선교지를 전

27) Bosch, *Transforming Mission*, 369-70.

세계로 확대하였다. 선교는 더 이상 멀리 있는 이교도들에게 가는 것만이 아니라는 것이다. 이것은 교회로 하여금 교회가 처한 상황에 대한 선교적 소명을 의식하게 하였다. 세계 전체를 선교적 차원으로 강조하였다.[28] 이것은 세계를 지리적으로 기독교 지역과 비기독교 지역으로 양분하는 도식을 폐기하고, 지역적 개념을 넘어서서 세계 모든 지역이 선교지라는 것을 의미하였다. (그림 3 참조)

〈그림 3〉 선교 범위

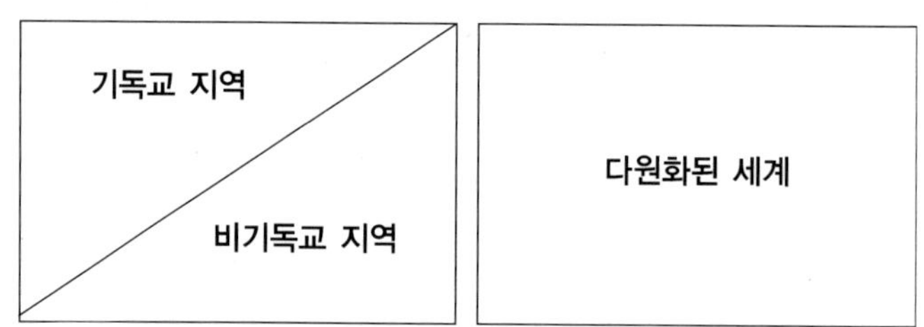

사실 오늘날의 세계를 기독교 지역과 비기독교 지역으로 나누는 일은 별 의미가 없어 보인다. 기독교인의 다수는 기독교 문화가 지배하는 서양교회에 있는 것이 아니다. 유럽에서는 교회에 출석하는 인원이 계속 감소하고 있어 노인들만 참석하는 교회나 빈 교회당이 늘어가는 추세이다. 기독교인들은 그들의 자리와 목소리를 잃어가고 있다. 오히려 서구에서 부흥하는 교회는 이민교회 또는 민족교회이다. 서구와는 달리 아프리카와 아시아 지역에서는 교회가 계속 부흥을 하고 있다. 세계선교는 현재 미전도 종족 복음화에 역점을 두고 있다. 그리고 선교 주도권도 서구중심에서 제3세계 중심으로 바뀌고 있다. 이런 상황에서 세계를 기독교 지역과 비기독교 지역으로 양분하는 것은 타당성이 없다는 것이다.

---

28) David J. Bosch, *Witness to the World: The Christian Mission in the Theological Perspective* (Atlanta: John Knox Press, 1980), 189.

뿐만 아니라 이런 서구의 탈기독교화와 타종교인들의 이민 등으로 우리는 기독교인, 불교인, 힌두교인, 무슬림, 기타 토착 종교인들과 매일 만나는 종교 다원적인 세계에 살고 있다.[29] 따라서 내가 살고 있는 지역도 선교지가 된다는 것이다. 미국 선교사의 영향을 받은 우리로서는 미국이 선교지라고 하면 의아해 할지도 모른다. 그러나 미국도 선교지이다. 그들이 "하나님이 미국을 축복하시길!(May God bless America!)" 이라고 말한다고 아직도 미국에 기독교가 살아있고 존재한다고 생각할 수 있다. 그러나 꼭 그런 것만은 아니다. 미국에는 기독교인들만 사는 것이 아니다. 다수의 인종이 섞여 사는 나라이고, 여러 종교를 믿는 사람들이 함께 사는 다원화된 사회이다. 점차적으로 서양 기독교는 자신들의 상황이 선교 현장이 되어가고 있다는 사실에 익숙해지고 있다.[30] 세계에서 선교사를 많이 파송하는 나라 가운데 하나가 한국이다. 그러나 한국도 선교지이다. 이처럼 선교지의 범위는 지역적인 구분을 넘어 이제는 내가 있는 지역을 포함한 모든 지역이 선교 현장이고 선교의 영역이 되는 것이다.

4. 교회-선교

선교에 있어서 교회의 위치와 소명은 교인이 아닌 사람들을 위해 존재한다는 견해가 나오게 되었다. 교회와 선교의 관계에 있어서 과거의 선교는 '타자를 위한 교회(church for others)' [31]라는 입장을 갖고 교회를 개척하고 성장시키는 교회 중심의 선교를 의미했다. 교회가 타자를 위해 존재하는

29) Bosch, *Transforming Mission*, 3.

30) Darrell L. Guder, "Mission: Program or Purpose" 조은식 번역, "선교: 프로그램인가 목적인가" 〈제3회 春溪 신학강좌 발제 논문〉, (2004. 11. 10.), 2.

31) 디트리히 본훼퍼는 1944년 나찌 감옥에서 "교회는 다른 사람들을 위해 존재할 때에만 교회이다" 라고 말했다. Dietrich Bonhoeffer, *Letters & Papers from Prison*, Eberhard Bethge, ed. (New York: MacMillan Publishing Company, 1972), 382.

세계 속의 유일한 사회라는 표현은 매력적인 것이었다. 특히 타자를 위한 교회라는 말은 예수님이 제자들의 발을 씻기는 장면을 연상케 한다. 이것 때문에 타자를 위한 교회라는 개념이 널리 수용될 수 있었다.[32)]

그러나 타자를 위한 교회라는 개념의 이면에는 '돕는 자 증후군' 또는 '기부자 증후군(donor syndrome)' 이 있다. 이것은 부유한 교회들이 일반적으로 갖는 생각으로 조금이라도 더 가진 내가 무엇인가 베풀어준다는 사고방식을 말한다. 그들이 우리보다 문화가 뒤떨어지고 생활수준이 뒤떨어져 있기 때문에 그들을 도와야 한다는 것이다. 동시에 서양문화가 선진문화라는 생각으로 기독교 문화를 가지고 들어가 그들의 이교문화를 제거하고 그들의 삶 속에 서양화된 기독교 문화를 이식하려고 하는 것이다. 이런 행위를 통해 선교하는 교회는 선을 베풀었다는 만족감을 스스로 갖게 되는 것이다. 아직도 선교의 많은 문제점이 바로 돕는 자 증후군에 연유하고 있고, 한국교회 선교도 예외는 아니다.

선교하는 교회의 돕는 자 증후군은 선교 대상자와 선교지에 '의존자 증후군(dependency syndrome)' 이 발생하게 한다. 스스로 일하고 노력해서 교회를 성장시키기 보다는 부족함을 호소하면 공급해주는 선교하는 교회가 있기 때문에 쉽게 의존적이 되어 버린다. 그러다 보면 자립, 자치, 자전이라는 삼자원칙보다는 주는 대로 받고, 시키는 대로 하는 타성에 젖게 된다. 이런 상황에 있는 현지교회는 선교하는 교회가 원조를 중단하고 떠나게 되면 다른 후원자를 찾거나 그렇지 않을 경우 교회가 사라지게 된다.

또 선교하는 교회의 영향력이 커짐에 따라 교회가 선교의 주체가 되어 교회 중심의 선교가 이루어지게 되었다. 이런 유형의 선교에서는 비기독교 지역 또는 이교도 세계에 가시적 교회를 설립하는 것이 선교의 유일한 목적처럼 되어 버렸다. 한인 선교사들이 선교지에 가서 제일 먼저 교회부터 건축하

---

32) Bosch, *Transforming Mission*, 375.

는 것도 이런 것에 연유한다.[33] 그러나 이런 경우 제도적 교회가 절대시되고 하나님 나라와 동일시되는 문제점이 발견된다.[34]

이런 문제점 때문에 교회 중심적 구조에 대한 반성과 더불어 현대의 선교는 '타자와 함께하는 교회(church with others)' 라는 입장을 갖고 선교중심의 교회로 바뀌고 있다. 타자와 함께 하는 교회는 참된 공존을 의미한다. 선교하는 교회와 현지교회의 관계는 동등한 협력관계가 되는 것이다. 이것은 상하관계나 주종관계, 주는 자-받는 자의 관계가 아닌 동일한 입장에서 같이 사는 것을 말한다. 다시 말해 하나님이 주인이고 선교하는 교회와 현지교회는 같이 참여하는 관계이다. 선교사가 복음을 전하고 나누면서 선교사 자신도 변화되어 새로워지는 관계를 뜻한다. 함께 성장하는 관계를 의미한다.

서구교회가 선교의 주체가 되는 교회 중심의 선교(탐바람 협의회, 1938)에서 선교중심의 교회(윌링겐 협의회, 1952)로 바뀌면서 하나님이 선교의 주인이 되는 선교 모형이 제시되었다. (그림 4 참조) 하나님은 먼저 교회와 관계를 맺고 교회를 통해 세상에 관여한다는 전통적 인식에 정면으로 도전한 것이다. 하나님의 우선적 관심은 교회가 아니라 세상이라는 것이다. 따라서 선교는 교회의 한 기능이 아니라 오히려 교회가 선교의 한 기능이라는 말이다.[35] 하나님의 선교(Missio Dei)가 교회의 선교(missiones ecclesiae)를 조직하는 것이다.[36] 이것은 칼 바르트(Karl Barth)의 선교의 삼위일체론적 근거로부터 착상을 얻어 삼위일체 하나님 자신의 행위 속에 선교의 근거를 둔다.[37] 성부 하나님은 성자를 보내시고, 성부와 성자는 성령을 보내신

33) 다른 나라 선교사들은 선교현장에서 다양한 사역을 펼치는 데 반해 유난히 한국 선교사들은 선교지에서 교회 건축하는 일에 치중하는 것을 볼 수 있다. 물론 가시적 성과가 있어야 후원하는 교회로부터 선교비를 받을 수 있다는 문제점도 있으나 그런 취약점을 극복하려는 의지도 적어 보인다.

34) 한국일, 『세계를 품는 선교』 59.

35) 한국일, 『세계를 품는 선교』 67-68.

36) Bosch, *Transforming Mission*, 370.

다. 그리고 성부와 성자와 성령이 교회를 세상에 파송한다. 이처럼 선교는 하나님의 선교행위에서 출발한다. 선교의 근원적 주체는 하나님 자신이다. 성부 하나님은 파송하시는 하나님이시다. 그리고 하나님은 선교의 하나님이시다. "하나님의 선교는 역사 속에서 구체화된 예수 그리스도의 인격 안에서만 이해와 접근이 가능해진다."[38] 칼 하르텐슈타인(Karl Hartenstein)이 하나님의 선교라는 용어를 처음으로 사용한 후, 피체돔(Georg F. Vicedom)[39]을 거쳐 호켄다이크(Hoekendijk)에 와서 급진적 형태로 전개되었다.

〈그림 4〉 교회와 선교

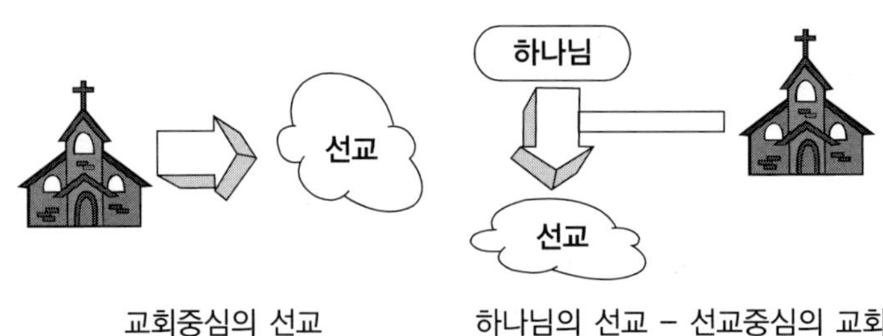

교회중심의 선교　　　　하나님의 선교 – 선교중심의 교회

교회중심의 선교가 하나님의 선교로 바뀌었다고 해서 교회의 선교적 역할이 약화된 것은 아니다. 교회중심의 선교가 하나님을 주체로 한 선교중심의 교회로 자리를 잡은 것이다. 그리고 타자를 위한 교회가 타자와 함께 하는 교회로 발전을 하게 된 것이다. 이것을 동반자 선교라고 부르기도 한다.

---

37) 칼 바르트는 선교를 하나님의 활동으로 규정한 첫 신학자 가운데 한명이다. 위의 책, 389.

38) 한국일, 『세계를 품는 선교』 72.

39) 피체돔은 『하나님의 선교』라는 책을 썼다. Georg F. Vicedom, *Misso Dei* (Ch. Kaiser Verlag Munchen, 1960), 박근원 역. 『하나님의 선교』(서울: 대한기독교출판사, 1980).

5. 교회-세상

기독교 신앙은 교회와 세상을 이분법적 논리로 구분을 하였다. 사실 과거 뿐만 아니라 지금도 기독교인들은 교회와 세상을 분리한다. 교회는 성스러운 곳이고 세상은 속된 곳이라는 생각을 갖고 있다. 교회는 하나님이 계시는 곳이고, 세상은 사탄이 지배하는 곳이라는 두 왕국 사상을 갖고 있다.[40] 기독교인들은 하나님의 도성 사람들이고,[41] 비기독교인들은 세속에 속한 사람들이라는[42] 구별이 있었다. 기독교인들은 빛의 자녀들이고, 비기독교인들은 어둠의 자식이라는[43] 구분을 갖고 살았다. 그러나 현실을 잘 보아야 한다. 교회는 세상 속에 존재하고 있지, 세상 밖에 있는 것이 아니다. 만일 교회가 세상 밖에 존재한다면 어떻게 교회가 세상에서 소금의 역할을 하며, 세상을 비출 빛이 될 수 있겠는가? 예수 그리스도는 우리를 "세상의 소금" (마 5:13)이라고 했다. 세상의 소금은 세상 안에 존재해야지 세상 밖에 존재하게 되면 세상의 소금이 될 수 없다. 예수 그리스도는 우리를 "세상의 빛" (마 5:14)이라고 했다. 세상의 빛은 세상에 존재하며 세상을 비추는 역할을 해야 한다.

성경은 "하나님이 세상을 이처럼 사랑하사 독생자를 주셨으니 이는 그를 믿는 자마다 멸망하지 않고 영생을 얻게 하려 하심이라" (요 3:16)고 했다. 하나님이 사랑하신 것은, 그것도 "이처럼" 사랑하신 것은 교회가 아니라 세상이라는 말이다.[44] 그런데 기독교인들은 이것을 "하나님이 교회를 이처럼

---

40) 마틴 루터의 두 왕국 사상에 대한 연구 참조.

41) Aurelius Augustinus, *The City of God*, 『하나님의 도성』 (서울: 크리스챤 다이제스트, 1992) 참조.

42) Harvey Cox, *The Secular City* (New York: MacMillan Company), 『세속도시』 (서울: 한국기독교서회,1967) 참조.

43) Reinhold Niebuhr, *The Children of Light and the Children of Darkness* (New York: Charles Scribner's Sons, 1944), 이한우 역, 『빛의 자식들과 어둠의 자식들』 (서울: 문예출판사, 1995) 참조.

44) "이처럼"은 사랑의 척도를 나타낸다. Charles W. Forman, *A Faith for the Nations* (Philadelphia: Westminster Press, 1957), 46.

사랑하사"로 생각하고 있다는데 문제가 있다.[45] 이것이 그들로 하여금 교회와 세상을 구분하게 만드는 것이다. 기독교인들이 하나님의 사랑의 대상인 것은 사실이다. 그러나 그것은 그들이 교인이기 때문에 또는 교회의 한 부분을 차지하고 있기 때문이 아니다. 그것은 그들이 이 세상의 한 부분을 차지하고 있기 때문인 것이다.[46]

한스 루디 베버(Hans Reuid Weber)가 이런 이분법적 구조를 도식으로 설명한다. (그림 5 참조) 베버의 도식에 의하면, 교회와 세상 가운데 갭이 있다. 사람들은 주일에 교회에서 예배에 참석을 하여 말씀을 듣고 영의 양식을 섭취한 다음 세상에서 6일 동안 지낸다. 영의 양식이 떨어지고 다시 영의 양식이 필요해지는 7일째 교회에 와서 다시 예배에 참석을 하여 말씀을 듣고 영을 양식을 공급받아 다시 세상에 나가 살게 된다. 다시 말해, 한번 목욕을 하고 깨끗한 몸으로 6일 동안 살다가 먼지가 묻고 때가 생겨 다시 목욕해야 하는 것과 비슷하다. 또 건전지의 효능이 떨어지면 다시 충전해서 6일 동안 사용하다가, 건전지가 약해지면 재충전하는 것과 비슷하다.

〈그림 5〉 교회와 세상[47]

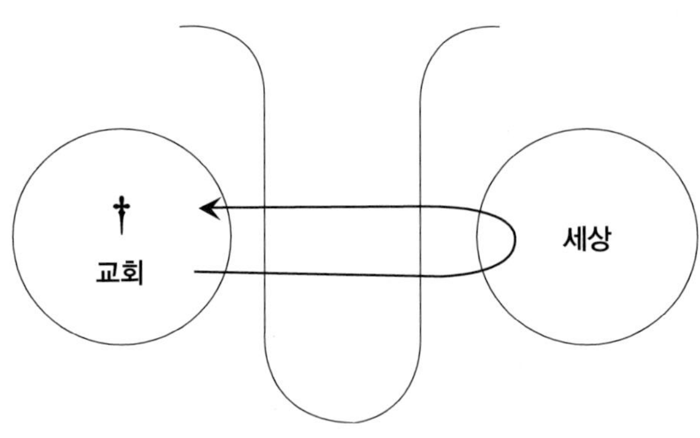

45) Hans Reuid Weber, *Salty Christian*, 박상증 역, 『세상의 소금』 (서울: 한국기독교연합회, 1965), 6.

46) Forman, *A Faith for the Nations*, 48.

47) Weber, 『세상의 소금』, 6.

한스 루디 베버의 두 번째 도식에 의하면, 세상 가운데 교회가 있다. 기독교인들은 교회에 와서 예배에 참석을 하고 말씀을 듣고 각자가 사는 곳으로 흩어져 어디에 있던 작은 교회로서 사는 것이다. 이것이 현대 교회와 세상의 관계이다. 교회는 세상 속에 있는 세상을 위한 공동체이다. (그림 6 참조) 무겁고 힘든 짐을 진 사람들이 언제든지 찾아올 수 있는 열린 공동체여야 한다. 그리고 그들이 짐을 내려놓고 위로를 받고 힘을 얻어 세상으로 다시 나갈 수 있는 안식처와 재충전소가 되어야 한다. 그것이 세상에서의 교회의 역할이다. 그리고 그것이 선교이다.

〈그림 6〉 세상 안에 있는 교회[48]

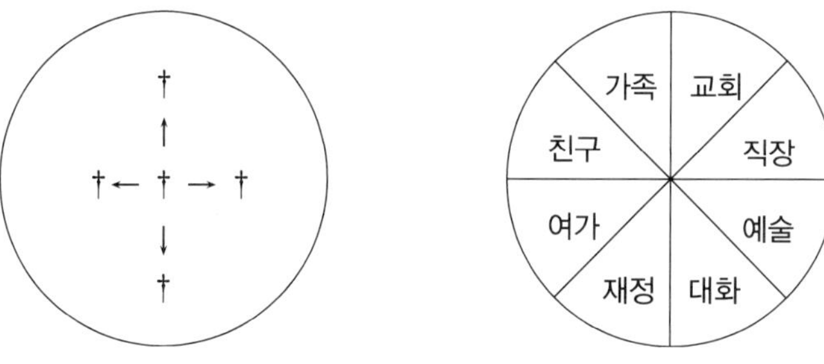

6일 동안 세상에 사는 것과 하루 교회 생활을 하는 것을 비교해 보라. 어디에서 더 큰 영향을 받겠는가? 아무래도 많은 시간을 보낸 곳의 영향을 크게 받게 마련이다. 그렇다면 기독교인들도 교회의 영향보다는 세상의 영향을 더 많이 받는다는 것 아닌가? 기독교인은 비록 세상에서 더 많은 시간을 살더라도 그의 기독교인 됨이 변하지 않아야 한다. 오히려 세상을 변화시킬 수 있어야 한다. 어디에 가든지, 어디에 있든지, 어디에서 살든지 그곳의 빛이 되어야 하고, 소금이 되어야 한다. 그것이 기독교인의 역할이며 사명이다. 매일의 삶의 현장이 선교 현장이 되어야 한다.

48) 위의 책, 7-9.

교회와 세상과의 관계에 있어서 과거의 선교는 교회와 세상의 분리라는 이분법의 지배를 받았다. 그러나 현대선교는 교회가 세상 안에, 세상과 더불어 존재하는 세상을 위한 열린 공동체이고 세상 사람들을 위한 안식처이고 재충전소가 되어야 한다고 생각한다. 교회의 사역은 세상을 구원하기 위한 하나님의 계획과 밀접하게 연관되어 있다. "교회가 교회되기 위해서는 교회 밖의 세상을 볼 수 있어야 한다."[49] 교회는 세상에서 부름 받고, 다시 세상으로 파송되는 것이다. 그것이 세상에서의 교회의 역할이고 선교이다. 교회는 세상과 만나고 도전한다. 교회는 세상을 위해 있지만 세상에 속하지 않고 세상 속에서 독특한 존재가 되어야 한다. 벤 엔겐은 이것을 "예수님의 몸 된 교회가 '세상에 있으나 세상에 속하지 않은 것' 은 우연이 아니라 하나님의 계획과 섭리 가운데 되어졌다. 그러므로 교회는 타락한 인간의 기관임과 동시에 거룩하고 온전한 하나님의 기관이다"[50]라고 설명한다. 교회가 세상 속에 존재하면서도 동시에 세상과 구별된 존재가 될 때, 교회가 사회를 선도할 수 있고, 세상을 변화시킬 수 있으며, 선교적이 될 수 있다.

6. 선교 전망

지금까지 선교신학 연구의 주요 쟁점 가운데 몇 가지를 골라 살펴보았다. 그렇다면 선교신학이 더 발전하고 학문으로서 정착하고 발전하기 위한 전망은 무엇일까?

선교학은 선교신학이라는 학문적이고 이론적인 기초와 선교지라는 현장성과 실천적인 부분이 상호보완적으로 균형을 이루어야 한다. 선교학을 말하면서 선교지의 현실이나 현장 감각이 부족하다면 선교방법론 또는 적용의 문제가 발생하게 된다. 마찬가지로 선교를 한다고 하면서 선교신학적 바탕

---

49) 몰트만이 그런 주장을 했다. Charles Van Engen, *God's Missionary People* (Grand Rapids, MI: Baker Book, 1991), 67.

50) 위의 책, 44.

이 부족하다면 신학적인 문제가 발생할 여지가 많고 건전한 선교를 하기가 어려운 경우도 있다. 선교학은 교실에서 이루어지는 학문축적의 이론 과정이 아니다. 과거에는 선교 열정만을 가지고 선교지에 뛰어드는 일이 많았다. 또 서구 선교사들의 과거 선교방법을 여과 없이 또는 신학적 검증 없이 그대로 복사하듯 사용하기도 했다. 그래서 시행착오가 많았다. 지금 선교는 그런 방식에서 벗어나야 한다. 따라서 선교학은 현장에서 적용할 기본적 소양을 가르치며 변화하는 세상에 효과적으로 선교하기 위한 다양한 방법을 성경을 바탕으로 현실성 있게 연구할 수 있어야 한다.[51] 아울러 선교는 급격히 변화하는 세계의 상황 속에서 그리스도인으로 살아간다는 것이 무엇을 의미하는지 분명하게 제시할 책임이 있다.[52]

선교학은 단지 복음을 전하기 위해 동기부여를 하고 사명감을 고취시키는 것만이 아니다. 효과적인 선교를 위해서는 다양한 분야와 밀접한 연관성을 갖고 있어야 한다. 기본적으로 성경에 나타난 선교, 성경이 가르치는 선교에 대한 이해가 우선적으로 요청된다. 요즘에는 선교학이 문화인류학적 접근을 많이 논하고 있다. 뿐만 아니라 선교학은 시대의 변화와 더불어 정치 변화의 흐름도 알아야 한다. 선교지를 이해하기 위해 사회학적 접근이나 문화학적 분석도 필요하다. 선교지의 종교 이해를 위해 종교비교학도 중요하다. 또 효과적인 복음 전파를 위해 해석학이 선교학의 발전에 기여를 할 것이다. 아울러 선교사의 영적인 문제 또는 영성의 문제에 대한 연구를 해야 한다. 끝으로 선교학의 과제는 선교방법이나 선교현장의 변화를 빨리 읽어낼 수 있는 안목의 끊임없는 갱신이 이루어져야 한다는 것이다.

51) 조은식, "통일선교는 한국교회 최상의 선교과제," 〈기독교신문〉 2004년 9월5일.

52) 한국일, 『세계를 품는 선교』 29.

나가는 말

위에서 간단한 선교역사의 흐름을 통해 종교개혁 이후 정체된 선교가 어떤 과정을 겪어 세계 선교로 발전했는지를 살펴보았다. 선교 역사를 통해 선교의 개념이 영혼구원이라는 개인적 차원의 복음전파에서 다양한 사역을 통한 포괄적 개념으로 확대된 것을 알아보았다. 오는 구조 또는 구심적 형태의 폐쇄적 선교가 가는 구조 또는 원심적 형태로 바뀌면서 선교의 범위가 나와 그들, 기독교 지역과 비기독교 지역, 기독교와 이교도, 교회와 세상으로 이분법적으로 구분이 되었으나, 탈기독교와 다원화의 영향으로 그런 구분이 사라졌음을 보았다. 그들이 선교 대상이고, 따라서 선교하기 위해 비기독교 지역에 가서 이교도를 회심 및 개종 시키고 세상을 변화시키는 것만이 선교가 아니라, 우리의 일상생활의 현장이 선교지가 됨을 지적하였다.

아울러 교회와 선교의 관계에 있어서 교회 중심의 선교가 타자를 위한 교회라는 입장을 견지하였으나, 그 이면에는 돕는 자 증후군이 있었고, 선교 현장의 교회에게는 의존자 증후군이 발생하게 되었다. 따라서 선교하는 교회의 건전한 선교를 위해 타자를 위한 선교가 되지 않도록 주의하여, 타자와 함께 하는 교회, 타자와 함께 하는 동반자적 선교가 되어야 한다. 끝으로 교회와 세상과의 관계를 이분법적으로 볼 것이 아니라, 우리가 이 세상에 살고 있음을 인식하고 세상 안에서의 기독교인의 역할을 인지하여 세상에 살고 있지만 세상과 구별되고 세상을 이길 수 있어야 한다. 또 교회가 세상 가운데 존재하고 있음을 깨닫고, 세상 안에서의 교회의 선교적 사명을 잘 감당하도록 노력해야 할 것이다.

기독교 선교는 시대에 따라 다르게 이해되었다. 이런 차이를 무조건 부정적으로 간주할 것이 아니라 시대적 상황에 따른 차이임을 인식할 필요가 있다. 선교에 대한 서로 다른 이해도 옳고 그름의 범주에서 판단할 것이 아니라 다양한 시각이라는 관점에서 접근할 필요가 있다. 중요한 것은 선교의 주체는 우리가 아니라 하나님이라는 사실이다. 우리가 처한 상황에서 하나님

의 선교를 한 부분씩 완성해 나갈 수 있어야 할 것이다. 그러기 위해 선교신학의 실천적 학문으로의 정착과 지속적 발전이 요구된다.

▶ **주제어** : 선교의 개념, 선교의 범위, 교회중심의 선교, 선교중심의 교회, 선교 전망

참고 문헌

Bonhoeffer, Dietrich. *Letters & Papers from Prison*. Ed. Eberhard Bethge. New York: MacMillan Publishing Company, 1972.

Bosch, David J. *Transforming Mission:Paradigm Shifts in Theology of Mission*. New York: Orbis, 1991.

________________. *Witness to the World: The Christian Mission in the Theological Perspective*. Atlanta: John Knox Press, 1980.

Forman, Charles W. *A Faith for the Nations*. Philadelphia: Westminster Press, 1957.

Kane, Herbert. *A Concise History of the Christian World Mission*. Grand Rapids, MI: Baker Book House, 1978, 박광철 역. 『기독교 세계 선교사』 서울: 생명의 말씀사, 1981.

Van Engen, Charles. *God's Missionary People*. Grand Rapids, MI: Baker Book, 1991.

Verkuyl, Johannes. *Contemporary Missiology: An Introduction*. Grand Rapids, MI: William B. Eerdmans, 1978, 최정만 역. 『현대선교신학 개론』 서울: 기독교문서선교회, 1991.

Weber, Hans Reuid. *Salty Christian*. 박상증 역. 『세상의 소금』 서울: 한국기독교연합회, 1965.

박근원. 『교회와 선교』 서울: 종로서적, 1988.

박영환. 『핵심 선교학 개론』 서울: 도서출판 바울, 2003.

이광순 편. 『종교개혁과 선교』 서울: 미션아카데미, 2007.

한국일. 『세계를 품는 선교』 서울: 장로회신학대학교 출판부, 2004.

_____. "통전적 선교신학: 복음주의 선교와 에큐메니칼 선교의 대화적 관점," <제3회 春溪 신학강좌 발제 논문>, 2004. 11. 9.

Guder, Darrell L. "Mission: Program or Purpose" 조은식 번역. "선교: 프로그램인가 목적인가" <제3회 春溪 신학강좌 발제 논문>, 2004. 11. 10.

조은식. "통일선교는 한국교회 최상의 선교과제," <기독교신문> 2004년 9월5일.

ABSTRACT

Mission Theology:
A Point of Dispute, and its Prospect

This study examines the concept of mission, the scope of mission, the relationship between the church and mission, the relationship between the church and the world, and the prospect of mission among various issues in mission theology.

Mission means to send to the world to proclaim Jesus Christ. Christian mission has been differently understood throughout history at different times and situations. This is because theology, as the theoretical foundation of mission, is newly defines the task of mission at each historical time and situation. Today, various works used an expanded and inclusive concept of mission.

On the scope of mission, the form of mission in the Old Testament is 'come structure' or centripetal, and the form of mission in the New Testament is 'go structure' or centrifugal. In the past, the scope of mission was divided geographically between Christian and non-Christian regions, and mission was understood as turning non-Christian regions into Christian regions. Modern mission does not speak of geographical divisions. Rather, it speaks of mission in a broader sense without division. All the regions in the world are mission fields in this pluralistic era.

In the past, mission was church-centered; mission was for planting new churches and supporting church growth. In missional perspective, the church was "the church for others." The missional church was considered to have more power, and the church became a subject of mission. Such elements built up the church-centered mission structure. In this working structure, establishing visible churches seemed to be the unique goal of mission. Problems, however, were discovered that an institutional church begins to yield absolute power, even going so far as to be equated with the kingdom of God.

Based on such reflection, the relationship of church and mission was redefined into that of mission-centered church where the church was "the church with others." The church with others means true co-existence, pre-supposing equal partnership between the missional church and the local church. God is the subject of mission in the mission-centered church.

The church and the world are not separated spaces. The church exists in and with the world. The church is an open community to the world, and should be a space of rest and renewal. The church exists in the world, but at the same time is distinct from the world. The church is called into the world and is sent to the world. This is the role of the church and its mission.

Mission theology should teach basic and applicable knowledge of the mission fields. Various methods based on the Bible should be studied for an effective mission. It is the responsibility of mission theology to suggest what it means to live as a Christian in this rapidly changing world.

▶ **Key Words :** concept of mission, scope of mission, church-centered mission, mission-centered church, mission prospect

사도행전 17:16-34에 나타난 사도 바울의 타문화권 선교방법론

들어가는 말

바울은 자기 자신을 이방인의 사도로 간주하면서(갈 2:8, 롬 11:13), 부활하신 그리스도로부터 사명을 받은 사도임을 확신하였다. 사도행전에 나타난 그의 세 번의 선교여행(제1차 13:1-14:28; 제2차 15:36-18:22; 제3차 18:23-21:26)을 통해서 선교에 대한 놀라운 관심과 이방인에 대한 강한 책임감을 볼 수 있다.

사도행전에 나타난 바울에 대한 묘사는 바울 서신에서 나타난 바울의 모습과 동일한 것만은 아니다. 사도행전은 누가신학의 영향으로 기록이 되어 있기 때문이다. 사도행전에서 누가는 애정을 갖고 바울을 중심인물로 서술하고 있지만, 종종 예루살렘교회 측면에서 이야기를 하기도 한다. 사도행전에서 바울은 한 사람의 사도일 뿐만이 아니라, 예루살렘 회의에서 인정된 이방인을 위한 유일한 선교사로 간주되고 있는 것으로 나타난다. 게다가 누가는 바울의 편지에 대하여 알지 못하고 있는 것으로 보인다. 사실 사도행전에서의 바울에 관한 서술은 그것의 역사적 타당성이 증명된 후에 사용되어야 한다는 것이 일반적인 견해이다. 사도행전은 바울에 대한 부수적인 자료로 사용 될 수 있을 뿐이다.[1)]

그럼에도 불구하고 바울이 비유대인 세계에서 다시 말해 이방인 지역에서 복음을 전하며 선교한 대표적인 예가 사도행전 14:8-18과 17:16-34에 나타나 있다. 사도행전 14장의 배경인 루스드라 지역이 농경지대라면 17장의 배경인 아덴은 문명의 중심지라는 특성을 갖고 있다.[2] 비록 사도행전이 바울의 선교에 있어서 부수적인 자료일지라도, 이방인들에게 복음을 전한 기록을 담고 있는 이 두 가지 사건은 바울의 타문화권 선교에 있어 훌륭한 자료라고 할 수 있다. 특히 사도행전 17:16-34에 나타난 아덴에서의 사역은 기독교 신앙을 이방문화와 철학에 접목시키고 복음을 현장화한 대표적인 경우이다.

이 글에서 필자는 아덴에서의 바울의 선교사역에 중점을 두고 간단한 주석을 하고 이 지역에서의 바울의 선교방법의 중요성에 초점을 맞추어, 바울의 선교방법을 현대 선교 과정에 적용해 보려고 한다.

사도행전 17:16-34의 주석

바울은 실라(행 15:40)와 함께 제2차 선교여행(15:36-18:22)을 했다. 데살로니가에서 바울은 회당에 들어가 유대인들과 함께 논쟁을 하였다. 그때 유대인들과 많은 독실한 헬라인들이 바울과 실라를 따랐다. 그러나 유대인들은 바울과 실라를 시기하여 사악한 사람들을 데리고 와서 떼를 지어 성을 소동케 하였다. 그들이 바울과 실라를 찾았으나, 믿음의 교우들이 바울과 실

1) 콘즐만에 의하면, 사도행전 17장에 나타난 아레오바고의 설교는 바울의 것이 아니고, 누가에 의해 "순전히 문학적으로 창작된 것" 이라는 것이다. 왜냐하면 "그것은 바울의 특별한 사상과 생각이 나타나지 않기 때문"이고, 그 형태가 "분명히 누가의 것"이기 때문이라는 것이다. Hans Conzelmann, "The Address of Paul on the Areopagus," in *Studies in Luke-Acts*, ed. Leander E. Keck and J. Louis Martyn (Nashville, New York: Abingdon Press, 1966), 218.

2) 누가는 당시 문화와 지성의 중심지인 아덴과 정치와 경제의 중심지인 로마에 복음을 선포하는 바울의 모습을 부각시키고 그 열매를 거두었음을 밝힘으로 (행 17:34, 28:31) 복음의 세계화를 희망적으로 예표하고 있다고 보기도 한다. 박응천, "아레오바고 연설에 나타난 초기 기독교의 자기정체성," 『교회와 신학』 27 (1995): 305.

라를 베뢰아로 보냈다. 바울과 실라는 회당에 가서 사람들에게 복음을 가르쳤다. 데살로니가의 유대인들은 베뢰아로 와서 다시 군중들을 선동을 하였다. 그때 믿음의 교우들은 바울을 즉시 해안으로 보냈다(17:1-14).

바울은 아덴을 방문할 의도가 없었으나, 상황 때문에 홀로 그곳에 갔다. 아덴은 아카이아 지방에 있는 고대의 문화와 종교의 중심지였고, 예술, 문학, 철학의 중심지였다. 아덴은 "소크라테스와 플라톤의 출생지였고, 아리스토텔레스, 에피쿠러스, 제논의 제2의 고향이었다."[3] 에피쿠러스 철학자들은 신들은 인간에 대해 흥미가 없고, 따라서 그들은 인간들과 멀리 떨어져 있다고 믿었다. 또 모든 것이 우연히 발생했으며, 삶의 최고의 목적은 행복이라고 믿었다. 스토아 철학자들은 모든 것과 인간 안에 신이 있다고 믿었고, 인간의 존재밖에는 신이 존재할 수 없다고 믿었다. 그리고 이 모든 것이 운명이고, 인간은 "무엇보다도 다른 사람을 의지 않고 자신의 이성으로 살아야 한다"고 믿었다.[4]

바울은 아덴에서 실라와 디모데를 기다리는 동안 아덴을 두루 다니면서 보았다(17:23). 그는 아덴 시에 많은 우상이 있음과 아덴 사람들이 우상을 섬기고 하나님에 대하여 그릇된 생각을 가진 것에 화가 나기도 했고 몹시 고뇌를 하였지만, 바울은 그의 감정을 표현하지 않았다. 오히려 바울은 이것을 선교의 기회로 삼아 다른 장소와 마찬가지로 아덴에서도 복음을 선포하는 기회를 놓치지 않았다.

바울은 사람들이 많이 모이는 장소뿐만 아니라 회당에서도 변론을 하였다(17:17). 아덴에서 바울이 만나 토론한 사람들은 두 그룹의 사람들이었다. 회당에서는 유대인과 경건한 사람들과 만났고, 장터에서는 에피쿠러스 철학자들과 스토아 철학자들을 만나 변론하였다. 바울이 예수와 부활에 대하여

---

3) F. F. Bruce, *Commentary on the Book of the Acts* (Grand Rapids, Michigan: WM. B. Eerdmans Publishing Company, 1954), 349.

4) John Hargreaves, *A Guide To Acts* (London: SPCK, 1990), 162.

설교하였을 때(17:18), 에피쿠러스 철학자들과 스토아 철학자들을 중심으로 한 아덴 사람들은 바울이 신(예수)과 여신(아나스타시스는 부활을 나타내는 헬라어)의 두 외국 신에 대하여 설명한다고 오해를 하였다. 그들은 바울로부터 더 많은 것을 듣고 싶어서 바울을 아레오바고로 데리고 갔다.[5]

아덴에서는 사람들이 자신들이 알지 못하는 신에 대한 제단을 만들어 놓은 것으로 그들의 종교를 표현하였다. 아덴 사람들은 많은 신들을 숭배하였다. 그들이 알지 못하는 신에 대한 제단을 만든 이유는 일반적으로 두 가지로 설명된다. 하나는 알지 못하는 신이 행운과 불행을 만든다고 생각되었기 때문이다. 둘째, 그들은 모든 신들을 안다고는 확신할 수가 없어서, 만일 그들이 부주의로 신들에게 제사를 드리지 못했을 때, 알지 못하는 신이 격노할 것에 대하여 걱정을 하였다. 그래서 그들은 신의 격노를 막기 위하여 알지 못하는 신의 제단을 헌납하였다. 제단은 그들의 종교적 열정을 보여준다.[6] 바울은 아덴 사람들과의 접촉점을 알았고, 그의 회중들이 공감할 수 있는 말로 설교를 하였다. 바울은 먼저 "너희를 보니 범사에 종교심이 많도다"

5) 바울과 소크라테스의 유사점을 세 가지로 요약할 수 있다. 첫째, 바울의 아덴에서의 활동은 장터(market-place)에서 이루어졌다. 소크라테스는 장터에서 사람들과 대화하며 소일했다. 누가가 바울의 행적에 대하여 "회당에서는 유대인과 경건한 사람들과 또 장터에서는 날마다 만나는 사람들과 변론하니"라고 묘사한 것은, 크세노폰이 소크라테스는 이른 아침 공공장소와 운동하는 곳을 방문하고 그 후에 장터와 기타 장소에서 사람들을 만났다고 기록한 것과 비슷하다. 둘째, 전통적으로 다른 철학자들과 대화하는 소크라테스를 기술한다. 그의 수사 전략(rhetorical strategy)은 대화 기술이다. 누가는 아덴에서의 바울의 활동을 같은 단어 디아레고마이를 사용하였다. 사도행전에서 이 단어는 단순히 강론 또는 변론(18:4, 19)의 의미로 사용되었다. 특히 강론이라는 방법을 통한 가르침의 의미로 사용되었다고 볼 수 있다 (cf. 19:9). 셋째, 소크라테스는 아덴의 청년들을 현혹시켰을 뿐만 아니라 아덴 사람들에게 외국의 신을 소개했다는 이유로 고소되었다. 소크라테스는 국가가 숭배하는 신 이외의 신을 소개했고 그 신을 숭배함으로 고소되었다고 볼 수 있다. 이것은 바울이 아덴에서 처한 상황과 비슷하다(17:18-20). 누가는 바울이 이방 신을 소개하는 사람으로 비쳐진 것을 말하고 있다. 이와 같은 점으로 미루어 바울을 새로운 소크라테스라고 부를 수 있을 것이다. Karl Olav Sandnes, "Paul and Socrates: The Aim of Paul's Areopagus Speech," in *Journal of the Study of the New Testament* 50 (June 1993): 21-22.

6) Martin Dibelius, *Studies in the Acts of the Apostles*, ed. Heinrich Greeven (London: SCM Press, 1956), 27; Michael Green, *Evangelism in the Early Church* (Grand Rapids, Michigan: William B. Eerdmans Publishing Company, 1970), 127.

(17:22)[7] 하고 말했다.[8] 바울이 아덴 사람들에게 종교심이 많다고 하는 것은 바울이 그들의 종교성에 동의하는 것을 의미하는 것일까? 그렇지는 않다. 계속해서 바울은 아덴 사람들이 알지 못하는 것을 경배한다고 말하였다(17:23).[9] 이것은 그들의 관심을 끌었다. 여기서 한 가지 생각해 볼 것은 아덴 사람들을 "익명의 그리스도인"[10]이라고 부를 수 있는가 하는 것이다. 23절을 보면 "너희가 알지 못하고 섬기는 그것을"이라는 구절이 나온다. 이 구절을 자세히 살펴보면 그들이 섬기는 대상은 인격적인 신(神)이 아니라 사물(ho)이라는 것을 알 수 있다(17:29). 따라서 그들의 우상숭배의 무지한 상태를 복음을 통한 하나님의 참 지식으로 깨닫게 하여야 하는 것이다.[11] 바울 설교의 진정한 목적은 "알지 못하는 신을 그들이 알게 하는 것"이었다.[12] 다신론이 부적합하다는 것을 나타내기 위해 "알지 못하는 신에게" 라고 쓰여진 비문을 조심스럽게 사용한 것이다. 바울은 비문이 함축하고 있는 다신론의 불안정성과 천박성을 보여준 다음 비문이 전제하는 비인격적이고 불확정적인 신성으로부터 성경의 인격적이고 특정한 하나님의 본성을 알려주었

7) "종교심이 많도다"는 의미로 사용된 δεισιδαιμονεστέρους를 "미신적인"으로 번역하기도 하지만, 그런 번역은 이 상황에 맞지 않는다. 이 단어는 이 구절에서만 나타난다.

8) 이것은 수사학적으로 애매한 말이었다. 종교심이 많다는 것은 그들이 전적으로 종교적이라는 것을 의미하는 것일까 아니면 그들이 전적으로 미신적이라는 것을 뜻하는 것일까? 역사적 비평적 학자들은 둘 가운데 하나를 지지하기 위하여 논쟁하였다. 그런데 기븐은 답이 이것이나 저것이 아니라 둘 다라고 말한다. Mark D. Given, "Not Either/Or But Both/And in Paul's Areopagus Speech," *Biblical Interpretation*, vol. 3, no. 3 (October 1995): 364.

9) 이것도 애매한 표현이다. "너희가 알지 못하고 위하는 그것을 내가 너희에게 알게 하리라" (23절b)는 말은 그들이 알지 못하며 섬긴다는 말인가, 아니면 그들이 적절하지 않게 또는 잡스럽게 섬긴다는 것인가? 기븐은 이것의 답도 둘 다라고 말한다. 위의 글, 365, 366.

10) "익명의 그리스도인(anonymous Christians)"은 칼 라너(Karl Rahner)의 용어이다.

11) Dean Flemming, "Contextualizing the Gospel in Athens: Paul's Areopagus Address as a Paradigm for Missionary Communication," *Missiology: An International Review*. vol. XXX, no. 2 (April 2002): 203.

12) Dibelius, *Studies in the Acts of the Apostles*, 27.

다.[13] "알지 못하는 신에게" 라고 쓰여진 비문이 바울의 설교의 출발점이 된 것이다.

바울이 회당에서 유대인들과 하나님을 두려워하는 개종자들에게 가르쳤을 때, 그는 일반적으로 하나님에 대한 기본적인 지식을 설명하는 않았다. 아덴 사람들은 하나님에 대하여 많은 것을 알지 못하였고, 하나님에 대한 잘못된 생각을 갖고 있기까지 하였다. 그래서 바울은 기초적인 사실들을 설명하였다. 아덴에서의 바울의 설교는 루스드라보다 더 구체적이었다. 아덴에서의 설교는 그리스도에 대한 예비적 가르침이라고 할 수 있다.[14] 이 설교를 "헬라인을 위한 바울의 복음"으로 보기도 한다.[15] 또 이것을 기독교와 헬레니즘이 처음으로 만난 사건으로 평하기도 한다.[16] 디벨리우스(Martin Dibelius)는 이 설교를 하나님의 참 진리에 대한 헬라적 연설로 사도행전의 정점(climax)이라고 말한다.[17]

아덴에서의 설교는 바울이 예루살렘교회 회의에서 이방인을 위한 사도로 인정받은 후 행한 최초의 설교라는 의의가 있다.[18] 이 설교를 고대 수사학적

---

13) Green, *Evanglism in the Early Church*, 128.

14) Roland Allen, *Missionary Methods: St. Paul's or Ours?* (London: World Dominion Press, 1960), 65.

15) 위의 책, 66, Ramsay, *St. Paul the Traveller*, 312에서 인용.

16) Dean Zweck, "The Exordium of the Areopagus Speech, Acts 17, 22, 23," in *New Testament Studies* 35, no. 1 (January 1989): 103.

17) Dibelius, *Studies in the Acts of the Apostles*, 57, 26.

18) 사도행전에는 24개의 설교형식의 연설이 있다. 그 가운데 베드로의 것이 9개 (1:16–22; 2:14–36; 3:12–26; 4:8–12; 5:29–32(베드로와 사도들); 8:20–25; 10:34–43; 11:5–17; 15:7–11), 바울의 것이 9개 (13:16–41; 14:15–17; 17:22–31; 20:18–35; 22:1–25; 24:10–21; 26:2–23; 27:21–26; 28:17–20), 가말리엘 (5:35–39), 스데반 (7:2–53), 야고보 (15:15–21), 데메드리오 (19:25–27), 에베소 서기장 (19:35–40), 베스도 (25:24–27)의 연설이 각각 하나씩 나온다. 사도행전에 기록된 바울의 대표적인 설교 세 개는 비시디아 안디옥에서의 설교(13:16–41), 루스드라에서의 설교(14:15–17), 그리고 아덴에서의 설교(17:22–31)이다. 플레밍에 의하면, 누가는 회당에서 행한 유대인을 위한 설교(13장), 아덴의 이방인들을 위한 설교(17장), 밀레도에서 교회 장로들에게 행한 설교(20장)를 바울의 대표적인 설교로 강조한다고 본다. Flemming, "Contextualizing the Gospel in Athens," 211.

양식에 의해 구분하면 변호연설(apology)에 가깝다고 보기도 한다.[19] 아레오바고 설교는 헬라적 설교로 시작되어 기독교적으로 끝을 맺고 있으며, 그 주제는 하나님에 대하여 알게 하는 것이다.[20] 바울의 설교는 서론(22-23절), 본론(24-29절), 결론(30-31절)으로 구분된다. 바울 설교의 서두는 세 가지 중요한 기능을 포함하고 있다. 첫째는 "종교심이 많도다"라는 말을 꺼냄으로 청중들의 긍정적인 관심을 끌었다. 둘째는 바울이 아덴 사람들에게 새로운 신을 소개하려고 한다는 의구심을 버리게 하였다. 셋째는 하나님에 대한 소개를 할 수 있는 동기를 제공했다. 이것은 알지 못하는 신을 섬기는 사람들에게 참 하나님을 전파하려는 의지를 알리는 것이다.[21]

아덴에서의 바울 설교의 본론과 결론은 10가지의 중요한 사실을 포함하고 있다. 첫째, 하나님은 세상의 모든 것을 창조하신 주님이시며 창조자이시다(17:24a; 사 42:5; 45:18). 바울은 창조주 하나님에 대한 이야기로 그의 설교를 시작한다. 이것은 아덴 사람들이 인식한 "알지 못하는 신"이 바로 "우주와 그 가운데 있는 만유를 지으신" 하나님이시라는 것을 말한다. 그렇게 함으로 그들의 잘못된 신관을 바로 잡아준다. 창조와 다스림은 기독교의 두 가지 기본적인 본질이다. 창조주로서의 하나님의 개념은 유일신적 개념으로 스토아 철학의 범신론의 관점과는 대조적이다. 여기서 바울은 하늘과

---

19) 고대 수사학에서는 연설을 법정연설(forensic speech), 논의연설(deliberative speech), 그리고 칭송연설(epideictic speech)로 구분한다. 법정연설이 과거에 관계되어 있다면 논의연설은 미래에 관심을 갖는다. 이 세 가지 범주는 전통적 수사학의 표준이 되었다. 아리스토텔레스에 의하면 모든 연설의 본질은 상황에 대한 진술과 증명으로 나누어진다. 그리고 이 두 부분은 서론, 진술, 증명, 결론으로 확대된다. 샌드네스는 바울의 아레오바고 설교를 변호연설로 구분하더라도, 적절한 수사학적 범주는 논의연설이라고 말한다. Sandnes, "Paul and Socrates," 14, 15; Zweck, "The Exordium of the Areopagus Speech, Acts 17, 22, 23," 94-95. 한편 박응천은 바울의 설교는 헬라 지성인들이 가진 종교의 허구성을 지적하며 기독교의 복음을 설득력있게 제시하려고 시도하는 점에서 변호연설(apology)에 가깝다고 본다, 박응천, 306.

20) Dibelius, *Studies in the Acts of the Apostles*, 58.

21) Zweck, "The Exordium of the Areopagus Speech, Acts 17, 22, 23," 100.

땅 즉 우주의 주인이신 하나님의 본성을 선언한다.[22)]

둘째, 하나님은 성소 안에만 계시지 않는다(17:24b, 7:48). 하나님은 제한된 장소에 계시는 분이 아니다. 하나님은 공간을 초월하신다. 다시 말해, 하나님은 무소부재하신 분이시다. 아덴 사람들이 갖고 있었던 신이 거처할 곳을 만드는 인간이라는 소극적인 관점에 대하여 바울은 오히려 인간이 거주할 곳을 만드시는 하나님이라는 적극적인 관점을 제시한다.[23)] 거기서 더 나아가 그들의 성소개념의 허구성을 지적하고, 인간이 구획한 지역에 신이 산다고 하는 모순을 하나님이 세상을 창조하셔서 인간으로 하여금 거주하게 하셨고 하나님도 그 세계에 임재하시기 때문에 온 세상이 다 성소가 된다는 새로운 신학적 인식을 보여준다.[24)]

셋째, 하나님은 사람의 손으로 섬김을 받으시는 분이 아니라 오히려 사람들에게 모든 것을 주시는 분이다(17:25). 그 시대의 아덴 사람들에게 하나님의 자급자족성을 설명하는 것은 쉽지 않았다. 왜냐하면 그들은 자신의 봉헌을 통하여 하나님이 필요하신 것을 바치려고 했기 때문이었다. 사실, 그들이 하나님께 바쳤던 것은 이미 하나님께서 그들에게 주신 것이었다. 바울은 하나님은 자급자족하시는 분이라 사람들의 도움을 필요로 하시는 분이 아니라는 사실을 두려움 없이 선포하였다. 이것이 그의 선교였다.

넷째, 하나님은 모든 나라를 만드셨다(17:26). 우리가 아는 것처럼, 헬라 사람들, 특히 아덴 사람들은 그들이 다른 민족보다 본질적으로 더 낫다는 긍지를 가지고 있었다. 그들은 플라톤의 4중 감사를 알고 있었다. ① 그는 인간으로 태어난 것을 감사했다. ② 그는 남자로 태어난 것을 감사했다. ③ 그는 헬라인이며 자유인으로 태어난 것을 감사했다. ④ 그는 소크라테스의 시대에 태어나, 그를 만나, 그의 제자가 된 것을 감사했다. 그러나 모든 사람은

---

22) Allen, *Missionary Methods*, 65.

23) Given, "Not Either/or But Both/And in Paul's Areopagus Speech," 366.

24) 박응천, "아레오바고 연설에 나타난 초기 기독교의 자기 정체성," 316-7쪽.

하나님 앞에서 평등하다. 바울은 우리가 하나님의 자녀이며, 모든 사람들이 하나님의 한 가족이라고 말했다. 여기서 바울은 인간의 하나님에 대한 의존성을 설명하며 하나님은 인류가 하나님을 찾도록 하셨다는 내용을 설명한다.[25)]

다섯째, 인간은 하나님을 찾도록 만들어진 존재이다(17:27). 바울은 그들의 종교심을 하나님을 갈망하는 표현으로 보았다. 이것은 사슴이 시냇물을 찾듯(시 42:1), 사람이 하나님을 갈망하고 있는 것이다. 우리가 하나님을 찾으면, 우리는 하나님을 만난다. 하나님은 멀리 계시지 않는다. 이사야는 이것을 "너희는 여호와를 만날 만한 때에 찾으라 가까이 계실 때에 그를 부르라"(사 55:6)고 말씀한다. 예레미야는 이것을 "너희가 전심으로 나를 찾고 찾으면 나를 만나리라"(렘 29:13)는 말씀으로 설명한다.

여섯째는 인간은 하나님의 자녀이다(행 17:28; 신 32:8). 이것은 하나님과 인간의 관계성이다. 바울은 두 헬라시인의 말을 인용하였다. 크레타 섬의 시인 에피메니데스(Epimenides)는 그의 Cretica에서 "그 안에서 우리는 살고 움직이며 존재한다"고 말했다. 이 인용은 자신의 존재를 위해 하나님을 의존하는 인간에 대해 말하는 것이다. 아덴 사람들은 그들이 제우스에게서 생겼다고 믿었다. 대중적인 스토아 시인이며 철학자인 길리기아의 시인 아라투스(Aratus, c315-240) 뿐만 아니라, 클레안데스(Cleanthes, 331-233)의 『현상』에, "제우스를 찬양"하는 시 가운데 "우리는 그의 자녀이다"라는 구절이 나온다. 이것은 하나님으로부터 인간의 기원을 보여준다. 비록 바울이 두 시인의 말을 인용하였지만 이것은 바울이 그들의 종교제도를 인정하는 것을 의미하지는 않는다. 바울은 그들의 문헌을 인용하여 그들의 관심을 끌어 대화하기 위한 것이었다. 여기서 바울은 토론과정의 발전을 시도하였다.

---

25) Given, "Not Either/Or But Both/And in Paul's Areopagus Speech," 366.

일곱째는 우상숭배의 무익성이다(행 17:29; 시 115:4; 사 40:18-20, 44:9-20). 아덴 사람들은 하나님에 대한 잘못된 생각을 갖고 있었다. 바울은 하나님이 누구이신지 설명하면서, 하나님에 대한 대중적인 생각들을 언급하였다. 바울은 그들의 종교심을 정중하게 인정하였지만, 우상숭배의 무익성을 보여주었다. 바울은 "알지 못하던 시대"(17:30)라는 말을 사용함으로 설득을 통해 그들의 우상숭배를 비판했다.[26] 이것이 바울의 중요한 선교방법 가운데 하나이다.

여덟째는 회개를 위한 부르심이다(행 17:30). 여기서 바울은 시대를 두 부분으로 나눈다. 전 시대는 무지의 시대로 과거에 하나님은 인간의 무지를 가만히 두었다. 그러나 지금은 그리스도가 계시된 시기로 하나님은 사람들에게 회개하라고 명령하신다. 여기서 바울은 회개의 필요성을 주장한다.[27] 왜냐하면 심판의 날이 가까웠기 때문이다.

아홉째는 심판의 경고이다(17:31a; 시 98:9). 하나님은 사람을 통하여 정하신 날에 우리 모두를 심판하실 것이다. 심판의 기준은 공의이다. 심판은 "정하신 사람으로 하여금" 이루어진다. 예수 그리스도의 이름이 언급되지는 않았지만 그 "정하신 사람"이 바로 예수 그리스도임을 암시한다.[28] 복음전도는 닥쳐올 진노와 심판을 피하기 위한 구원의 문을 여는데 있다는 것이 바울 설교의 중요한 내용이다.[29]

---

26) 사도행전 14:15에서는 "헛된 일"이라는 말로 우상숭배를 비판했다.

27) 바울이 에베소에서 가르친 중요한 내용은 하나님께 대한 회개와 예수 그리스도에 대한 신앙이라는 두 가지 원리로 요약할 수 있다. 그런데 아덴과 루스드라의 설교에는 전자만이 나타난다. Allen, *Missionary Methods*, 66; 누가는 예수 그리스도 사건으로 회개의 역사가 시작되었다고 본다 (눅 24:47; 행 2:38). 따라서 회개는 누가에게 매우 중요한 개념이다. 조광호, "바울의 아레오바고 연설," 『장신논단』 21 (2004): 151.

28) 예수를 단지 "정하신 사람"이라고 간접적으로 또 신비스럽게 소개한 것은 수사학적으로 넌지시 암시하는 것을 말한다. 그런데 이미 18절에서 바울이 예수에 대해 전하였기 때문에 바울은 그의 청중들에게 기본적인 메시지를 전할 수 있었고, 청중들 또한 예수에 대해 말하는 것을 인지할 수 있었을 것으로 본다. Sandnes, "Paul and Socrates," 18.

끝으로 열 번째는 부활이다(행 17:31b). 하나님은 인자를 죽음으로부터 살리셨다. 부활은 그리스도에 대한 유일한 증거이다.[30] 철학적인 사변을 좋아했던 헬라인들은 육체보다 정신을 더 중요하게 생각했다. 따라서 그들은 사람이 죽어 육체의 감옥에서 정신이 해방됨으로 구원이 이루어진다고 믿었다. 에피쿠러스 철학자들은 내세의 실재를 부인했고, 스토아 철학자들은 영혼이 우주에 신비적으로 동화함에 관련된 미래에 대하여 모호한 개념을 갖고 있었다.[31] 이런 그들은 부활에 대해 관심이 없었기 때문에 바울의 부활에 대한 설교에 조롱과 냉소를 퍼부었다(17:32).[32] 그러나 일부는 다시 듣겠다고 반응하여 바울이 그들 가운데로 떠났고 그들 가운데 몇 사람이 믿음을 갖게 되었다.

누가는 여기서 바울이 그의 설교에서 "예수"라는 이름을 언급을 하지 않았지만, 예수와 부활에 대하여 설교했다고 진술했다(17:18).[33] 우리는 예수와 부활에 대한 언급을 찾아볼 수 있다(17:31). 바울은 아덴 사람들의 우상숭배와 무지라는 장애물을 극복하고 예수와 부활에 대하여 선포하였다.[34]

---

29) Allen, *Missionary Methods*, 72.

30) "증거"와 "믿음"은 여기서 중요한 용어이다. "저를 죽은 자 가운데서 다시 살리신 것으로 모든 사람에게 믿을 만한 증거를 주셨음이니라"(31절b)는 말은 하나님이 "저를 죽은 자 가운데서 다시 살리신 것"을 "증거"하기 위한 것인가 아니면 "저를 죽은 자 가운데서 살리신 것"을 "믿게"하기 위한 것인가? 기븐은 이것도 답이 둘 다라고 말한다. Given, "Not Either/Or But Both/And in Paul's Areopagus Speech," 369.

31) Flemming, "Contextualizing the Gospel in Athens," 206.

32) J. Herbert Kane, *Christian Missions in Biblical Perspective* (Grand Rapids, Michigan: Baker Book House, 1976), 89.

33) 예수의 이름을 직접 언급하지 않고 모호하게 표현함으로 비판적인 청중들의 호기심을 유발하여 그들을 신앙으로 이끌려고 했다는 것이다. Sandnes, "Paul and Socrates," 15, 19.

34) Given, "Not Either/or But Both/And in Paul's Areopagur Speech," 372; 이런 바울의 설교에 대하여 샌드네스는 네 가지로 관찰을 하고 있다. 첫째, 바울은 비판적인 청중을 만났다. 둘째, 그런 상황에 처한 화자(話者)에게 수사학 교과서는 은폐적으로 말할 것을 권한다. 셋째, 바울의 복음은 그리스도를 소개하는데 있어 놀랍게도 불분명하고 어설프게 설명하고 있다. 넷째, 청중 가운데 일부는 바울의 설교를 통해 유용한 부분을 발견하고 그의 말을 더 듣기 원했다. Sandnes, "Paul and Socrates," 19.

바울 설교의 결론 부분이 갖는 중요성을 두 가지로 살펴볼 수 있다. 첫째, 바울은 하나님이 죽음으로부터 살리신 예수가 세상을 심판하실 것이라는 신학적 초점을 청중들에게 직접 선언하였다. 이것은 예수의 인격 안에서 특별한 방법으로 알지 못하는 신을 알게 하려는 설교의 목적을 성취한 것이다. 둘째, 청중들이 바른 행동을 하도록 촉구하였다. 다시 말해 그들이 우상숭배를 회개하고 그리스도를 통해 하나님과 바른 관계를 맺도록 하였다. 바울의 설교에 의하면 진정 그들에게 필요한 것은 교육이 아니라 변화(transformation)라는 것이다.[35]

바울의 설교를 듣고, 소수의 사람만이 그의 말씀을 받아들였고, 대다수는 받아들이지 않았다. 그러면 우리는 바울의 타문화권에서의 선교사역을 어떻게 평가할 수 있을까? 아덴에서의 그의 선교는 성공인가 실패인가?

어떤 학자들은 바울의 설교에도 불구하고 아덴에는 교회가 설립되지 않았으므로, 바울의 아덴에서의 선교사역을 실패라고 말한다. 특히 디벨리우스는 바울의 아레오바고에서의 설교를 실패한 것으로 간주한다. 디벨리우스는 또 바울이 자신의 실패를 자각했다고 말한다. 실패의 결과, 바울은 철학적 선교방법을 재평가하고 자신만의 스타일을 발견하여 복음을 단순히 선포하는 것을 선호하면서, 타문화 접근에 대한 자신의 원래의 선교방법으로 되돌아갔다는 것이다.[36] 그들은 바울이 고린도전서 2:2, 1:18에 진술한, "내가 너희 중에서 예수 그리스도와 그의 십자가에 못 박히신 것 외에는 아무 것도 알지 아니하기로 작정하였음이라," "십자가의 도가 멸망하는 자들에게는 미련한 것이요 구원을 얻는 우리에게는 하나님의 능력이라"는 구절을 통해, 아덴에서의 바울의 실패를 증명하였다.

반면에 다른 의견을 말하는 학자들도 있다. 고린도전서 2:2, 1:18은 아레

35) Flemming, "Contextualizing the Gospel in Athens," 205, 206.

36) Dibelius, *Studies in the Acts of the Apostles*, 73; cf. Richard N. Longenecker, *The Ministry and Message of Paul*. 김진영 옮김, 『바울의 사역과 메시지』 (서울: 크리스챤다이제스트, 1997), 66.

오바고에서의 바울의 설교와 관계가 없다는 것이다. 고린도에서 행한 설교 가운데 십자가를 역설한 것은 아덴에서의 설교와 분명히 다르다.[37] 그것들은 다른 상황에서 쓰여졌다는 것이다. 십자가를 언급하지 않고는 누구도 부활에 대한 설교를 할 수 없다.[38] 그러나 아덴 사람들의 질문(행 17:18-20)에 대한 대답으로는 십자가에 대한 설명은 그 상황에 적절하지가 않고 오히려 부활에 대한 설명이 가장 중요하다.[39] 자연과 사상의 화합을 추구하는 사람들의 주장과 다신교의 혼동된 가르침 가운데서 바울은 살아계시고 참되시며 모든 만물의 창조주이신 하나님에 대해 간단하고 명료하게 설교했다.[40] 더구나 바울의 설교 결과, 성경에 이름이 기록된 아레오바고 의회의 회원인 디오누시오와 다마리라는 최소한 두 사람의 회심자 외에 다른 사람들이 있음을 기억해야 할 것이다. 유세비우스에 의하면, 전승된 이야기이지만, 디오누시오는 아덴에서 최초의 감독이 되었다고 했다.[41] 이런 의미에서 소수의 회심자라도 열매가 있었으므로 바울의 선교는 실패한 것이 아니다.

필자는 위에서 간략한 주석을 하였다. 그렇다면 다른 문화를 향한 바울의 선교방법은 무엇인가? 바울의 설교를 통하여 우리는 그 방법을 알 수 있다. 즉 상황을 분석하여 접촉점을 찾는 것이고, 그 시대의 종교적인 면과 문화적인 면을 이해하여야 하는 것이며, 모든 접촉점과 연관시켜 복음을 설교하거나 논의하여야 하는 것이다. 이제 바울의 타문화권 선교방법론을 살펴보겠다.

---

37) Allen, *Missionary Methods*, 66.

38) Hargreaves, *A Guide to Acts*, 166.

39) Flemming, "Contextualizing the Gospel in Acts," 206.

40) Allen, *Missionary Methods,* 69.

41) Bruce, *Commentary on the Book of Acts,* 364.

바울의 선교방법

바울의 선교방법에 대하여 종종 "바울에게 일정한 선교방법이 있었는가?" 하는 질문을 하게 된다. 바울이 미리 그의 선교여행을 계획하고 선교전략을 세워 선교지를 다니며 복음을 전하고 교회를 세우면서 그의 선교전략을 실천했다고 보기는 어렵다.[42] 오히려 성령의 인도하심에 순종하였다고 보는 것이 옳다. 그럼에도 우리는 바울의 선교사역을 통해 그의 선교 방법을 발견할 수 있고 그것을 배워 적용할 수 있다. 특히 사도행전 17:16-34에서 바울의 선교방법 네 가지를 찾아 그 내용을 살펴보며 우리의 선교방법을 검토 반성할 수 있을 것이다.

1. 개인의 감정 조절

사도행전 17장에서, 바울은 아덴 사람들의 우상숭배에 화가 났지만 이방인들과 그들의 종교와 철학에 대하여 꾸짖지 않았다. 오히려 바울의 분노와 고뇌는 그에게 말하도록 하는 계기가 되었다. 바울은 아덴 사람들에게 그가 "두루 다니며 너희가 위하는 것들을 보다가..."(17:23) 라고 말했을 때, 그의 격분함을 표현하지 않았다. 바울은 스스로를 억제하며 그의 감정을 조절했다. 아는 것을 중요시 하는 아덴 사람들이 알지 못하는 신을 섬기는 무지함을 비판하되 바울은 아덴 사람들의 우상숭배를 종교심이 많은 것으로, 그들의 무지를 알지 못하는 신을 섬기는 것으로 표현하며 분위기를 바꾸었다. 바울은 아덴 사람들과 심지어 그들의 종교적 열망까지도 인정하였다. 인류가 "온 땅에 살게 하시고... 하나님을 더듬어 찾아 발견하게"(26-27절) 하시는 하나님의 섭리로 본 것이다.[43] 복음을 조심스럽게 설명하며 기독교를 변호하였다(17:22-31). 만일 바울이 구약의 선지자나 사도행전 14:15-17절과

---

42) Allen, *Missionary Methods,* 10; Kane, *Christian Missions in Biblical Perspective,* 73.

43) Flemming, "Contextualizing the Gospel in Athens," 207-208.

같이 우상숭배에 반대하여 격렬하게 화를 냈다면, 그는 그의 회중을 잃었거나, 사도행전 14:19절처럼 그들로부터 공격을 당했을 것이다. 비록 선교지에서 받아들이기 힘든 문제에 직면했을지라도, 선교 관계자는 자신의 감정을 조절할 수 있어야 한다.

우리 주변에 타종교를 믿는다고 정죄하듯 꾸짖는 전도자들이 있다. 우상숭배에 대한 분노와 우상숭배를 하는 자들의 영혼에 대한 안타까움이 복합적으로 작용하여 그럴 수 있다. 그러나 그런 태도는 오히려 반감을 주어 기독교를 배타적인 종교로 보고 거리감과 거부감을 갖게 만드는 경우도 있다. 예를 들어 기독교 대학에서 비기독교인 학생들에게 교양필수 과목으로 기독교과목이나 성경 과목을 가르칠 때, 대부분의 비기독교인 학생들이 갖는 부정적인 견해가 바로 기독교의 배타성이다. 이것은 기독교를 전하는 사람들의 태도에 따라 부정적 또는 긍정적인 영향을 주게 된다. 그들에게 기독교를 무조건 강요하거나 타종교를 일방적으로 비난하는 것이 오히려 부작용을 유발한다는 사실이다. 따라서 비기독교인 또는 타종교인을 대상으로 전도할 때는 개인의 감정을 내세우기 보다는 상대를 이해하려는 자세가 필요하다. 이것은 그들의 비위를 맞추라거나 또는 비굴한 자세를 가지라는 것이 아니다. 오히려 복음을 전하기 위해 열린 태도로 선교 대상의 문화와 종교를 이해하고 눈높이를 맞추어 접촉점을 찾아 기독교 복음의 위대성을 전하라는 것이다.

2. 문화의 이해

아덴에서 바울은 그의 방법을 아덴 사람들의 종교와 문화에 맞게 고쳤다. 바울이 유대인들에게 설교를 할 때, 바울은 종종 구약의 성경을 직접 인용하였다. 그것은 유대인들이 성경을 권위를 받아들이기 때문이었다. 아덴에서 바울은 루스드라에서와 같이(15:15-17) 구약성경을 직접 인용하여 설교하지는 않았다. 그것은 아덴 사람들은 성경의 권위를 받아들이지 않았기 때문이었다. 그 대신, 바울은 그들의 철학자들의 작품을 인용하여 철학에 익숙해져 있는 회중들을 설득하였다(17:28-29). 비록 바울이 그들의 철학과 문학를 말했을지라도, 그의 설교에는 성경의 말씀이 포함되어 있었다. 헬라 시인들의 시를 인용한 바울의 의도는 그들의 문헌을 인용함으로 공감을 얻게 하고 진리를 드러내려 함이었다. 바울은 이러한 선교방법을 고린도전서 9:22-23에서 "약한 자들에게는 내가 약한 자와 같이 된 것은 약한 자들을 얻고자 함이요 여러 사람에게 내가 여러 모양이 된 것은 아무쪼록 몇몇 사람들을 구원코자 함이니 내가 복음을 위하여 모든 것을 행함은 복음에 참예하고자 함이라"고 했다. 이것이 복음을 전하기 위해 전도자와 이방인인 전도 대상자들과의 격차를 최소화하여 그들을 개종자로 얻기 위해 사용한 방법이다.

선교사들은 자기 자신들의 문화가 아닌, 다른 문화에 복음을 가지고 갈 때, 그들이 어떻게 다른 방법으로 복음을 선포해야 하는지 결정해야 하는 문제에 당면한다. 그것은 문화화(inculturation)의 문제이다.[44] 목회자들도 마찬가지이지만 선교사들은 복음과 세계를 알아야만 한다. 그래야 그들이 다른 상황에서 복음을 적절하게 선포할 수 있는 것이다. 이것을 "현장화(contextualization)"라고 부른다.[45] 『현장 속의 목회』(Ministry in Context) 보고서에 의하면 현장화는 자신이 처한 정황의 틀 안에서 복음에 의미있게 반응하는 수용력이다.[46] 히버트(Paul Hiebert)는 현장화를 "사람

---

44) Joseph P. Fitzpatrick, S. J. *One Church Many Cultures: The Challenge of Diversity* (Kansas City, MO: Sheed & Ward, 1987), 8; 문화인류학의 개념인 문화화는 Pierre Charles에 의해 선교학에 소개되었다. 처음에는 예수회에서 널리 사용되다 지금은 개신교에서도 많이 사용되는 용어가 되었다. 문화화는 복음이 전달되는 환경에 문화적으로 이해할 수 있게 동화되는 과정을 뜻한다.

45) Contextualization은 1972년 신학교육기금(Theological Education Fund)의 지도자들인 Shoki Coe와 Ahron Sapsezian에 의해 사용된 단어이다. 이 단어는 현장화, 상황화 등으로 번역된다.

46) TEF Staff, *Ministry in Context* (London: Theological Education Fund, 1972)를 참조하라. Bruce J. Nicholls, *Contextualization: A Theology of Gospel and Culture*, 김성웅 역, 『상황화: 복음과 문화의 신학』 (서울: 생명의 말씀사, 1992), 27에서 인용.

들이 이해하는 방법으로 복음을 전달하는 것을 의미한다"고 지적했다.[47]

모든 나라는 그들의 문화를 가지고 있다. 히브리 문화에서, 양은 신성한 동물이다. 그래서 이스라엘 백성은 그들의 종교의식에 양을 제물로 바쳤다. 예수가 이 세상에 오셔서 우리들을 위하여 죽으셨다. 그래서 예수를 "하나님의 어린 양"이라고 부른다(요 1:9). 그러나, 이런 종교의 상징이 모든 문화에 적용되지는 못한다. 예를 들어, 파푸아 사람들 사이에서는 돼지가 신성한 동물이다. 만일 선교사가 "하나님의 어린 양"이라는 말을 한다면, 파푸아 사람들은 이 상징적인 말의 성경적 의미를 이해하지 못할 것이다. 그 대신, 선교사는 "하나님의 돼지"라고 말해야 하는 것이다.[48]

마태오 리치(Matteo Ricci)가 중국에 선교사로 갔을 때, 중국에는 "신(神)"이라는 단어가 많은 의미를 포함하고 있었다. 조셉 피츠패트릭(Joseph P. Fitzpatrick)은 리치가 이 문제를 세 가지 방법으로 해결한 것을 설명한다: "그는 기독교인들이 사용하는 명칭들인 하늘의 주[天主], 하늘[天], 다스리는 주[上帝]를 받아들였다. 그는 고대 중국 작가들 사이에서 이런 용어들에 의해 대표되는 현실이 기독교 하나님의 완전성과 비슷한 특징을 표현하고 있다고 확신했다. 그러므로 그들은 하나님의 이름을 합법적으로 사용할 수 있었던 것이다."[49] 이것이 타문화 선교의 긍정적인 면이다.

그러나 부정적인 면도 있다. 선교사들이 다른 나라에 갔을 때, 선교지의 문화가 그들의 문화와 다르다는 것을 발견한다. 과거의 선교사들은 그들의 선교지에 있는 대부분 현지인의 풍습을 비난하였고, "대부분의 옛 풍습을 이방의 것으로 거절하는 경향이 있었다"[50] 히버트는 "북, 노래, 연극, 춤, 몸의

---

47) Hiebert, *Paul G, Hiebert, Anthropological Insights for Missionaries* (Grand Rapids, Michigan: Baker Book House, 1985), 185.

48) Fitzpatrick, *One Church Many Culteres,* 31.

49) 위의 책, 72.

50) Hiebert, *Anthropological Insights for Missionaries,* 53, 184.

장식, 옷과 음식의 형태, 결혼풍습, 그리고 장례의식 등이 종종 비난을 받았다"고 진술한다.[51] 왜냐하면 옛 풍습은 직접적이든 간접적이든 전통 종교와 관련이 있다고 생각했기 때문에, 그들은 현지 풍습을 받아들이지 않았던 것이다.

더구나 이런 거부는 민족중심주의에 뿌리를 두고 있다. 서양 선교사들은 기독교문화와 그들의 문화의 배경을 동일시하였다. 문화 우월의식으로 그들은 "사람들에게 기독교인이 되기 위해 서양문화로 바꿀 것"을 요구하곤 했다.[52] 이것은 "현대 그리스도 선교의 큰 약점 가운데의 하나이다."[53] 히버트는 다음과 같은 예를 든다.

> 북, 심벌즈, 그 외의 전통적 악기들이 오르간과 피아노로 대체되었다. 전통음악에 맞도록 새로운 시를 쓰는 것 대신 서양 찬송과 선율이 지역적인 어풍으로 번역되었다. 바닥의 돗자리 대신 의자가 놓여졌고, 영국식, 미국식 교회가 오두막집과 토담집과 어울리지는 않지만 나란히 세워졌다. 목사들에게는 양복이 요구되었다...[54]

토착 풍습과 전통을 거절한 결과, "복음이 일반적으로 외국의 것으로, 특히 서양의 것으로 비쳐졌고" 기독교 회심자들은 그들의 나라에서 외국인으로 여겨졌다.[55] 결과적으로 사람들은 기독교를 거부했다. 왜냐하면 "회심은 그들의 문화유산과 사회적 결속을 거절" 하는 것을 의미했기 때문이었다.[56]

히버트는 옛 풍습을 다루는 네 가지 방법을 제시한다: 첫째, 옛 것에 대한

---

51) 위의 책, 184.

52) 위의 책, 53.

53) 위의 책.

54) 위의 책, 184.

55) 위의 책, 53, 184.

56) 위의 책, 53.

정보를 수집하는 것이다. 둘째, 사건에 대해 성경적 가르침을 연구하는 것이다. 셋째, 성경의 가르침에 비추어 옛것을 평가하는 것이다. 넷째, 새롭게 정황에 맞는 기독교 관습을 만드는 것이다.[57)]

미리 포장된 복음을 가지고는 타문화권 선교를 효과적으로 수행할 수 없다. 복음 전할 지역의 문화적 상황을 고려하지 않고 무조건 복음을 강요하려 한다면, 복음을 효과적으로 전달하지 못할 것이다.[58)] 선교사들은 그들의 문화 우월주의를 버리고 선교지의 문화를 존중해야 한다. 선교사는 지역 문화에 대한 깊은 이해는 물론, 그것에 대해 올바른 평가를 내릴 수 있는 안목을 길러야 한다. 그러기 위해 선교사들은 선교지에 가기 전, 선교지의 역사, 문화, 정치, 경제, 종교 그리고 사회에 대해 배울 필요가 있다. 그들이 선교지에 갔을 때, 그들은 도시나 시골, 빈민촌이나 부유한 곳, 농촌이나 어촌 그리고 산촌 등 현지인들이 사는 곳을 방문하는 것이 좋다. 선교지에서 선교사들은 현지인들의 마을에 머물며 그들의 방식대로 살아보는 것도 좋다. 이것은 현지인들 속에 섞여 살면서, 그들의 문화를 이해하는데 좋은 방법이다.

3. 접촉점을 찾아야 한다.

바울은 유대인을 만나던 이방인을 만나던 만나는 대상에 맞게 복음을 전했다. 바울은 농경지대에서 전도를 하던 도시에서 전도를 하던 지역 환경에 맞게 전도를 했다. 바울은 아덴에서의 그의 문화적 만남을 어떻게 다루었는가?[59)] 아덴에서 바울은 우상으로 가득 찬 것을 보았다. 바울에게 새로운 종교를 포용하는 것은 쉽지 않았다. 더구나 우상숭배를 인정할 수도 없었다. 바울은 그들의 제단을 오히려 그의 선교의 출발점으로 사용했다. 바울은 확

---

57) 위의 책, 188.

58) Lausanne Committee for World Evangelization, *Lausanne Occasional Papers No. 2 The Willowbank Report—Gospel and Culture* (Charlotte, NC: Lausanne Committee for World Evangelization, 1978), 14.

고한 태도로 알지 못하는 신에게 예배를 하는 아덴 사람들에게 다가갔다. 바울은 아덴 사람들과의 접촉점을 찾았다. 아덴 사람들의 종교생활이 바울에게는 사리에 맞지 않았지만 바울은 그들에게 화를 내거나 꾸짖지 않았다. 바울은 그들의 우상숭배에 대해 격렬한 공격이나 거친 비판을 하지 않았다. 알지 못하는 신에 대한 그들의 종교심을 비웃지도 않았다. 그렇다고 그들의 우상숭배를 묵인한 것도 아니었다. 그리고 모든 종교가 한 하나님에게 가는 길이라는 다원주의적 사상을 시사하지도 않았다.[60] 오히려 바울은 그들을 종교적이라고 말하면서(17:22) 헬레니즘과 기독교 사이의 접촉점을 찾아 기독교 신앙과 하나님에 대한 분명한 지식을 가르쳤다.

실제로 이것은 "문화에 대립하는 그리스도"의 상태지만, 바울은 이 상태를 "문화의 그리스도" 또는 "문화 속의 복음"으로 다루었다.[61] 종교심에 대한 긍정적인 논평을 통하여, 바울은 그들의 관심을 끌었다. 그것이 그들의 생각을 개방하게 만들었다. 그것은 대단한 것이다. 알지 못하는 신을 토론함으로, 바울은 정중하게 그의 태도를 분명하게 하였다. 바울이 알지 못하는 신에 대한 숭배를 다룬 것은, 다른 신앙과 기독교와의 관계를 어떻게 고려해야 하는지를 말해준다. 그는 신(神)을 향한 갈망의 표현으로써의 그들의 신앙을 보았지만(17:19, 20, 23), 오직 그리스도만이 그들의 갈증을 해결시켜 줄 수 있다는 것을 알고 있었다. 접촉점을 찾아 공감대를 형성하도록 한 것이다.

---

59) 사도행전 14장을 보면 루스드라에서 바울은 그들의 신화를 알지 못했기 때문에, 부정적으로 그들의 문화와 만났다. 이것은 리처드 니버의 "문화에 대립하는 그리스도"에 해당될 것이다. "문화에 대립하는 그리스도"는 문화를 그리스도와 배티적인 것으로 보는 태도를 말한다. 이런 태도를 갖고 있는 사람은 문화를 버리고 그리스도를 택한다. 자세한 것은, H. Richard Niebuhr, *Christ and Culture* (New York: Harper & Row Publishers, 1975), 45-82 참조.

60) Allen, *Missionary Methods,* 70.

61) "문화의 그리스도"는 "문화에 대립하는 그리스도"와 정반대이다. 이것을 따르는 기독교인들은 그리스도를 통하여 문화를 해석한다. Niebuhr, *Christ and Culture,* 83-115. "문화 속의 복음"에서 복음은 항상 문화형태로 표현된다. Hiebert, *Anthropological Insights for Missionaries,* 54-55.

만일 선교사들이 바울이 그러했듯이, 다른 문화권에서 같은 상황을 경험을 한다면, 타종교 또는 타문화에 대한 적절한 태도는 무엇일까? 우상숭배를 도외시하거나, 우상숭배의 무익성을 말하는 것일까?

아프리카에서 사역하는 어느 한인 선교사로부터 들은 이야기가 있다. 과거에 서양 선교사들은 그들의 정치적 배경 아래 선교지 원주민들의 언어가 아닌 영어나 불어로 선교사역을 하였다. 이것이 선교지 원주민들에게 이질감을 주었다. 또 이것은 원주민들이 선교사들의 가르침을 이해하는데 오랜 시간을 소요하게 만들었다. 게다가 선교사역이 "빵 선교"라 불리는 물질선교에 의해 주도되었다. 따라서 원주민들은 먹을 것과 입을 것을 받기 위해 교회에 나오게 되었다. 그러나 선교사들이 떠난 후 그들의 선교사역은 시들해 졌다. 이런 경우 선교의 열매를 기대하기가 어렵다.

외국의 경우와는 달리 한국의 기독교 역사를 살펴보면 특이한 것이 있다. 1876년 두 명의 한국인이 만주에서 스코틀랜드 장로교회 선교사로부터 세례를 받았다. 그들은 몇몇의 한국인들과 함께 누가복음과 사도행전을 1882년에 한국어로 번역하였다. 선교사들이 선교지에 가서 성경을 현지 언어로 번역하는 것이 일반적이다. 그러나 한국에서는 선교사들이 들어오기 전에 이미 몇몇 사람들이 성경을 번역해 놓았고, 기독교로 개종하여 기독교 공동체를 형성해 놓고 있었다. 첫 번째 장로교 선교사인 호라스 언더우드(Horace G. Underwood)와 첫 번째 감리교 선교사인 헨리 아펜젤러(Henry G. Appenzella)는 한국어 성경을 가지고 1885년 한국에 선교하기 위해 왔다. 이것은 그들로 하여금 접촉점을 찾기 쉽게 해 주었다. 민경배 교수는 "이것은 기독교 선교 역사에 있어 전례가 없는 사건이다"라고 지적한다.[62)]

62) Kyung Bae Min, "The Presbyterian Church of Korea," in *Korean American Ministry,* ed. Sang Hyun Lee, (The Consulting Committee on Korean American Ministry, The Program Agency, Presbyterian Church (U.S.A.), 1987), 15-16.

그러므로 선교사들이나 복음전도자들은 먼저 그들의 선교지의 다른 종교와 문화를 이해해야 하고, 적절한 방법으로 그것을 다루어야 한다. 다시 말해 선교사는 선교지역의 종교와 문화에 대한 올바른 지식을 갖도록 노력해야 하고 바울처럼 현지인들의 지적 상황에 공감대를 형성하여 접근하는 것이 바람직하다.[63] 롤랑 알렌(Roland Allen)은 선교사의 사명은 현지인들을 "이교도의 신전으로부터 불러내 하나님의 교회로 모으는 것이 아니라 이교도 신전에 어렴풋이 빛나는 하나님의 등불을 장식하고 그것이 새로운 광채를 발할 때까지 기독교 교리의 기름 몇 방울을 그 속에 부어넣는 것"이라고 지적한다.[64] 우리는 다른 문화 안에서 접촉점을 찾는 바울의 선교방법을 배워야 한다. 이것이 효과적인 방법이다.

4. 대화

비기독교인들에게 복음을 전달하는 선교활동 가운데 하나는 말로 증거하는 것이다. 그것은 추론, 토론, 대화, 설득 등을 포함한다. 바울은 그의 선교사역에 있어서 유대인들에게는 그리스도의 죽음과 부활을 통한 메시야의 구속적 역할에 대해 성경구절로부터 추론하였다(17:1-4). 그리고 이방인들에게는 구원사역의 기초가 되는 부활과 다가올 심판에 대하여 논의하였다(17:17-18, 30-31; 24:25).[65] 본문에 사용된 디아레고말은 대화, 강화, 논의, 또는 토의를 의미한다. 바울의 목회는 논의나 토의였다. 누가는 종종 바울의 목회와 설교(행 17:2, 17; 18:4, 19; 19:9, 20:7, 9; 24:12)를 묘사하기 위해 이런 용어를 사용하였다. 바울의 설교 스타일은 단지 설교를 하는 것이 아니라, 그의 회중으로부터 질문과 응답을 할 기회를 주었던 것으로 보인다.

---

63) Allen, *Missionnary Methods,* 67.

64) 위의 책, 70.

65) William J. Larkin Jr., "Mission in Acts," in *Mission in the New Testament: An Evangelical Approach.* ed. William J. Larkin Jr. and Joel F. Williams (New York: Orbis Press, 1998), 180.

이런 경우, 대화나 토의는 선포의 한 부분이 될 수 있다.

아덴에서 바울은 유대인과 경건한 이방인들과 회당에서 뿐만이 아니라 광장에서도 변론을 했다(17:17). 바울은 소크라테스의 대화 방법을 사용했으나, 메시지는 달랐다.[66] 바울의 메시지는 예수와 부활에 대한 것이었다(17:18, 31). 바울은 주의 깊게 우상에 대항하여 토의하였고, 아덴에서 기독교인들의 하나님의 관점을 지지하기 위해 토의하였다. 왜냐하면 만일 바울이 사람들과 논쟁했다면, 개종자들을 만들기가 어려웠을 것이기 때문이다. 바울은 변론이라는 특별한 방법을 통해 사람들에게 접근하여 복음을 전파했다. 바울의 대화 목적은 그들을 예수 그리스도께로 인도하는 것이었다.

그리스도를 증거하는 선교적 설교는 청중의 이해수준에 잘 적용되어야 하고 그들의 필요를 충족시켜 줄 수 있어야 한다. 대화는 하나님의 진리에 어긋나는 무지와 반역으로부터 회개를 촉구하는 선포의 기능에 유용하게 사용된다. 사도행전은 기독교 증거자들이 그들의 선포가 진리이고 받아들여야 하는 것임을 설득하기 위해 논의함에 있어 비기독교적 종교나 비기독교적 세계관과 건설적인 토론과 바른 연대성에 의한 접촉을 보여준다. 누가는 다른 상황에 다른 형태로 전해지는 메시지와 더불어 문화에 순응되는 증거사역을 선교로 보았다.[67]

대화는 선교의 중요한 방법이다. 종종 설교는 독백으로 흐른다. 때때로 설교 그 자체로는 비기독교인에게 영향을 주지 못할 때도 있다. 비기독교인들은 기독교에 관심이 있거나 설교를 듣는 것에 흥미를 가지거나 하지 않을 수도 있다. 그러나 대화나 토론은 그들의 주의를 기독교로 끌어들일 수 있다. 이것 역시 그들을 대화 속에 참여하도록 해준다. 설교를 듣고 난 후, 때때로 설교의 내용을 잊어버릴 수도 있다. 그러나 대화는 설교를 그냥 듣는 것 보다 메시지를 더 오랫동안 기억하게 해준다. 이것이 사람들의 생활을 바

66) 소크라테스의 대화 기술은 질문을 하는 것이다. Sandness, "Paul and Socrates," 23.

67) 위의 책.

꾸게 하는 것이다. 그러므로 이 방법은 선교사들이 청중들의 이해 정도를 측정하는 것을 도와준다. 만일 사람들이 복음을 잘못 이해했다면, 선교사들은 그들의 선교 방법을 바꾸어야만 한다.

성경의 중심 메시지는 대화적이다. 복음은 거절의 메세지가 아니라, 용납의 메세지이다. 예수는 용납의 메시지를 설교했다. 그러므로 대화는 문화적 종교적 다원주의에서 선교와 전도를 하는데 가장 중요한 방법이다.

나가는 말

사도행전 17:16-34를 통하여 바울의 타문화권 선교방법의 중요성을 살펴보았다. 기독교 선교는 하나님의 선교이다. 하나님은 선교를 위해 그의 일군들을 부르시고 보내신다. 하나님은 개인의 마음을 여실뿐만 아니라 다양한 민족에게 신앙의 문을 열도록 하신다. 선교과제는 사람들이 하나님을 만나게 하고, 하나님을 이해하게 하고, 하나님을 그들의 마음에 받아들이도록 하는 것이다. 바울은 다른 종교인들에게 전할 현장화된 복음에 대한 시각을 제시한다.[68] 첫째는 적절한 태도이다. 좋고 싫음을 드러내는 감정적 표현을 절제하여야 한다. 그리고 부정적 태도보다 긍정적 태도를 가져야 한다. 선교는 감정적 열정만을 갖고 뛰어드는 일이 아니다. 선교를 감정으로 시작하게 되면 감정에 좌우되기 쉽고 감정 때문에 실망하고 좌절할 수 있다. 개인의 감정을 뛰어넘을 수 있어야 하고, 냉철함으로 상황을 분별할 수 있어야 한다. 둘째는 적절한 접근방법이다. 바울은 복음을 이방인들에게 전할 때 그들의 문화를 이해하고 접촉점을 찾아 접근했다. 열정만 가지고 무작정 도전한 것이 아니다. 셋째는 적절한 메시지 전달이다. 아덴에서의 바울의 선교는 비

68) 플레밍은 이것을 첫째는 태도(attitude), 둘째는 접근(approach), 셋째는 대답(answer)이라고 설명한다. Flemming, "Contextualizing the Gospel in Athens," 207-8.

기독교인들에게 성경적 진리를 제시하는 문화적 민감성과 창의성의 모델이다.[69] 선교사들은 간단하게 그들이 알고 있는 복음을 그대로 설교하는 것보다, 선교지의 문화적 종교적 배경을 이해하여 상황과 현실에 맞는 그리고 현지인들이 이해하고 받아들일 수 있는 내용의 설교를 하는 것이 바람직하다. 비기독교 철학과 종교에 복음을 전하는데 있어 현장화된 설교는 중요한 역할을 한다.[70] 오늘 교회가 바울의 선교에서 배울 점은 복음의 진정한 현장화가 다원화된 세계에 살고 있는 우리에게 주류 문화에 쉽게 동화되는 길을 피하고 민감성과 창의성을 가질 것을 요구한다는 것이다. 그럴 때만이 사람들이 진정 변화(transformation)될 수 있을 것이다. 이를 위해 선교사들은 그들의 선교 방법을 심각하게 살펴보고 반성하며 개선할 필요가 있다. 사도 바울처럼 선교사들은 다른 문화와 접촉점을 찾고, 적절한 방법으로 복음을 전해야 할 것이다. 이런 것들이 선교의 본질적인 면이라고 믿는다.

▶ **주제어 :** 바울, 선교방법, 타문화선교, 아레오바고 연설, 아덴

참고 문헌

Allen, Roland. *Missionary Methods: St. Paul's or Ours?* London, World Dominion Press, 1960.

Bruce, F. F. *Commentary of the Book of the Acts.* Grand Rapids, Michigan: WM. B. Eerdmans Publishing Company, 1954, 348-365.

---

69) 위의 글.

70) 그렇다고 복음의 본질을 훼손하면서 선교현장에 맞추어 복음을 전하라는 것은 아니다. 바울의 설교에는 타협할 수 없는 세 가지 중요한 점이 있다. 첫째, 우주의 창조자이시며 통치자이신 하나님의 주권이다. 둘째, 회개의 필요성이다. 셋째, 심판의 실재이다. 이것들은 그리스도 안에서 하나님이 나타내신 것이다. 위의 글. 207.

Conzelmann, Hans. "The Address of Paul on the Areopagus," in *Studies in Luke-Acts.* Ed. Keck, Leander E. and J. Louis Martyn. Nashville, New York: Abingdon Press, 1966, 217-230.

Dibelius, Martin. *Studies in the Acts of the Apostles.* Ed. Heinrich Greeven. London: SCM Press, 1956, 26-83.

Fitzpatrick, Joseph P. S. J. *One Church Many Cultures: The Challenge of Diversity.* Kansas City, MO: Sheed & Ward, 1987.

Flemming, Dean. "Contextualizing the Gospel in Athens: Paul's Areopagus Address as a Paradigm for Missionary Communication," in *Missiology: An International Review.* Vol. XXX, No. 2 (April 2002): 199-214.

Given, Mark D. "Not Either/Or But Both/And in Paul's Areopagus Speech," in *Biblical Interpretation.* Vol. 3, No. 3 (October 1995): 356-372.

Green, Michael. *Evangelism in the Early Church.* Grand Rapids, Michigan: William B. Eerdmans Publishing Company, 1970.

Hargreaves, John. *A Guide To Acts.* London: SPCK, 1990, 133-140, 160-168.

Hiebert, Paul G. *Anthropological Insights for Missionaries.* Grand Rapids, Michigan: Baker Book House, 1985.

Kane, J. Herbert. *Christian Missions in Biblical Perspective.* Grand Rapids, Michigan: Baker Book House, 1976.

Larkin, William J. Jr. "Mission in Acts," in *Mission in the New Testament: An Evangelical Approach.* Ed. William J. Larkin Jr. and Joel F. Williams. New York: Orbis Press, 1998, 170-186.

Lausanne Committee for World Evangelization, *Lausanne Occasional Papers No. 2 The Willowbank Report--Gospel and Culture.* Charlotte, NC: Lausanne Committee for World Evangelization, 1978.

Longenecker, Richard N. *The Ministry and Message of Paul.* 김진영 옮김. 『바울의 사역과 메시지』 서울: 크리스챤다이제스트, 1997.

Min, Kyung Bae. "The Presbyterian Church of Korea," in *Korean American Ministry*. Ed. Sang Hyun Lee. The Consulting Committee on Korean American Ministry, The Program Agency, Presbyterian Church (U.S.A.), 1987, 3-27.

Nicholls, Bruce J. *Contextualization: A Theology of Gospel and Culture.* 김성웅 역. 『상황화: 복음과 문화의 신학』 서울: 생명의 말씀사, 1992.

Niebuhr, H. Richard. *Christ and Culture.* New York: Harper & Row Publishers, 1975.

Sandnes, Karl Olav. "Paul and Socrates: The Aim of Paul's Areopagus Speech," in *Journal of the Study of the New Testament.* 50 (June 1993): 13-26.

Zweck, Dean. "The Exordium of the Areopagus Speech, Acts 17, 22, 23," in *New Testament Studies* 35 (January 1989): 94-103.

박응천. "아레오바고 연설에 나타난 초기기독교의 자기정체성," 『교회와 신학』 27 (1995): 302-321.

조광호. "바울의 아레오바고 연설," 『장신논단』 21 (2004): 137-56.

ABSTRACT

Paul's Cross-Cultural Mission Methods in Acts 17:16-34

As an apostle to the Gentiles, Paul had a special concern for missionary work and strong sense of responsibility toward the Gentiles. Apart from his speech in Lystra in Acts 14:15-17, the Areopagus speech is Paul's only sermon to the Gentiles in the Book of Acts. The theme of this speech is the true knowledge of God, and the purpose of this speech is to make the unknown god known to the Athenians. In the rhetorical category, this speech is classified as an apology.

We may discover at least four cross-cultural mission methods in this account. First method is to control personal feeling. When Paul looked around the city, he saw many idols in Athens. The Athenians worshipped many gods, but they were not sure that they knew all the gods. So they dedicated an altar to an unknown god and prevented the god's wrath. Paul was deeply distressed over the pervasive idolatry, religious pluralism and their ignorance, but he did not express his distress. Instead he controlled his emotion of anger and reasoned defense of Christianity. The change of mood in a positive way is needed.

Second is understanding of culture. In Athens, Paul adopted his method to fit in with the Athenians' religion and culture. Paul quoted from Greek poets. To understand cultural and religious background of a mission field

is necessary.

Third is to find a point of contact. Paul's missionary work in Athens was motivated by the Athenians' idolatry. He used the inscription on an altar as his starting point. He approached to the Athenians' worship of the unknown god in a positive and sensitive attitude. He overcame obstacles of idolatry and ignorance in order to make them realize what the unknown is. To find a point of contact in a different culture is an important aspect in mission.

Four is dialogue or discussion. To proclaim the gospel in an appropriate way is required. The indirect, ambiguous, cryptic and subtle ways of Paul's speech evoked curiosity. This made audience to involve in the communication process. Preaching itself can be a monologue. Dialogue may draw non-Christians' attention to Christianity. Therefore, dialogue is an important method in mission.

The implications of Paul's cross-cultural mission methods is examined. The task of mission is to have people meet God, make them understand God and let them accept God in their hearts. Paul's speech is contextualized the gospel to people of other religion. It is the outstanding example of cross-cultural missionary preaching. He adapted Christian faith to pagan culture and philosophy, and contextualized the gospel to the Gentile world. Paul's missionary work in Athens is a model of cross-cultural mission.

▶ **Key Words :** Paul, mission method, cross-cultural mission, Areopagus speech, Athens

마테오 리치의 문화적응 선교

들어가는 말

선교가 종종 다른 문화권에서 이루어졌다는 것을 감안할 때 선교와 문화의 관계는 오래되었다고 볼 수 있다. 그러나 선교 또는 선교학에서 문화를 논의한 것은 그리 오래된 이야기가 아니다.[1] 선교사 또는 복음 전도자들은 성경의 지식을 강조하거나 복음을 선포하는 일에는 큰 관심을 기울였지만, 복음을 듣고 받아들이는 현지인들의 문화적 사고형태와 행동양식에 대해서는 관심이 부족하였다. 어떤 면에서는 선교지의 문화에 대해 알려고 하지도 않았고 이해하려고 하지도 않았다고 볼 수도 있다. 이러한 선교지 문화에 대한 무관심은 문화적 차이로 인해 전달자의 의도와 달리 복음이 전달될 수도 있다는 점을 감지하지 못하게 만들었다.[2] 뿐만 아니라 현지인들과 현지 문화에 대하여 파악하여 그것을 점검하려는 시간을 갖지도 않았다. 이런 이유로 선교지에서는 복음을 외국의 것으로 인식하게 되어, 많은 사람들이 복음

1) 리차드 니버는 그의 저서 『그리스도와 문화』(Richard Niebuhr. *Christ and Culture*, 1951)에서 문화를 기독교 사회윤리학의 입장에서 다루었다. 이것은 그리스도와 문화의 상관성을 사회 윤리적 관점에서 역사적 분석과 비평을 한 책이다. 선교학 분야에서는 유진 나이다가 『풍습과 문화』(Eugene Nida. *Customs and Cultures*, 1954)를 발간했는데, 이 책은 선교적 인류학의 고전이라 할 수 있다. 그 후 조직신학 분야에서 폴 틸리히가 『문화의 신학』(Paul Tillich, *Theology of Culture*, 1959)을 발간하였다.

2) 전달자들은 그들의 대상이 힌두교도이든 이슬람교도이든 마르크스주의자이든 사실상 동일한 방법으로 복음을 전했다. Bruce J. Nicholls, *Contextualization: A Theology of Gospel and Culture*, 김성웅 역, 『상황화: 복음과 문화의 신학』(서울: 생명의 말씀사, 1992), 8, 9.

을 받아들이려고 하지 않는 부정적인 결과를 가져오기도 했다.[3] 다시 말해 서구 선교사들의 이러한 태도가 복음을 전하는데 걸림돌이 되었던 것이다.

무엇보다 사도 바울의 루스드라(행 14:8-18)와 아덴(행 17:16-34)에서의 선교사역은[4] 타문화권 및 타종교권에서 어떻게 선교를 하여야 하는 가를 보여주는 모델이라고 볼 수 있다. 이와 유사하게, 마테오 리치(Matteo Ricci, 利瑪竇, 1552-1610)의 중국에서의 선교사역은 16세기 타문화권 선교와 타종교권 선교에 있어서 주목할 만한 것이다. 그는 당시 제국주의의 점령군적 태도와는 달리 배우는 자세로 중국에 접근했다. 이것은 단지 중국에 들어가기 위한 수단이 아니라 실제로 그는 중국의 언어를 배우고 문화를 이해하고 수용하였다. 그렇게 함으로 당시 일반적으로 외국인에게 폐쇄적이었던 중국사회 중심에 들어갈 수 있었다. 리치는 중국의 고전을 읽고 유교 학자들과 토론하며 기독교의 가르침을 소개하였다. 그의 선교적 접근은 효과적이었다. 리치의 선교 방법은 선교와 문화의 상관성에 대해 귀중한 자료를 제공해 준다. 아울러 선교사의 타문화 접근 자세에 대하여 교훈을 준다.

중국이 개방된 이후 많은 선교단체의 선교사들이 활동을 하고 있다. 그러나 긍정적이고 바람직한 소식보다는 그렇지 않은 이야기를 자주 접하게 된다. 이런 상황에서 16세기의 마테오 리치의 중국 선교 방법론이 아직도 우리에게 도전을 주고 21세기에도 유효하다고 본다. 따라서 이 연구에서는 리치

---

3) Paul G. Hiebert, *Anthropological Insights for Missionaries*, 김동화, 이종도, 이현모, 정흥호 옮김, 『선교와 문화인류학』 (서울: 죠이선교회 출판부, 1996), 19.

4) 사도행전 14:8-18과 17:16-34에 나타난 바울의 타문화권 선교에 대하여는, John Eunsik Cho, "Paul's Cross-cultural Mission Methods through Acts 14:8-18 and 17:16-34" in *Silliman Ministry Magazine*, no. 68 (December 2000): 30-36; 사도행전 17:16-34에 나타난 바울의 타문화권 선교에 대하여는, 조은식, "사도행전 17:16-34에 나타난 사도 바울의 타문화권 선교방법론," 『선교와 신학』 제14집 (2004): 145-173을 참조하라.

5) 문화적응이라 함은 복음 전파자가 사역의 현장에서 현지인들과의 문화적 간격을 줄이기 위하여 자신의 사고, 언어, 태도를 현지인들의 생활양식에 맞게 그들의 문화에 적응하는 것을 말한다. 김영동, "상황화의 역사적 배경과 이론에 대한 신학적 고찰," 『하나님 나라와 선교』 (서울: 대한기독교서회, 2001), 172.

의 종교와 문화의 상관성을 활용한 문화적응적[5] 선교 방법들을 간략하게 살펴보며 그의 선교 방법론을 오늘의 선교에 교훈으로 삼고자 한다.

본론

개신교 선교에 있어 '왜 마테오 리치인가?' 하는 질문을 할 수 있다. 이 질문에 대한 답으로 이런 질문을 해 볼 수 있다: '그 당시 개신교의 선교가 있었는가?' 그 당시는 개신교의 선교가 없을 때이다. 따라서 중국선교에 대한 개신교의 모델이 없기 때문에 마테오 리치의 선교방법을 논하는 것이다.

기독교 교회사가들이나 선교사가들은 종교개혁 이후 개신교 선교의 부재를 말한다. 그 당시 외국 선교에 앞장선 것은 개신교가 아니라 로마 가톨릭이었다. 가톨릭 가운데에서도 예수회가 앞장서서 해외 선교에 참여를 하였다.

언어습득

예수회 선교에 있어서 알렉산드로 발리냐노(Alexandro Valignano, 范禮安)는 1573년 마카오에 40명의 선교사들을 이끌고 갔다. 1575년 인도에 도착한 발리냐노는 그 당시 포루투갈이 강제적으로 개종시키는 것을 보고 무력이 아닌 인애를 통한 개종 방침을 정하고, 현지어를 습득하는 것이 현지인을 이해하는 길이라고 믿었다. 인도 지역을 순회하며 마카오에 체류하던 발리냐노는 중국인의 관습과 중국법을 연구하면서 미카엘 루지에리(Michael Ruggieri, 羅明堅)를 불러 중국어를 배우도록 하였다.[6] 루지에리는 중국어를 읽고 쓰고 말할 수 있도록 공부할 때 어려움을 많이 겪었다. 사전이나 문법책이 있는 것도 아니었고, 중국어를 가르쳐 줄 적합한 교사를 구하기도 어려웠다. 무엇보다 마카오에 있는 그의 예수회 동료들이 그의 중국어 학습을 격려하지 않고 부정적으로 보아 심적으로 더 어려웠다. 실망적인 분위기와 그 자신의 언어 능력의 한계에도 불구하고 루지에리는 꾸준히 공부를 하였다.

1582년 말 발리냐노는 루지에리의 천거로 마테오 리치를 인도 남서안의 고아(Goa)에서 떠나 루지에리와 합류하도록 하였다. 발리냐노는 루지에리와 리치에게 중국에서의 선교사역을 준비하도록 하였다. 그들은 중국의 언어와 문화를 배우는 일을 통해 선교준비를 하였다. 중국 사람들은 그들의 문화유산에 대하여 매우 강한 자부심을 갖고 있었기 때문에 중국어 사용을 포함하여 중국문화에 우호적으로 접근하는 것이 효과적인 선교사역을 위하여 필요했다.[7] 리치는 중국어를 배우는데 엄청난 희생을 하여야 했다. 유럽인이 중국어를 배우는 것이 얼마나 어려울 것인가 하는 것은 미루어 짐작할 수 있는 부분이다. 그럼에도 말하고, 읽고, 쓰는 것과, 중국인의 습성과 풍습을 그 자신의 모국어와 문화를 배우듯 하였다.[8] 루지에리도 이처럼 하였다. 그들은 중국어와 중국문화 학습에 많은 노력을 기울였다.

리치의 중국어 습득은 통역 없이 직접 중국인 관리들과 대화하게 하였을 뿐만이 아니라 유교 학자들과 자유롭게 토론하기도 하여 그들을 놀라게 만들었다. 그의 중국어 실력은 책을 번역함으로 중국의 사상을 본국에 알리기

---

6) Vincent Cronin, *The Wise Man from the West*, 이기반 옮김, 『서방에서 온 현자』 (분도출판사, 1989), 42-43.

7) 한국기독교사연구회, 『한국 기독교의 역사 Ⅰ』, (서울: 기독교문사, 1989), 49.

8) 세베스에 의하면, "리치는 중국에 입국한 후 생활양식에 있어 숙식 뿐만이 아니라 옷 소매, 요대, 머리띠, 모자, 리본까지도 중국인들 가운데 중국인이 되었다. 이탈리아인에게 작은 문제일지라도 포도주 대신 쌀로 만든 술을 사용하였다." Joseph Sebes, S.J., "A 'Bridge' Between East and West: Father Matteo Ricci, S.J., His Times, His Life, and His Method of Cultural Accommodation," *International Symposium on Chinese-Western Cultural Interchange in Commemoration of the 400th Anniversary of the Arrival of Matteo Ricci, S.J. in China* (Taipei, Taiwan, Republic of China, September 11-16, 1983), 590-591.

도 했고, 천주교에 대하여 중국인들에게 전하기도 하였다. 그는 논어, 맹자, 대학, 중용의 『사서(四書, Four Books)』를 라틴어로 번역하기도 했고, 교리문답서인 『천주실의(天主實義)』를 쓰기도 했으며, 『25언(二十五言, Twenty-five Sayings)』을 발간했다. 뿐만 아니라 『교우론(交友論)』을 직접 중국어로 쓰기도 했다.

문화적 접근 가운데서 언어 습득은 매우 중요한 일이다. 선교지 언어를 배우는 것이 선교사역의 미래를 좌우할 만큼 큰 영향을 미친다. 선교지 언어를 할 수 있는가의 여부가 현지인에게 동질감을 주기도 하고 이질감을 주기도 한다. 이것은 선교사와 현지인과의 관계형성에 큰 영향을 끼친다. 사실 언어를 모르면 문화를 이해하기 어렵고, 그렇게 되면 깊이 있게 문화교류를 할 수 없다. 현지어를 배우고 사용함으로 그들의 문화에 대해서도 이해하는 폭이 넓어지게 되는 것이다. 그러나 그 당시만 해도 선교지 현지 언어를 배우는 일은 흔하지 않았고, 보통 선교사의 언어로 통역을 통해 선교를 하였으며 선교사의 문화를 그대로 가져가는 일이 일반적이었다. 따라서 그 당시 이들이 선교지의 언어와 문화를 배웠다는 것 자체만으로도 선교역사와 선교방법에 있어 획기적이고 놀라운 일이었다.[9)]

생활양식 수용

선교사는 선교지에 도착하기 전 현지 문화에 대하여 사전 정보를 갖는 것이 필요하다. 그러나 지식만으로는 현지 문화를 전적으로 이해하기 어렵다.

9) 포르투갈이 지배하던 인도를 비롯한 지역에서는 선교사들이 현지어를 습득한다는 것은 있을 수 없는 일이었다. 그것은 이교도와 기독교도와의 평등이 인정되지 않았기 때문이었다. 당시 포르투갈은 유럽에서 통용되던 'cuius regio, eius religio'(통치자의 종교가 곧 인민의 종교)라는 원리를 적용하여 현지인들에게 기독교를 강요하였다. 리치는 이런 실태를 보고 자비에르(Francisco Xavier, 方濟各)가 왜 포르투갈의 영향권인 인도를 떠나 일본으로 갔는지 깨닫게 되었다. Cronin, 『서방에서 온 현자』, 41-42.

가장 좋은 방법은 현지 문화에 직접 참여하는 것이다. 몸으로 부딪혀 느끼고 배우는 체험을 해야만 그 문화를 잘 이해할 수 있다. 1580년과 1581년 광저우(廣東, Canton)를 방문하는 동안 루지에리는 중국 사람들의 문화 형식을 주의 깊게 관찰하여 그것들을 따라하기도 했다. 이런 그의 우호적이고 긍정적이며 적극적인 태도가 중국문화를 빨리 이해하는 데 도움이 되었다. 앤드류 로스(Andrew Ross)는 루지에리의 이런 모습을 다음과 같이 기술하고 있다. 루지에리는 "중국 관리들을 대하는데 있어서 매번 모든 형식들에 특별히 주의하였다. 마지막 방문에 있어서 그들은 루지에리가 다른 유럽 사람들이 하지 않았던 태도를 어떻게 취해야 하는 가를 알고 있는 것을 보았다."[10] 그의 이런 태도는 중국 관리들에게 긍정적인 인상을 주었다. 루지에리와 마찬가지로 리치도 다른 서양 선교사들처럼 우월감을 갖고 중국 문화에 접근하지를 않았고, 중국 문화에 유럽 문화를 이식시키려고 하지도 않았다. 문화적응을 통하여 그는 중국 사람처럼 행동을 하였다.

1583년 9월 10일 리치는 중국에 입국하여 중국에 배우러 온 사람으로 행동했다.[11] 배움을 통한 선교, 이것은 중국선교의 선구적인 일이었다. 발리냐노는 리치에게 중국에 대한 포괄적인 보고를 준비하도록 요청했다. 중국어를 배우는 동안 중국 사람들, 풍습, 제도와 정부에 대하여 기술하였다.[12] 리치는 중국에 들어와 중국 사람들의 호의를 얻었다.[13]

---

10) Andrew C. Ross, *A Vision Betrayed: The Jesuits in Japan and China 1542–1742* (Maryknoll, New York: Orbis Books, 1994), 119.

11) Yves Raguin, S.J., Abstract of "Matteo Ricci Today," *International Symposium on Chinese-Western Cultural Interchange in Commemoration of the 400th Anniversary of the Arrival of Matteo Ricci, S.J. in China* (Taipei, Taiwan, Republic of China, September 11–16, 1983), 543.

12) Ross, *A Vision Betrayed,* 122.

13) Pope John Paul II, "Pope's Address on the Work of Father Ricci in China," *International Symposium on Chinese-Western Cultural Interchange in Commemoration of the 400th Anniversary of the Arrival of Matteo Ricci, S.J. in China* (Taipei, Taiwan, Republic of China, September 11–16, 1983), 1.

새로운 문화를 배우는 것 그 자체가 바로 선교의 중요한 수단이 될 수 있다. 따라서 루지에리와 리치는 중국의 사회윤리 제도에 맞게 생활양식을 따르는 문화접근을 하였다. 루지에리와 리치가 중국에 같이 입국할 때인 1583년 그들은 발리냐노의 권고에 의해 불교 승려복장을 하였다.[14] 발리냐노는 일본에서는 불교 승려들이 대우 받는 것을 보고 루지에리와 리치에게 불교의 승려복을 입을 것을 권했던 것이다. 예수회는 불교 승려의 역할을 수용하기로 공식적으로 승인했다.[15] 그들은 불교식 의복을 입는 것 뿐만이 아니라 삭발과 면도까지 하였다. 이렇게 함으로 리치는 종교인으로 간주되었다고 생각했다.[16] 리치와 그의 협력자들은 그들의 선교에 종교적 본질을 나타내려고 불교 승려의 사프란 의복을 입었다.[17] 루지에리와 리치는 불교 승려에 대하여 호감을 보였고 멀리 서양에서 온 승려로 대우 받았다.[18] 리치는 1585년 11월 24일자 편지에서 "저는 중국인이 되었습니다(fatto un cina). 이제 복장이나 얼굴 모습도 인사법도 겉모습도 완전한 중국인입니다"라고 썼다.[19]

쑤조우(韶州)에서 리치는 명나라에서 가장 저명한 학자이며 행정가 가운데 하나인 취징춘(瞿景淳)의 아들인 취타이수(瞿太素)를 만났다.[20] 쑤조우

---

14) Sebes, "A 'Bridge' Between East and West," 58.

15) Ross, *A Vision Betrayed,* 123.

16) Pope John Paul II, "Pope's Address on the Work of Father Ricci in China," 3.

17) G. Thompson Brown, *Christianity in the People's Republic of China. Revised Edition* (Atlanta: John Knox Press, 1986), 18.

18) Yves Raguin, S.J., "Matteo Ricci Today," *International Symposium on Chinese-Western Cultural Interchange in Commemoration of the 400th Anniversary of the Arrival of Matteo Ricci, S.J. in China* (Taipei, Taiwan, Republic of China, September 11-16, 1983), 546; 리치가 불교 승려의 옷을 입었을지라도, 그가 불교의 생활방식이나 불교의 이념을 차용한 것은 아니었다. Sebes, "A 'Bridge' Between East and West," 591.

19) 하라키와 스케히로, 『마테오 리치』, 노영희 옮김(서울: 동아시아, 2002), 203-4에서 재인용.

20) Ross, *A Vision Betrayed,* 124.

(韶州)와 난슝(南雄, Nanxing) 지역의 지식 계층과의 우정을 통하여 리치는 언어와 고전에 대한 지식을 늘렸고, 중국 문화 일반에 대한 이해를 깊이 했으며, 특히 그 당시 정치문화에 대한 이해도 갖게 되었다.[21)]

나중에 리치는 그가 살고 있는 환경의 종교 개념이 서양의 것과 너무 다르다는 것을 알게 되었다: 승려들은 사회의 변두리에 살고 있었다. 심지어 그들의 사원도 인구 밀집지역 밖에 평범하게 지어져 있었다.[22)] 리치는 그가 만난 승려들이 학식 있는 자도 아니고 존경받는 자도 아니라는 것을 알았다. 그는 또 지식 계층에 의해 불교에 자부심이 낮은 것을 알게 되었고, 그들의 생활과 일부 불교 승려의 무지를 보게 되었다. 게다가 대중종교와의 접촉으로 불교에 미신적인 것이 몹시 물들어 있는 것을 발견하였다. 리치는 이것이 복음을 전파하는데 걸림돌이라고 믿었다.[23)] 따라서 그는 불교적인 이미지를 벗어나 유교적 이미지를 취하게 되었다. 동시에 취타이수(瞿太素)가 리치에게 불교 승려의 복장을 하는 것이 적절하지 않다는 것을 강하게 주장하였다.

그는 세 가지로 그것을 설명했다. 첫째로 사대부들은 우월감을 가지고 있으며 승인들을 하류인간으로 취급하고 있다. 둘째, 승인들은 대부분 출신 배경이 미천하고 교육도 받지 못했으며 인격적이지도 않아 사람들로부터 존경을 받지 못하고 있다. 셋째, 사대부들의 호의를 얻고 친분을 가져야만 체류도 가능하고 선교도 가능하다. 그러기 위해서는 그들과 같은 사회적 지위를 가져야 한다.[24)]

그는 리치에게 불교 복장에서 유교 복장으로 바꾸는 것이 그들의 선교가 무엇인지를 사대부층에게 더 잘 알릴 수 있고 유교 학자층의 지식 세계를 통하여 중국 사회에 들어가려는 목적을 이룰 수 있다고 설득했다.[25)] 리치 또한

---

21) 위의 책, 126.

22) Pope John Paul II, "Pope's Address on the Work of Father Ricci in China," 3.

23) Raguin, "Matteo Ricci Today," 546.

24) Cronin, 『서방에서 온 현자』, 125.

유교 학자층은 그들의 지적 능력이 천주교를 이해할 수 있을 것이므로 그들의 사회 영향력을 통하여 천주교의 대중화를 꾀할 수 있을 것이라고 여겼다. 리치는 유교적 사회윤리 제도가 더 편안했고 취타이수(瞿太素)의 조언에 따라 그가 광저우(廣東)를 떠났을 때 지식 계층의 태도와 생활양식을 수용하여 따랐다.[26)]

여기에서 루지에리와 리치의 선교 대상이 달라지게 된다. 루지에리의 선교사역의 초점은 일반 중국인으로 그는 평민의 종교인 불교의 문화형식을 사용하였다. 한편 리치의 선교사역의 대상은 지식 계급으로 그는 지배계급의 종교인 유교의 문화형태를 사용하였다. 푸젠 가톨릭 대학교(Fu Jen Catholic University) 신학대학 라구인(Yves Raguin)교수는 "리치는 중국 사람들에게 주는 그 자신의 이미지와 그의 종교의 이미지를 무척 의식하고 있었다. 그는 자신과 그의 예수회 동료들이 신학자들이나 지식 있는 설교가로 간주되기를 원했다"고 말했다.[27)] 리치와 그의 동료들은 그들의 종교적 고백을 사회 중심부에 전하기로 결단하여, 이를 위하여 교육된 유교의 생활양식과 의복을 수용하였고, 공동체의 사회생활에 관여하였다.[28)] 남부의 수도인 난징(南京, Nanjing)에서 리치는 그의 머리칼과 수염을 기르고 학자의 의복을 입었다.[29)] 그는 비단옷을 입어 유학자인 사대부처럼 행동하기 시작했다. 이런 의복과 생활양식을 따라 함으로 리치는 "복음을 전파하는데 있어 매우 효과적으로 보이는 새로운 방법을 발견한 것이다."[30)] 그는 중국사회

---

25) Ross, *A Vision Betrayed,* 126.

26) Joseph Shih, "Matteo Ricci as Missionary," *International Symposium on Chinese-Western Cultural Interchange in Commemoration of the 400th Anniversary of the Arrival of Matteo Ricci, S.J. in China* (Taipei, Taiwan, Republic of China, September 11-16, 1983), 650; Sebes, "A 'Bridge' Between East and West," 591.

27) Raguin, "Matteo Ricci Today," 550.

28) Pope John Paul II, "Pope's Address on the Work of Father Ricci in China," 3.

29) Ross, *A Vision Betrayed,* 3.

중심에 들어가 유교 학자들을 만날 수 있었다. 뿐만 아니라 그는 중화풍(中華風)을 사모하는 유교 교리에 깊이 젖은 서양의 선비로 존경받게 되었다.[31)]

발라냐노에 지시로 불교 복장을 했던 리치는 유학자 복장으로 바꾸면서 발리냐노의 동의가 필요했다. 이것을 위해 리치의 동역자인 라자로 카타네오(Lazzaro Cattaneo)는 리치가 건의한 유학자 복장을 발리냐노에게 제의하여 허락을 받았다.[32)] 그러나 학자층의 의복을 입음으로 문제가 발생했는데 그것은 가톨릭교회에서 신부나 종교인이 학자층의 의복을 입는 것을 인정하지 않았다는 것이다. 트렌트 종교회의의 법규는 이 문제를 좀 어렵게 하였다.[33)] 마침내 1594년 로마본부의 허락을 받아 유림 복장을 할 수 있었다. 예수회 선교는 중국의 유교문화를 보완하였다.[34)]

번역과 저술활동

중국어에 익숙해진 리치는 유 · 불 · 도 삼가(三家)의 서적을 읽어가며 유교에 천사상(天思想)이 있음을 알았다. 특히 『논어』를 연구하며 공자가 경천(敬天)을 가르쳤다는 것을 발견했다. 리치는 공자가 하늘을 공경하라고 가르쳤는데 그 초자연적인 천 개념에서 인간 윤리가 나오는 것을 보았다. 무엇보다 공자의 사상에는 불교와는 달리 우상숭배나 미신에 물들지 않은 것을 알게 되었다. 리치는 그 당시 중국을 지배하던 유교, 불교, 도교 가운데 유교가 여러 면에서 천주교리와 유사하다고 판단하였다.[35)] 따라서 유가의 학설을

30) Shih, "Matteo Ricci as Missionary," 645.

31) 하라키와 스케히로, 『마테오 리치』, 49.

32) Cronin, 『서방에서 온 현자』, 128, 129.

33) 트렌트 종교회의는 1545년부터 1563년까지 북이탈리아 트렌트에서 개최되었다.

34) 한국기독교사연구회, 『한국 기독교의 역사 Ⅰ』, 52.

연구하여 유학자들과 친분을 가져 그들에게 먼저 선교를 하는 것이 중국선교를 가능하게 할 것이라고 믿었다. 리치는 "상위층의 토착화는 기록된 글과 책을 통해 이루어질 것이라고 깨달았다."[36] 그것은 학문적 접근이었다. 리치는 많은 도덕적 저술을 하여 그들과 교분을 쌓아갔다. 리치의 도덕적 저술은 유교 학자들과 심지어 그의 종교 사상에 동의하지 않았던 사람들의 관심을 끌었다.[37]

쑤조우(韶州)에서 리치는 『사서(四書, Four Books)』를 1591년에 라틴어로 번역하기 시작했다.[38] 1596년 리치는 루지에리가 쓴 『천주실록(天主實錄)』을 대신하여 『천주실의(天主實義)』라는 교리문답서를 다시 썼다.[39] 이 책은 일반 독자를 위한 저술로 중사(中士)가 묻고 서사(西士)가 대답하는 대화체로 되어있다. 리치는 중국 고대 문서들을 인용하여 중국인이 용납할 수 있고 이해할 수 있는 내용을 서술하여 중국인의 심성과 정황에 맞도록 하였다. 그는 문화적응주의적 서술을 통해 예수를 전했다.[40] 『천주실의』 제2편에서 리치는 기독교의 천주(天主)와 유교의 상제(上帝)가 같다고 언급하였다.[41] 하나님이란 말은 그리스어로 'Theos,' 라틴어로 'Deus' 로 사용된다.

---

35) Cronin, 『서방에서 온 현자』, 74-75, 168.

36) Sebes, "A 'Bridge' Between East and West," 589.

37) Vincent Shen, "Some Philosophical Reflections on Matteo Ricci's Cultural Approach in China," *International Symposium on Chinese-Western Cultural Interchange in Commemoration of the 400th Anniversary of the Arrival of Matteo Ricci, S.J. in China* (Taipei, Taiwan, Republic of China, September 11-16, 1983), 622.

38) Sebes, "A 'Bridge' Between East and West," 580.

39) 예수회로부터의 출판허가는 1601년에 났고 1603년에 인쇄하였다.

40) 『천주실의』를 보면, 성경이 열국에 퍼져 나갔을 때 명나라 황제가 성경을 구하러 사자를 서(西)로 보냈다. 그러나 사자들은 천축국(天竺國)이 그 나라인줄 알고 그곳에서 불경을 구해 중국에 돌아와 불교를 전했다는 내용이 있다. Cronin, 『서방에서 온 현자』, 247; 『천주실의』가 교리문답서라고는 하지만 오늘날 내용적인 면에서 그것을 교리문답서로 볼 수 있을까 하는 의구심이 생긴다. 리치는 『천주실의』에서 예수에 대하여 직접적으로 전하지 않고 우회적인 방법으로 전했다. 사실 예수는 『천주실의』 끝 부분에 나올 뿐이다. 이것에 대하여 얼마나 많은 중국인들이 천주교에 대하여 이해하였을까 하는 의문이 생긴다. 하라키와 스케히로, 『마테오 리치』, 806-809.

하나님이란 말은 중국어에 있어서 많은 뜻을 갖고 있다. 리치는 이것을 세 가지 방법으로 해결했다: 그는 기독교 용어인 하늘(天)이라는 단어와 만군의 주(上帝)라는 단어와 하늘의 주(天主)라는 단어를 차용하였다.[42] 서양 승려에서 서양 유학자로 변신한 리치는 유교와 천주교 신앙을 융합하려고 하였다. 포담대학교 은퇴교수인 죠셉 핏츠패트릭(Joseph Fitzpatrick)은 "그는 고대 중국 작가들 사이에 이런 용어들에 의해 표현되는 현실이 기독교의 하나님의 완전함과 비슷한 특질이 있다고 확신하였고, 따라서 하나님의 이름을 합법적으로 사용할 수 있게 되었다"고 말했다.[43] 이것은 타문화권 선교에 있어 긍정적인 모습이라고 하겠다. 리치의 문화적응 방법의 구성 요소들 가운데 기독교의 토착화를 이루려고 한 것이 있는데 그것을 문화화라고 부르기도 한다.[44] 제롬 헨드릭스(Jerome Heyndrickx)에 의하면,

> 그가 복음을 전하기 전에 그는 먼저 주변을 돌아보며 중국인들의 현재 생활과 문화 속에 있는 고대 종교의 가치를 관찰하게 되었다. 많은 사람들이 신을 알았다. 그들은 그들 나름의 고대 종교에 대한 신앙이 있었다. 그는 이것을 존중했고 그의 설교가 이미 존재하는 그들의 신앙에 계시의 한 부분으로 세워지기를 소망하였다. 대부분의 선교사들이 일반적으로 지역문화로부터 받기보다는 주려는 경향을 갖고 있는데 반해, 그는 사실 그리스도가 사람들을 향해 가졌던 개방성과 수용성을 갖고 있었다.[45]

---

41) 민경배, 『한국기독교회사』, (서울: 대한기독교서회, 1980), 51.

42) '상제'를 '천주'와 동일 개념으로 해석한 것은 유교적 개념을 천주교적 관점에서 해석한 것이고, '천주'를 '상제'와 동일 개념으로 본 것은 천주교 개념을 유교적 관점에서 해석한 것이라 할 수 있다. 문제는 중국인들이 '상제'의 개념을 통해 천주교의 '천주'에 대하여 얼마나 느낄 수 있었을 까 하는 것이다. 이런 문제가 예수회를 공격하는 빌미를 제공하는 결과를 낳게 되었다. 교황 클레멘스 9세는 1704년과 1715년 '하늘'이라든가 '상제'라는 말로 기독교의 신을 표현하는 것을 금지하는 교서를 내렸다. 하라키와 스케히로, 『마테오 리치』, 810-812.

43) Joseph P. Fitzpatrick, S.J., *One Church Many Cultures: The Challenge of Diversity* (Kansas City, MO: Sheed & Ward, 1987), 72.

44) Sebes, "A 'Bridge' Between East and West," 597.

리치의 선교 방법은 저술과 학문적 토론을 통해 유교학자들 및 정부 관리들과 친분을 갖는 것이었다. 간단히 말해 그의 선교 방법은 주인행세를 하는 것이 아니라 친구를 사귀는 것이었다.[46] 이런 이유로 리치는 1595년 난창(南昌, Nanchang)에서 첫 작품인 『교우론(交友論)』을 직접 중국어로 썼다.[47] 『교우론』에서 리치는 기독교의 사랑의 개념을 유교의 인의 개념과 같은 것으로 보았다.[48] 『교우론』의 출판과 더불어 "리치는 유교적 용어로 학자로서 입증되었고 이제 그의 과학적 지식은 학자들 눈에 존경할 만한 것이 되었다."[49] 이후 1605년 리치는 기독교 윤리의 짧은 글을 모은 『25언(二十五言, Twenty-five Sayings)』을 베이징에서 발간했다. 리치는 이 책에서 유교에 본래 스토익 가르침을 조화시켰다.[50] 이 책은 "곧 중국의 교육계에 많은 동의를 가져왔다."[51] 이처럼 리치는 학문적 접근을 통해 친분을 갖고 기독교를 간접적으로 소개하는 우회적인 방법을 사용하였다.

---

45) Jerome Heyndrickx, C.I.C.M., Comment of "Matteo Ricci as Missionary," *International Symposium on Chinese-Western Cultural Interchange in Commemoration of the 400th Anniversary of the Arrival of Matteo Ricci, S.J. in China* (Taipei, Taiwan, Republic of China, September 11-16, 1983), 656.

46) Yves Raguin, S.J., Comment of "Matteo Ricci's Approach to 16th Century Confucian China," *International Symposium on Chinese-Western Cultural Interchange in Commemoration of the 400th Anniversary of the Arrival of Matteo Ricci, S.J. in China* (Taipei, Taiwan, Republic of China, September 11-16, 1983), p. 677; Mark White, "Matteo Ricci's Lesson to a Modern Missionary," America (August 17-24, 1996), 21.

47) 1599년 난징(南京, Nanjing)에서 재판되었고, 1601년 베이징에서 3판을 찍었다.

48) Sebes, "A 'Bridge' Between East and West," 591.

49) Ross, *A Vision Betrayed,* 131.

50) Raguin, "Matteo Ricci Today," 548.

51) 위의 글, 547.

과학 기술 소개

리치의 네 번째 문화접근은 서양과학과 기술을 소개한 것이었다. 리치는 세계지도와 서양 시계, 베니스의 프리즘, 유럽 미술과 서적들을 보였다. 리치는 중국 관리들에게 프리즘을 선물하여 도움을 얻기도 하였다. 중국학자들은 과학 서적들과 기구들에 처음으로 관심을 보였고 서양 과학 지식에 대하여 묻기 시작했다. 리치는 수학과[52] 천문학과 시계 수리 기술이 있었다.[53] 특히 리치는 지도를 복사하여 중국 이름으로 번역하였다. 그것이 1584년에 인쇄된 그 유명한 리치의 만국여도(萬國與圖), 여지산해전도(與地山海全圖) 제1판이다. 그의 친구의 조언으로 리치는 만국여도 개정판을 내어 1600년에 산해여지전도(山海與地全圖)로 이름을 바꾸어 발간했다. 리치는 그의 만국여도 제3판과 제4판을 곤여만국전도(坤與萬國全圖)라는 이름으로 1602년과 1603년에 각각 발행했다. 이 지도는 중국 지식계층에게 중국의 세계 다른 나라들과의 지리적 관계를 보여주었다.[54] 마침내 리치의 이름이 그의 만국여도 때문에 그리고 취타이수(瞿太素)가 그 지역의 지식 계층에게 리치를 칭찬하였기 때문에 난창(南昌, Nanchang)에서 유명해졌다.[55] 이마두(利瑪竇)[56]라는 중국식 이름이 그의 수학에 대한 지식과 다른 과학 지식 때문에

---

52) "그는 유클리드의 기하학을 중국어로 번역하였다." Pope John Paul II, "Pope's Address on the work of Father Ricci in China," 3.

53) Brown, *Christianity in the Peolple's Republic of China,* 18.

54) "Ricci, Matteo," *The New Encyclopaedia Britannica.* Vol. 10. (Chicago: Encyclopaedia Britannica., 1992), p. 40; 이 지도의 특징은 유럽 중심의 지도와는 달리 중국을 중심으로 배치가 되었다는 것이다. 하라키와 스케히로, 「마테오 리치」, 206-7.

55) Ross, *A Vision Betrayed,* 129.

56) 마테오 리치의 경우 마테오의 음사인 마두(瑪竇), 성을 리치를 본 떠 리(利)라고 하였다. 또 서방에서 온 현자라는 뜻으로 그의 별호를 시타이(西泰)라고 하였다. 따라서 리치는 리서태마두(利西泰瑪竇)라는 이름을 명명받게 된 것이다. 중국인들은 그의 존칭으로 시타이즈(西泰子)라고 불렀다. 한편 루지에리는 성을 라(羅), 이름을 밍지안(明堅)이라고 했고, 별호는 푸추(復初)라고 했다. Cronin, 『서방에서 온 현자』, 95-96.

또 그가 가져온 물건들에 대한 호기심 때문에, 심지어 연금술에 대한 지식 때문에 식자층 사이에 널리 받아들여졌다.[57] 리치가 베이징에 들어 갈 때 그는 추가 달린 자명종 하나와 작은 자명종 하나를 가지고 가서 황제에게 예물로 바쳤다.[58] 그러나 큰 자명종이 고장이 나서 종이 쳐지지 않자 리치로 하여금 궁에 들어와 고치게 하였고, 태감들에게 자명종 교준법을 가르치기도 하였다.[59] 이런 일을 통해 리치는 궁을 출입하며 교분을 쌓아갔다. 리치는 중국인들의 필요를 잘 알아 그것을 채워주려고 노력하였다. 그리고 그런 과정을 통해 그들의 삶에 유익을 주려고 하였다. 그의 순수하고 진실한 마음이 삶의 모습을 통해 중국인들에게 전달되었다.

의식과 풍습 존중

리치의 다섯 번째 문화 접근은 중국의 의식과 풍습을 존중했다는 것이다. 리치의 성공은 유교적 도덕과 윤리 제도에 적응했기 때문이었다.[60] 리치는 중국의 풍습과 문화를 존중했고 기독교를 중국 가르침과 문화에 적응하려고 했다.[61] 중국 식자층과의 대화를 통하여 리치는 다양한 문제와 일에 대한 기

57) Sebes, "A 'Bridge' Between East and West," 589.

58) 리치의 공품 목록을 보면 소폭의 기독상 한 폭, 대폭의 고화인 천주 성모상 한 폭, 아기 예수를 안은 천주 성모와 세자 요한상 한 폭, 금실로 장정한 성무 일과경 한 책, 보석과 대색 유리 및 성인 유물이 든 십자가 한 좌, 만국여지도 한 책, 추가 달린 자명종 하나와 작은 자명종 하나, 프리즘 두 개, 대서양금(Clavichord) 한 개, 거울 여덟 개 및 크고 작은 병 몇 점, 코뿔소 상아 한 개, 모래시계 두개, 복음서 네 권, 유럽식 각색 요대 네 개, 유럽인 의복 다섯 점, 유럽 은화 넉 점 등이다. Cronin, 『서방에서 온 현자』, 195.

59) 위의 책, 198-201.

60) Vincent Shen, Comment of "A 'Bridge' Between East and West: Father Matteo Ricci, S.J. His Times, His Life, and His Method of Cultural Accommodation," *International Symposium on Chinese-Western Cultural Interchange in Commemoration of the 400th Anniversary of the Arrival of Matteo Ricci, S.J. in China* (Taipei, Taiwan, Republic of China, September 11-16, 1983), 617-618.

독교적 관점을 간접적으로 소개했다. 리치는 또한 그의 복음적 메시지를 중국 문화 정황에 맞게 전달했다. 그의 중국인 제자들은 기독교 신앙을 받아들이는 것이 자신의 고유한 문화를 버리거나 조국과 전통에 대한 충성심을 저버리는 것이 아니라, 오히려 신앙은 그들의 나라에 봉사할 것을 요청한다고 알려주었다.[62] 신학적으로 복잡한 조상 제례에 대한 문제에 있어 리치는 제사의 의의에 대하여 고전을 찾아보았다. 중용(中庸)에서 무왕(武王)과 주공(周公)이 효의 극치에 대해 "죽은 자를 마치 산 자와 같이 받들어야 한다 (武王, 周公, 其達孝乎! ... 事死 如事生, 事亡 如事存, 孝之至也)"는 구절을 발견했다. 이 구절을 보고 리치는 제례행위는 결국 부모가 살아있는 것처럼 그들에게 바치는 후손의 사랑과 보은의 표시라고 이해했다. 제례행위는 가족들이 모두 모일 수 있는 분위기를 만들어 주고, 부모가 살아 계실 때 효도와 공경을 가르치는 계기가 되며, 부모가 돌아가셔도 효도와 공경은 계속되어야 한다는 교육적 목적의 추념 의식으로 보았다. 이것은 민간 예전이지 종교적 차원에서의 우상숭배는 아니라는 입장을 갖게 되었다. 리치는 제례 문제를 외부자적 관점에서 본 것이 아니라 내부자적 관점에서 바라보았다. 현지인의 사고방식대로 이해한 것이다. 리치는 이 문제를 발리냐노에게 문의했고, 발리냐노는 리치의 관점을 받아들였다.[63] 이런 이유로 예수회 선교사들은 유교의 제사와, 고대 예식의 하나로 종교의식을 거행하는 것을 허용했다. 이것이 도미니칸, 프란시스칸, 어거스티니안 선교사들에 의해 비판의 대상이 되었다.[64]

그럼에도 리치는 그의 학문적 업적에 의해 중국의 왕실 가족과 고위층에

---

61) Brown, *Christianity in the People's Republic of China,* 19.

62) Pope John Paul II, "Pope's Address on the Work of Father Ricci in China," 6.

63) 이것을 기독교의 문화적응주의라고 볼 수 있다. 그러나 쑤조우(韶州) 성당을 돌보고 있던 니콜라스 롱고바르도(Nicholas Longobardo) 신부는 신주(神主) 앞에서 절하고 분향하는 것은 미신이고 우상숭배라는 입장으로 리치의 견해에 반대하였다. Cronin, 『서방에서 온 현자』, 235-238.

의해 인정되어, 선교 사역을 시작하였고 베이징에 성당을 설립하였다.[65] 처음 몇 년 동안 리치와 그의 동료들은 집을 세내어 사용하였고 몇 번 이사를 하였다.[66] 쑤조우(韶州)에서 리치는 "땅의 일부를 소유하도록 허가 받아 집과 교회를 지었다. 이번에 교회는 중국식으로 건축되었다. 그는 관리들 및 쑤조우(韶州)와 쑤조우(韶州) 부근의 지식인들과 친분을 이루었다."[67] 중국식으로 지은 것은 성당이 포르투갈의 요새라는 오해를 받지 않기 위해서였다.[68] 1596년 난창(南昌, Nanchang)에서 그는 약간의 땅을 사서 영구적 예수회 사택을 마련했다.[69] 1599년 4월 리치는 난징(南京, Nanjing)에 새로운 예수회 사택이 될 넓은 건물 세 개를 구입했다.[70] 1601년 리치는 수도 베이징(北京)에 사택을 마련했다.[71] 1605년 리치와 그의 동료들은 도시 중심부 서쪽에 즉 후에 난탕(南堂)이라고 알려진 쏸우문(宣武門) 안쪽에 그들 자신의 구역을 구입하였다.[72]

선교사로서 리치는 복음을 전하고 중국을 개심시키는 것이라는 그의 궁

64) 탁발 수도사들은 문묘 제례와 조상제례가 미신이며 우상숭배라고 간주하여 제례를 엄격히 금하였다. 그들은 예수회의 문화적응 선교가 변질된 것이라고 교황청에 항의함으로 교단간의 알력을 낳게 했다. 70년 동안 지속된 전례 논쟁을 타결하기 위해 1704년 11월 13일 아홉 명의 추기경들이 특별 회합을 가졌으나 해결하기 어려웠다. 그들은 복음우선이라는 단안을 내렸고, 교황 클레멘스 11세에 의해 교황령으로 선포되었다. 현지 관습의 경우 미신적인 색채가 있으면 교회가 추호도 허용할 수 없다는 엄명은 조상제례를 완전히 타파해야 한다는 것으로 칙령에 열거되었다. 이것으로 리치의 문화적응적 선교방식은 폐기처분을 받았던 것이다. 중국의 전례논쟁은 1742년 일단락되었고, 로마 바티칸이 1773년 개입하여 중국에서의 예수회는 해산되었다. 위의 책, 343, 346.

65) 한국기독교사연구회, 『한국 기독교의 역사 Ⅰ』, 51.

66) Sebes "A 'Bridge' Between East and West," 585.

67) 위의 글, 579.

68) 서양자, 『16세기 동양선교와 마태오 리치 신부』, (서울: 성요셉출판사, 1988), 83.

69) Ross, *A Vision Betrayed,* 132.

70) 위의 책, 136.

71) Brown, *Christianity in the People's Republic of China,* 19.

72) Sebes, "A 'Bridge' Between East and West," 585.

극적인 목적을 잊지 않았다. 리치의 사역은 위로부터의 것이었다.[73] 학자들 가운데 리치의 친구들은 기독교로 개심했고 마침내 영세를 받았다. 그들의 활동은 확대되었고 영세교인으로 이루어진 작은 공동체가 난징(南京, Nanjing)에 생기게 되었다. 로스에 의하면 "그런 공동체가 자오칭(肇慶, Zaoqing), 쑤조우(韶州), 난슁(南雄, Nanxing), 난창(南昌, Nanchang), 그리고 난징(南京, Nanjing)에 있었다"고 한다.[74]

이런 노력에도 불구하고 교황은 중국에 있는 예수회를 해체했고, 결과적으로 초기 활기찬 선교사역이 쇠퇴하였다.[75] 리치의 선교사역은 왕실가족과 지식층을 포함한 지배계급에 초점을 맞추었다. 그러나 이것은 대중에 뿌리를 내리는데 한계가 있었다. 이것이 그의 선교의 약점이었다. 그러다 보니 왕조가 바뀌고 종교정책과 외국인에 대한 정책이 바뀜에 따라 선교 자체가 어렵게 되어 천주교가 쇠락하게 되었다.

나가는 말

중국 입국을 시도했던 예수회 선교사들의 기록 가운데는 선교사의 기록이라기보다 외국 문화 연구 보고문에 가깝다는 것을 발견할 수 있다고 한다. 이것은 그들의 신앙적 열정을 겉으로 드러내지 않고 유연한 자세로 새로운 문화에 접촉하여 현지인의 성격과 풍속, 종교와 습관을 배웠다는 것을 말해

---

73) 위의 글, 586.

74) Ross, *A Vision Betrayed*, 135.

75) 예수회 선교사들은 지주계급과 공모하여 무역을 하였다. 이것이 정치적으로 악영향을 끼쳐 이성주의자들에게 미움을 사게 되었다. 또 예수회가 교황청의 비관용정책을 수행한 것이 여러 나라로부터 불신을 당하게 되었다. 절대 군주들은 교황청의 군대와 같은 예수회를 용납하기도 어려웠다. 이런 요인들이 복합적으로 작용하여 1773년 교황 클레멘트 14세는 예수회의 해체를 명령했다. 이형기, 『세계교회사 II』 (서울: 한국장로교출판사, 1996), 246.

준다. 그들은 먼저 언어 학습을 통해 문화, 역사, 과학, 통치형태 등을 연구하고 여행을 통해 지리와 생활형태를 파악하였다. 마치 지역연구를 하는 사람들 같았던 것이다. 뿐만 아니라 그들의 기록은 외교관의 회고록 같은 느낌도 준다. "외교관이라는 중간자적 숙명이 언제나 그렇듯이 선교사는 대외적으로 교류에 세심한 주의를 하는 한편 대내적으로 여러 가지 배려를 하지 않으면 안 되는 것이다."[76] 외교관의 중간자적 위치는 이미 사도 바울이 고린도후서 5:20에서 그리스도인들에게 그리스도를 대신하여 사신이 되었다고 말하는 것을 상기시킨다. 외교관은 타국에서 본국을 대변하여 말하고, 본국의 유익을 위하여 일하는 사람이다. 선교사의 역할이 바로 외교관의 역할이요 대사의 역할이다. 이런 역할에 충실했던 사람이 바로 그런 예수회의 수사로 중국에 처음으로 기독교를 전파한 마테오 리치다.

리치의 중국 선교사역은 아시아 선교사역의 모델이다. 뿐만 아니라, 타문화권 선교의 표본이며, 타종교권 선교의 교과서라 할 수 있다. 리치의 선교방법은 생동력 있고 실제적이었다. 그는 현실을 통찰하여 적절한 선교방법을 사용한 뛰어난 선교사였다. 리치는 군림하는 자세가 아닌 배우는 자세로 중국문화에 접근했다. 만일 리치가 자신의 문화에 자부심이 강한 중국인들에게 가르치려는 자세로 대했다면 복음을 전할 수 있는 기회를 얻지 못하였을 것이다. 그의 겸손함이 중국에서의 선교를 가능하게 했던 것이다.

종교와 문화의 상관성에 있어 리치의 문화적응적 방법의 사용은 중국과 같은 현장에서는 매우 유용하였고 효과가 있었다. 특히 동일한 의복을 통해 동질감을 주고 유교 학자 복장을 통해 유학자들과 친분관계를 가지며 주류사회에 들어간 것은 그 당시 시대적 배경을 통해 볼 때 획기적인 일이 아닐 수 없다. 뿐만 아니라 현지어를 배워 주류사회의 문서를 읽고 유학자들과 토론까지 할 정도였다는 것은 놀라운 일이다. 더구나 그런 중국 문서의 연구를

---

76) 하라키와 스케히로, 『마테오 리치』, 82.

통해 중국인들의 개념인 '상제'와 '천주'를 연결시킨 것 또한 대단한 일이다. 그러나 제례 문제에 있어서는 니콜라스 롱고바르도(Nicholas Longobardo) 뿐만 아니라 탁발 수도사들조차 미신이고 우상숭배라고 반대한 것을 기억할 필요가 있다. 물론 제례 문제가 당시 시대적 정황이나 선교사의 입장에서 다루기가 매우 미묘하고(delicate) 민감한(sensitive) 사안이었음을 알 수 있다. 중요한 것은 문화적응적 방법이 상대주의나 혼합주의 형태로 갈 수도 있다는 것을 감지하여 이런 사안에 대하여는 신학적 성찰과 검증을 통하여 신중하게 접근할 필요가 있다.

리치의 중국 선교를 통해 우리가 배울 수 있는 것은 효과적인 선교사역을 위하여 선교지의 언어와 문화를 알 필요가 있다는 것이다. 이것은 리치의 시대나 지금이나 변하지 않는 사실이다. 리치는 중국어를 배워 중국학자들과 자유롭게 대화하고 토론할 수 있었다. 리치는 많은 도덕적인 글을 썼다. 중국의 학문을 익히고 번역과 저술을 통하여 선교의 기반을 다졌다. 현재도 많은 지역에서는 그들의 언어로 쓰여진 글을 필요로 한다. 리치는 서양 과학과 기술을 중국 사람들에게 소개했다. 이것은 그들의 호기심을 자극하고 경이로움을 갖게 하여 리치와 친분을 갖게 하는 동기가 되었다. 과학을 통하여 접촉점으로 삼은 것이다. 그의 언어 능력, 중국 철학과 종교에 대한 이해, 과학에 대한 지식, 많은 사람들과 친분을 발전시키는 능력은 리치가 중국에서 선교 사역을 하는데 유익하였다.[77] "리치의 성공의 비결은 문화적 장벽을 넘어 다른 인종 다른 종교인들과 친구가 되는 능력에 있었다."[78] 중요한 자세는 우월감이나 교만함을 보이지 않고 친구가 되는 것이다. 선교사역은 친근한 인간관계를 바탕으로 시작된다. 좋은 관계를 형성하는 것이 중요하다. 신임을 얻는 것은 새로운 문화권에 들어가는데 가장 중요한 단계이다. 현지인들이 선교사를 신뢰할 수 있어야 선교사의 종교에 대하여 관심을 갖게 되고,

---

77) Heyndrickx, "Comment of 'Matteo Ricci as Missionary,'" 655.

78) "Ricci, Matteo," *The New Encyclopaedia Britannica*, 40.

선교사도 복음을 전할 기회를 얻게 된다.

긍정적인 접근 방법은 토착문화 전통에 대한 우호적인 이해이다. 리치는 중국인들의 생활양식을 수용하고 의식과 풍습을 존중하여 그들로부터 이질감이나 위화감을 갖지 않게 조심하였다. 리치는 중국의 문화와 환경을 이해하고 그것에 맞추어 직접적인 방법이 아닌 우회적인 방법으로 신중하고 온건하게 선교를 하였다. 리치는 중국 사회의 생활양식을 따랐다. 선교지의 사회 구조를 이해하는 것이 효과적인 선교사역을 위해 필요하다. 리치는 중국의 의식과 풍습을 존중했다. 교황 요한 바오로 2세는 "마테오 리치는 카톨릭 교회와 중국 문화의 가교를 이었기 때문에 역사적으로 중요하다"고 말했다.[79] 그들의 문화와 풍습을 파괴하거나 무시하지 않고, 기독교와 선교지의 문화와 풍습을 주의 깊게 연결할 수 있다. 리치의 선교방법은 중국 사람들의 문화전통을 보완하는 문화적 접근이었다. 이것은 지금도 선교사역자들이 본받아야 할 모습이다. 선교지에서는 자기의 문화와 생활방식을 고집할 것이 아니라 선교지의 문화를 이해하여 그 생활양식대로 따르는 것이 요구된다. 선교 현장에서 계속적으로 문화를 이해하려고 시도하는 모습을 통해 한사람이라도 구원하려는 선교사 리치의 몸부림을 보는 듯하다. 리치의 이런 선교방식 때문에 오늘도 그의 선교방법이 논의되는 것이라 생각한다.

▶ **주제어** : 마테오 리치, 타문화, 문화적응, 중국, 예수회

79) Pope John Paul II, "Pope's Address on the Work of Father RIcci in China," 7; Chung-Chieh Huang, Comment of "Father Matteo Ricci and the Enculturation," *International Symposium on Chinese-Western Cultural Interchange in Commemoration of the 400th Anniversary of the Arrival of Matteo Ricci, S.J. in China* (Taipei, Taiwan, Republic of China, September 11-16, 1983), 84.

참고 문헌

Brown, G. Thompson. *Christianity in the People's Republic of China*. Revised Edition. Atlanta: John Knox Press, 1986.

Cho, John Eunsik. "Paul's Cross-cultural Mission Methods through Acts 14:8-18 and 17:16-34" in *Silliman Ministry Magazine*. No. 68 (December 2000): 30-36.

Cronin,Vincent. *The Wise Man from the West*. 이기반 옮김. 『서방에서 온 현자』 분도출판사, 1989.

Fitzpatrick, Joseph P. S.J., *One Church Many Cultures: The Challenge of Diversity*. Kansas City, MO: Sheed & Ward, 1987.

Heyndrickx, Jerome. C.I.C.M., "Comment of 'Matteo Ricci as Missionary,'" *International Symposium on Chinese-Western Cultural Interchange in Commemoration of the 400th Anniversary of the Arrival of Matteo Ricci, S.J. in China.* Taipei, Taiwan, Republic of China, September 11-16, 1983, 655-658.

Hiebert, Paul G. *Anthropological Insights for Missionaries*. 김동화, 이종도, 이현모, 정흥호 옮김. 『선교와 문화인류학』 서울: 죠이선교회출판부, 1996.

Huang, Chung-Chieh. Comment of "Father Matteo Ricci and the Enculturation," *International Symposium on Chinese-Western Cultural Interchange in Commemoration of the 400th Anniversary of the Arrival of Matteo Ricci, S.J. in China.* Taipei, Taiwan, Republic of China, September 11-16, 1983, 84-86.

Nicholls, Bruce J. *Contextualization: A Theology of Gospel and Culture*. 김성웅 역. 『상황화: 복음과 문화의 신학』 서울: 생명의말씀사, 1992.

Pope John Paul II. "Pope's Address on the Work of Father Ricci in China," *International Symposium on Chinese-Western Cultural Interchange in Commemoration of the 400th Anniversary of the Arrival of Matteo Ricci, S.J. in China*. Taipei, Taiwan, Republic of China, September 11-16, 1983, 1-7.

Raguin, Yves. S.J. Abstract of "Matteo Ricci Today," *International Symposium on Chinese-Western Cultural Interchange in Commemoration of the 400th Anniversary of the Arrival of Matteo Ricci, S.J. in China*. Taipei, Taiwan, Republic of China, September 11-16, 1983, 543.

_____. "Matteo Ricci Today," *International Symposium on Chinese-Western Cultural Interchange in Commemoration of the 400th Anniversary of the Arrival of Matteo Ricci, S.J. in China*. Taipei, Taiwan, Republic of China, September 11-16, 1983, 544-554.

_____. Comment of "Matteo Ricci's Approach to 16th Century Confucian China," *International Symposium on Chinese-Western Cultural Interchange in Commemoration of the 400th Anniversary of the Arrival of Matteo Ricci, S.J. in China*. Taipei, Taiwan, Republic of China, September 11-16, 1983, 677-678.

Sebes, Joseph. S.J., "A 'Bridge' Between East and West: Father Matteo Ricci, S.J., His Times, His Life, and His Method of Cultural Accommodation," *International Symposium on Chinese-Western Cultural Interchange in Commemoration of the 400th Anniversary of the Arrival of Matteo Ricci, S.J. in China*. Taipei, Taiwan, Republic of China, September 11-16, 1983, 556-615.

Shen, Vincent. Comment of "A 'Bridge'Between East and West: Father Matteo Ricci, S.J. His Times, His Life, and His Method of Cultural Accommodation," *International Symposium on Chinese-Western Cultural Interchange in Commemoration of the 400th Anniversary of the Arrival of Matteo Ricci, S.J. in China*. Taipei, Taiwan, Republic of China, September 11-16, 1983, 556-615.

_____. "Some Philosophical Reflections on Matteo Ricci's Cultural Approach in China," *International Symposium on Chinese-Western Cultural Interchange in Commemoration of the 400th Anniversary of the Arrival of Matteo Ricci, S.J. in China*. Taipei, Taiwan, Republic of China, September 11-16, 1983, 621-631.

Shih, Joseph. "Matteo Ricci as Missionary," *International Symposium on Chinese-*

Western Cultural Interchange in Commemoration of the 400th Anniversary of the Arrival of Matteo Ricci, S.J. in China. Taipei, Taiwan, Republic of China, September 11-16, 1983, 645-654.

Ross, Andrew C. A *Vision Betrayed: The Jesuits in Japan and China 1542-1742*. Maryknoll, New York: Orbis Books, 1994, 118-154.

White, Mark. "Matteo Ricci's Lesson to a Modern Missionary," *America* (August 17-24, 1996), 21.

"Ricci, Matteo," *The New Encyclopaedia Britannica*. Vol. 10. Chicago: Encyclopaedia Britannica, 1992, 39-40.

김영동. "상황화의 역사적 배경과 이론에 대한 신학적 고찰," 『하나님 나라와 선교』 서울: 대한기독교서회, 2001, 169-190.

민경배. 『한국기독교회사』 서울:대한기독교서회, 1980.

서양자. 『16세기 동양선교와 마태오 리치 신부』 서울: 성요셉출판사, 1988.

이형기. 『서계교회사 Ⅱ』. 서울: 한국장로교출판사, 1996.

하라키와 스케히로. 『마테오 리치』 노영희 옮김. 서울: 동아시아, 2002.

한국기독교사연구회, 『한국 기독교의 역사 Ⅰ』 서울 : 기독교문사, 1989.

조은식. "사도행전 17:16-34에 나타난 사도 바울의 타문화권 선교방법론," 『선교와 신학』 제14집 (2004): 145-173.

ABSTRACT

A Study on Matteo Ricci's Cultural Accommodation

Matteo Ricci's missionary work in China was a remarkable cross-cultural mission in the 16th century. Matteo Ricci introduced Christian teaching to the Chinese literati through cultural accommodation. By adopting the Chinese language and culture, he was able to enter the center of the Chinese society which was normally closed to foreigner. His missionary approach was effective.

Ricci did not approach the Chinese culture with superiority like other Western missionaries. He behaved that he came to China to learn. Ricci made notable sacrifices to study the language-he had learned to speak, read and write Chinese, the habits and customs of the Chinese, as to make them his own.

Ricci's second cultural approach is to conform life-style with the socio-ethical system. When Ruggieri and Ricci first entered China together in 1583, they were dressed as Buddhist monks. Later, Ricci found that the monks he met were neither learned nor well respected. Ricci decided to carry his religious testimony to the very heart of the society, and for this, he adopted the life style and dress of educated Confucians. Ricci had grown his hair and beard and put on the scholar's robes.

Ricci's third approach was to write many moral writings. It was an academic approach. Ricci's moral writings had attracted the Confucian literati, even by those did not sympathize with his religious ideas. In *T'ien-chu shih yi*, Ricci mentioned that *T'ien-chu* [Lord of Heaven] in Christianity was same as *Shang-ti* [Sovereign Lord] in Confucianism.

Ricci's fourth cultural approach was the introduction of Western science and technology. Ricci displayed world map, western clocks, Venetian prism, European paintings and books. Ricci was accepted widely among the literati by his knowledge of mathematics and other sciences; by the curious objects he had brought, and even by his alleged knowledge of alchemy.

Ricci's fifth cultural approach was to respect Chinese rites and customs. Through discussion with the Chinese literati, Ricci indirectly introduced the Christian point of view on the various problems and matters. His Chinese disciples demonstrated that to accept the Christian faith did not imply abandoning one's own culture, nor mean diminishing loyalty to one's own country and traditions, but rather that the faith offered them to serve their country. By this reason, Jesuit missionaries allowed to worship at a shrine of Confucius and to perform a religious service in an ancient rite. In fact, an ancient rite was very delicate and sensitive issue at that time. It requires careful approach through theological reflection and evaluation because cultural accommodation may change to relativism or syncretism.

As a missionary, Ricci never forgot his ultimate goal: the preaching of the Gospel and the conversion of China. Ricci's missionary work in China is a model of Asian missionary work. Ricci's missionary method through cultural accommodation was vital and actual as ever. It is necessary for the effective missionary works to understand the social structure of the

field. Without destroying or ignoring their own culture and customs, we can carefully make a connection between Christianity and culture and customs of the field.

▶ **Key Words :** Matteo Ricci, cross-culture, cultural adaptation, China, the Jesuits

한국교회의 1907년 대부흥과 1970년대 교회성장 비교

들어가는 말

예수의 비유 가운데 씨뿌리는 사람에 대한 비유가 있다(마 13:3-9). 이 비유에서 돌밭에 떨어진 씨는 싹은 나왔지만 뿌리내리기에 흙이 깊지 않아서 해가 뜨자마자 싹이 말라버렸다. 한국은 이 비유에 나오는 돌밭과 같았다. 전통적으로 내려오는 토착종교 사상이 깊이 뿌리박혀 있었기 때문에 복음의 씨가 한국에 뿌리내리고 싹이 돋아나 성장하기에 매우 어려웠다. 그럼에도 불구하고 한국의 토양에 떨어진 씨가 기적적으로 자라났다. 1903년부터 1907년 사이에 복음이 한국에 뿌리를 내려 교회가 부흥하는 역사가 일어났다. 이것은 성령의 역사였다. 특별히 1907년의 대부흥은 "한국교회 100년 전통에서 부흥운동의 가장 근본적인 모델"이다.[1)]

한국교회에 1907년 대부흥운동이 일어난 지 100주년이 되어가는 시점에서 당시의 모습을 조명해 보는 것은 의미가 있을 것이다. 더구나 교회가 성장하지 못하고 정체되어 있는 지금, 한국교회가 갱신되고 다시 부흥하도록 1907년 대부흥 사건을 재검토하여 교훈을 얻을 필요가 있다. 이를 위하여 이 연구에서는 1907년 대부흥의 시대적 배경, 원인, 내용, 긍정적 및 부정적

---

1) 오성춘, "1907년 평양 대부흥 운동 의의에 관한 연구를 논찬함," 〈제2회 소망신학포럼〉 (장로회신학대학교, 2005년 4월 20일), 1.

결과들을 살펴보려고 한다.[2] 그리고 1907년 대부흥과 1970년대의 교회성장의 유사점을 찾아보며 그 영향이 어떻게 오늘까지 지속되고 있는지 조사할 것이다.

본론

1. 대부흥의 시대적 배경

서양 선교사들이 활동하던 1880년대의 선교 초기 이후, 기독교는 한민족의 정치적 현실과 밀접한 관계가 있었다. 이것은 한국에 복음의 사회적 이상을 실현하려는 애국심, 민족애, 그리고 선교의식의 발로였다.[3] 기독교는 한민족에게 자유, 인권, 평등과 민주주의 사상을 깨우쳐 주었다. 초기 기독교 신자들은 그들의 기독교 신앙을 정치 · 사회적 차원에 적용하고 실천하였다. 이런 의식의 혁명이 필연적인 사회 · 정치적 변혁을 가져왔던 것이다.

한국교회에 발생한 1907년 대부흥은 1900년대 초 세계열강의 각축장이 된 아시아의 한반도라고 하는 지정학적 요소와, 이에 따라 조선이라는 나라가 처한 입장이 그 배경이라고 볼 수 있다. 이에 대하여 감리교 알프레드 왓슨(Alfred W. Wasson)은 한국교회가 정치적 · 사회적 요인에 의해 성장했다고 보고,[4] 장로교의 로이 셰어러(Roy E. Shearer)는 한국교회가 환경적 요인에 의해 성장했다고 보았다.[5] 그리고 백낙준은 한국교회의 부흥이 역사

---

2) 1907년 평양 대부흥은 학자에 따라 다른 시각으로 바라보고 평가한다. 백낙준은 선교사적(宣教史的) 입장에서, 민경배는 민족교회론의 시각에서, 박순경은 제국주의와의 관련 여부에 대해 비판적 시각으로, 이덕주는 토착교회 형성과 관련된 입장에서 1907년 대부흥을 연구했다. George. L. Paik, *The History of Protestant Mission in Korea 1832-1910* (Pyeng Yang, Korea: Union Christian College Press, 1929); 민경배, 『한국기독교회사』 (서울: 연세대학교 출판부, 1972); 박순경, 『민족통일과 기독교』 (서울: 한길사, 1986); 이덕주, 『한국 토착교회 형성사 연구』 (서울: 한국기독교역사연구소, 2001).

3) 이장식, "한국 정치현실과 교회," 『교회와 국가』, 한국기독교문화진흥원 편 (서울: 한기문 출판사, 1988), 248.

적 상황과 밀접한 관계가 있음을 지적하고 있다.[6] 무엇보다 민족의 수난이 1907년 대부흥의 주된 배경이었다. 1900년 전후의 사회적 상황은 암울하고 혼란스러웠다. 대내적으로는 조선정부에 항거하는 민중의 저항과, 대외적으로 서구 열강의 침략과 이권쟁탈이 끊임없이 전개되었다. 1882년의 임오군란, 1884년의 갑신정변, 1894년의 동학혁명은 내적 저항과 혼란을 가져왔고, 1894년부터 1895년까지의 중일전쟁은 국가의 존립을 위협하였으며, 1895년의 을미사변, 1904년부터 1905년까지의 러일전쟁의 영향 아래 한국인들은 위기감에 휩싸이게 되었다.[7] 러일전쟁은 한국과 극동 아시아 전체의 정치적 상황을 변화시켰다. 이 시기의 정치적 상황은 절망적이었다. 더구나 흩어진 민심을 하나로 결속시켜 줄 종교가 없는 일종의 종교적 공백상태 또는 종교 진공상태가 나타났다.[8] 이러한 상황 가운데서 우리는 1897년부터 1906년까지 9년 동안의 기간에 발생한 한국교회의 발전을 목격하게 된다. 이 9년 동안의 기간은 정치적으로 러시아와 일본이 한국의 통치문제에 대해 대립하고 있던 때였다. 이러한 정치적 대립은 선교사역에 영향을 미쳤다.[9]

한반도 주변의 중국, 러시아, 일본이 각축전을 벌이는 가운데, 일본이 정

---

4) Alfred W. Wasson, *Church Growth in Korea* (New York: International Missionary Council, 1934).

5) Roy E. Shearer, *Wildfire: Church Growth in Korea* (Grand Rapids, MI: William B. Eerdmans Publishing Company, 1966).

6) Paik, *The History of Protestant Mission in Korea 1832-1910*.

7) 한국인들은 청일전쟁에서 일본이 중국을 이긴 것에 대해 놀랐다. 그 이유를 서양의 과학기술을 받아들인 것이라고 파악하고 서양문명에 대하여 관심을 갖게 되었다. 이것이 기독교에 대해 호기심을 갖게 된 계기라고 보았다. Robert E. Speer, *Report on the Mission in Korea of the Presbyterian Board of Foreign Missions* (The Board of Foreign Missions of the Presbyterian Church in the USA, 1897), 7; 임희국, "신앙각성 운동을 통한 갱신과 부흥, 토착교회의 형성—1907년 평양 대각성 운동을 중심으로," 〈제2회 소망신학포럼〉 (장로회신학대학교, 2005년 4월20일), 12에서 재인용. 아울러 러일전쟁 후에는 교회가 안전한 피난처라는 의식이 생겼다고 본다. 위의 글.

8) 이광순, 『한국교회의 성장과 저성장』 (서울: 미션아카데미, 2005), 57, 59.

9) Paik, *The History of Protestant Mission in Korea 1832-1910*, 252-53, 258.

치적으로 한국에 관여하려고 할 때, 한국(조선)정부는 미국에 도움을 요청했다. 그것은 1882년 한미 우호조약 이후 미국과 우호관계를 갖고 있었기 때문이었다. 그러나 그때 미국은 정치적으로 일본과 가까운 관계였다. 1900년에 테오도르 루즈벨트(Theodore Roosevelt) 미국 부통령은 일본이 한국을 다스리는 것을 보고 싶다고 말할 정도였다. 루즈벨트는 대통령이 된 후, 일본이 만주와 한국에서 러시아의 세력을 견제하는 동안, 미국은 일본을 지원하고 일본의 한국합방을 허락해야 한다고 발언했다.[10] 1905년에 미국과 일본 사이에 태프트-가츠라(Taft-Katsura) 비밀협정이 체결되었고, 미국은 자신들이 필리핀을 점령하고, 일본이 한국을 식민지로 점령하기로 결정했다. 이것은 1882년에 한미 우호조약을 위반한 미국 정부의 배반이었다. 일본은 러시아를 패배시키고, 1905년에는 한국을 일본의 세력 아래에 가두어 버렸다. 러일전쟁 이후, 일본은 포츠머드(Portsmouth) 조약을 통해 한국의 지배권을 인정받았다.[11] 한국은 한국인 자신들의 소망과는 상관없이 일본의 식민지가 되었던 것이다. 마침내 1910년 일본은 한국을 식민지로 합병했다.

2. 대부흥의 원인

한국의 1907년 대부흥의 원인은 무엇인가? 그 원인에 대한 학자들의 일치된 의견은 없지만, 영적 · 정치적 · 선교 전략적인 범주로 나누어 생각해볼 수 있다. 어떤 이들은 이 부흥의 원인을 전통적 샤머니즘과 기독교 성령운동의 복합적 현상이라고 보기도 한다.[12] 다른 이들은 이 부흥의 원인이 한국 기독교인들의 경건에 기인한다고 보는데, 길선주 장로가 평양에서 처음 시작한 새벽 기도회의 뜨거운 열정이 부흥의 직접적인 동기가 되었다고 보는

10) 민중사 간, 『역사와 기독교: 한국민족 통일운동의 현실』 (서울: 기독교정의발전연구소, 1984), 22.

11) 한국기독교사연구회 편, 『한국 기독교의 역사 I』 (서울: 기독교문사, 1989), 324.

12) 이종성, "선교 100주년과 한국교회," 〈행동하는 크리스챤〉 (1984년 가을호), 2.

것이다.[13]

장로교에 의한 자치 · 자급 · 자전이라 불리는 삼자정책의 채택이 이 부흥운동에 자극을 주었다고 보는 견해도 있다.[14] 특히 삼자정책은 성경공부를 강조하였다. 그렇다면 신실한 성경공부가 원인일 수도 있다. 성경공부가 시골이나 도시나 할 것 없이 전역에서 있었고, 그것이 교회 생활에 동기가 되었다.[15] 이것이 한국교회의 첫 유산이었다.[16] 따라서 어떤 이들은 성경공부가 이 부흥의 실질적 기초였다고 믿는다.

이 시기는 정치적으로 또 사회적으로 불안의 때였다. 마펫(Moffett)은 다음과 같이 설명한다:

> 어떤 이들은 이것을 당시 한국의 정치 · 사회적 체제의 붕괴 때문이라고 주장한다. 일본의 군사적 영향이 중국의 영향을 대체하였고, 민비가 살해되었다. 그리고 500년 역사의 조선왕조가 붕괴되고, 한국은 일본의 식민지가 되었다. 기존의 기반이 해체되면서 한국의 옛 종교들과 유교와 불교에 대한 신뢰가 약해지고 원시 토착신앙은 특권을 잃기 시작했다.[17]

13) 민경배, 『한국기독교회사』, 개정판 (서울: 대한기독교출판사, 1982), 252.

14) Samuel Hugh Moffett, *The Christians of Korea* (New York: Friendship Press, 1962), "Missions to Korea: A Brief Summary," in *Korean American Ministry*, ed. Sang Hyun Lee (Princeton, NJ: The Consulting Committee on Korean American Ministry, The Program Agency, Presbyterian Church (U.S.A.), 1987), 42. 삼자정책의 성공이 한국교회 토착화의 주춧돌이라고 긍정적으로 보는 백낙준의 견해와, 경제적 자립원리의 강조에 반해 자치원리는 덜 실천되었고 선교사들의 지도권에 더 의존적이었으므로 한국교회는 서양교회의 연장이었을 뿐이라고 부정적으로 비판하는 박순경의 견해가 있다. 마펫은 삼자정책이 유일하게 한국에서만 성공했다고 지적한다. Paik, *The History of Protestant Mission in Korea 1832-1910*, 152; 박순경, 『민족통일과 기독교』, 96-97; Moffett, *The Christians of Korea*, 60-61.

15) Roy E. *Shearer, Wildfire: Church Growth in Korea*, 54-55.

16) Kyung Bae Min, "The Presbyterian Church in Korean History," in *Korean American Ministry*, ed. Sang Hyun Lee (Princeton, NJ: The Consulting Committee on Korean American Ministry, The Program Agency, Presbyterian Church (U.S.A.), 1987), 20.

17) Moffett, "Missions to Korea: A Brief Summary," 41.

한국 기독교인들은 하나님의 도움을 요청하는 것 이외의 방법이 없음을 이 부흥의 영향과 민족의 불운에 대한 자기반성을 통하여 인정하였던 것이다. 민족의 불운을 겪으며 한국인들의 마음은 심히 동요되었고, 민족 상황의 변화에 의해 이런 상태가 확대되었다. 한국인들은 대내외적 위기의식으로부터 안정감을 찾기 원했고, 어떤 종교도 이 문제를 해결할 수 없음을 인식하고 교회가 평안을 얻을 수 있는 유일한 장소라는 것을 깨닫게 되었다. 그리고 민족의 비운으로 충격받은 교회는 자각을 촉구하게 되었다. 민족의 불안이 사람들로 하여금 문제의 해결을 위해 하나님을 찾게 하였던 것이다.

이 부흥의 다른 원인은 민족운동의 조짐에 있다. 한 가지 분명한 점은 당시 젊은 지식인들이 조국의 운명에 대한 불안으로 서양종교를 통해 국난을 해결하려고 교회에 모여들었다는 것이다. 서양문화와의 접촉을 통해 한국인들은 그들 고유문화의 쇠퇴를 깨닫게 되었고, 일반인들도 새로운 종교에의 높은 기대로 교회에 모이게 되었다.[18] 마펫은 이것을 "어떤 이들은 개인적 안락보다 국가 재건의 소망 때문에 새로운 신앙을 찾았다"[19]고 지적하였다. 그렇다! 한국 기독교는 민족주의와 밀접한 관계가 있다. 그렇기 때문에 일본 제국주의 정부가 한국교회를 박해하였던 것이다. 한국의 기독교는 새로운 시대를 상징하는 한국 민족주의의 기초였다.

한국 기독교인들과 선교사들은 1890년 이후 사회적 · 정치적 문제들에 대한 관심을 표명하였다. 그러나 상황은 급속히 바뀌었다. 선교사들은 부흥의 물결을 타고 한국을 아시아의 기독교 국가로 만들려고 하였다. 그러나 한국 교회를 비정치적 교회로 만들려는 선교사들의 강한 욕구가 이 계획 뒤에 숨어 있었다. 이런 의도는 1901년의 글 가운데 나타난다. 1901년 선교사들은 "교회에서 정치공론 못할 것이요"라고 결의하였다.[20] 선교사들에게 있어서

---

18) 이종성, "선교 100주년과 한국교회," 2.

19) Moffett, "Missions to Korea: A Brief Summary," 41.

20) Kyung Bae Min, "The Presbyterian Church in Korean History," 19.

1907년의 부흥을 지도하고 결실하게 한 원칙은 한국교회의 "비정치화"였던 것이다. 선교사들은 정치에 관여하는 목사나 신자들을 몹시 불신하였다.[21] 심지어 선교사들은 애국적 모임에 관계하는 기독교 지도자들을 그들의 교회 직분에서 박탈하기로 결의하였기도 하였다.[22]

선교사들은 한국인들이 일본에 적극적으로 대항하는 것을 금하는 엄격한 자세를 고수했다. 그들은 한국인들에게 기독교 국가를 이룩함으로써 일본에 도덕적으로만 저항할 것과 인내로 일본의 압박을 극복하라고 가르쳤다.[23] 이것은 선교사들의 신학적 배경과, 친일적 관계에 있는 그들의 정부로부터의 압력과, 일본정부의 눈치를 보지 않을 수 없었던 복잡한 상황 때문이었다. 미국정부의 입장에서 미국의 복음적 교단 출신 선교사들이 일본정부와 불편한 관계를 갖는 것을 원하지 않았다. 따라서 그들은 정치로부터 교회를 분리시켰다. 이런 점에서 선교사들은 하나님의 일꾼이 아니라 미국 정부의 대리인으로 비쳐지기도 했다. 그들은 겉으로는 한국교회와 한국 기독교인들을 보호한다는 명분으로 정교분리를 정당화하였으나, 실제로는 그들의 선교지를 일본정부에게 빼앗기지 않고 유지하려는 의도에서 그렇게 했던 것이다.

이런 사실은 선교사들의 말과 글과 태도에서 나타난다. 예를 들어, 감리교 해리스(M. C. Harris) 감독은 1907년 5월호 Japan Times에서 선교사들은 한국에 대한 이토의 정책에 신실하게 동의한다고 썼다.[24] 북장로교의 월터 스미스(Walter Smith)는 1908년 1월 30일에 아서 브라운(Arthur Brown)에게 편지를 썼다. 스미스는 이 편지에서 정치적 상황을 설명하면서, 해리스 감독은 기독교회의 감독이기보다 일본정부의 앞잡이로 사료된다

21) 민경배, 『한국기독교회사』 (1982), 256.

22) 민경배, 『한국민족교회 형성사』 (서울: 연세대학교 출판부, 1974), 43.

23) 민경배, 『한국기독교회사』 (1982), 257.

24) 민경배, 『한국민족교회 형성사』 (1974), 49.

고 썼다.[25)] 이것이 한국과 일본에 대한 선교사들의 대표적인 태도였다. 감리교의 존스(G. H. Jones)는 당시(1907년) 한국인에게 필요한 것은 법의식과 권위에의 복종이라고 말했다. 그는 한국인들이 일본에 복종하도록 설득하였다.[26)] 웨이드 쿤스(Wade Koons)는 1908년 2월 4일에 선교사들이 한국인들에게 일본에게 복종할 것을 충고했다고 고백하였다: "우리는 일본인들을 반대하지 않았다… 우리는 한국인들에게 그들의 의무는 일본에 복종하는 것이고 달가운 마음으로 그렇게 할 것과 독립을 위하여 일하지 말라고 납득시켰다."[27)]

북장로교 선교부의 찰스 알렌 클락(Charles Allen Clark)은 1908년 2월 15일에 다음과 같은 편지를 썼다:

> 선교본부에서 정치적 사안에 대하여 불편중립정책을 채택한 것은 우리의 선교 정책과 한 점도 다른 것이 없다. 우리는 지금까지 그 정책을 견지하고 실천해왔다. 한국에 있는 다른 어느 선교부보다 우리는 그 정책을 주장해 왔다. 그리고 누가 전체 문제의 진상을 규명할 때 우리는 언제나 그 정책을 유지해 왔고 오늘날 일본인 앞에서도 그렇게 견지하고 있다. 우리는 교회는 교회로서 어떤 면에서든지 전적으로 정치에 관여할 일이 없다고 믿는다… 우리의 입장은 교회는 영적 조직체이고 현 정부 또는 어느 정부에 찬성이나 반대를 하여 정치에 관여하지 말아야 한다는 것이다.[28)]

25) *Korean Information Papers*, Foreign Mission Board, Presbyterian Church, New York; Paik, *The History of Protestant Mission in Korea 1832-1910*, 401에서 재인용.

26) 민경배, 『한국민족교회 형성사』 (1974), 49.

27) *Korean Information Papers*, Foreign Mission Board, Presbyterian Church, New York; Paik, *The History of Protestant Mission in Korea 1832-1910*, 401에서 재인용.

28) *Korean Information Papers*, Foreign Mission Board, Presbyterian Church, New York; Paik, *The History of Protestant Mission in Korea 1832-1910*, 402에서 재인용.

일본에 대한 선교사들의 중립적 태도가 여기서 드러났고, 선교사들의 의도를 볼 수 있다. 우리가 부흥의 과정을 조사해 보면 이 사실이 명확해진다.

이 부흥운동은 "성경적 신앙"을 강조하였다. 대대적인 부흥회에서 "원죄, 용서, 은혜, 구원의 기쁨"에 대한 교리가 강조되었고 소박한 신앙으로의 회귀를 통하여 성경공부가 크게 강조되었다.[29] 부흥의 불길은 고린도전서 12장과 요한일서와 관계되어 있다. 이 운동은 교회의 공동체적인 면을 강조하는 성경을 읽도록 장려하였다. 민경배는 "이것은 정치적 관여를 반대하기 위한 것이었다. 이것은 직접적으로 교회생활의 영적인 면의 정립과 발전을 도모하기 위한 것이었다"[30]고 지적하였다. 당시 "신앙 내연 사회 외연"의 원칙이 성립되고 체계적으로 정착되었다.

그러나 민족적 비운 가운데 한국교회들의 정치적 관여에 의해 선교사들은 벽에 부딪히고 깊은 실의에 빠졌다. 캐나다 출신 감리교 의사 하디(R. A. Hardie)는 이런 상황 아래 원산에서 기도를 했고, 오직 성령의 세례만이 이런 어려운 상태를 극복할 수 있을 것이라고 확신했다. 이런 소식을 들은 선교사들은 하디를 초청하여 집회를 인도하게 하였다. 이것이 1907년 대부흥의 또 다른 원인이 되었다.[31] 이후의 지면은 대부흥의 원인들을 이해하며 대부흥이 어떻게 진행되었는지를 살펴보는 데 할애하겠다.

3. 대부흥의 시작

영적 부흥이 1903년부터 1907년 사이에 발생했다. 1903년에 부흥운동이 시작되었고, 1907년 평양에서의 대부흥이 절정을 이루어졌으며, 이것이 1909년 백만구령운동으로 이어졌다. 한국교회 부흥운동의 한 가지 원인은

29) Kyung Bae Min, "The Presbyterian Church in Korean History," 19.

30) 위의 글, 19-20.

31) 민경배, 『한국기독교회사』 (1982), 258.

선교사들의 기도회와 성경공부에 연유되었다. 이 부흥은 남감리교 선교부에서 시작되어 점진적으로 전국 한국교회에 퍼지게 되었다. 중국 선교사였던 화이트(M. C. White)가 1903년 한국을 방문했을 때, 감리교 선교부의 선교사들은 원산에서 화이트 선교사와 기도회를 가졌다. 이 기도회는 감리교, 장로교, 침례교 선교사들의 연합기도회로 발전되었다. 이것은 창전교회에서 계속되었다. 이 기도회에서 의료사업과 복음사업을 위해 1890년 캐나다대학선교회에서 파송되었다가 1898년 남감리교 선교부에 가입한 하디가 통회의 기도를 하였다.[32] 그의 새로운 복음사역은 어려웠고, 실패감이 그를 압박했다. 하디는 강원도에서 3년 동안 선교사역한 열매가 전혀 없었다고 그의 일기에 고백했다.

1894년 중일전쟁이 일어났고, 서북지역의 주민들은 교회로 피신하여 그들의 생명과 재산을 보호했다. 1895년 이후 각 도에 선교기지가 설립되었고, 교회들은 어느 정도 안정이 되었다. 이것이 선교사들로 하여금 백인으로서의 우월감과 함께 자만심으로 가득 차게 하였다. 선교사들은 개인 주택과 화려한 가정용품과 심지어 피서지까지 갖게 되었다. 그때부터 선교사들의 겸허한 이미지가 사라지기 시작했다.[33]

1904년 1월, 원산에서 다시 개최된 교파별 연합기도회에서 캐나다 장로교 선교사 랍(A. F. Robb)이 성령의 거대한 체험을 하였고, 그는 큰소리로 반복해서 기도를 했다. 전계은과 정춘수도 하나님의 은총을 체험하며 원산지역의 부흥회를 인도했다. 전계은은 전도여행을 시작하였고, 정춘수는 성령의 은사를 선포했다.[34]

원산에서 시작된 부흥은 평양에서도 계속되었다. 평양의 선교사들은 원

---

32) Wasson, *Church Growth in Korea,* 29; Allen D. Clark, *A History of the Church in Korea* (Seoul, Korea: The Christian Literature Society of Korea, 1971), 159.

33) 한국기독교사연구회 편, 『한국 기독교의 역사 I』, 268-69.

34) 민경배, 『한국기독교회사』 (1982), 251; 김광수, 『기독교 성장사』 (서울: 대한기독교서회, 1976), 160.

산에서 일어난 일들을 듣고 사경회를 갖고자 했다. 그들은 1906년 8월 사경회 인도를 위해 하디를 초청했다. 그때 뉴욕의 하워드 애그뉴 존슨(Howard Agnew Johnson)이 한국을 방문하여 인도와 웨일즈의 종교적 부흥을 전했다.[35] 이 소식이 한국 기독교인들에게는 동일한 복을 받게 하는 힘이 되었다.[36] 그리하여 평양의 기독교인들은 매일 한 시간씩 성령의 임재를 위한 기도를 하기 시작했다. 원산에서 시작된 부흥은 전국으로 확산되었고, 1907년에 평양에서 극치에 달하였다. 열흘 동안 평양에서 개최된 부흥회는 첫날 1천5백 명의 남자들이 모였고, 여자들을 위한 자리를 교회 바깥에 놓아야 했다.[37] 민경배는 이것을 다음과 같이 설명한다.

> 어떤 기독교인 여자들은 장사하러 가는 것처럼 그들의 침구와 옷과 식량을 갖고 왔고, 7—10일 동안의 부흥회에 참석하기 위해 30마일을 걸어오기도 하였다. 이런 부흥회들은 시골에서는 주로 겨울에 개최되었기 때문에 추위를 견디어야만 했다. 이런 어려움 가운데서도 부흥운동은 힘있게 성장하였다.[38]

목사가 되기 전, 길선주 장로는 부흥회 준비를 위하여 새벽기도회를 인도

---

35) 영국 웨일즈 지역의 부흥운동은 1904년 절정에 이르렀다. 웨일즈의 부흥운동과 1907년 한국교회 부흥운동을 비교한 논문으로, David A. Kerr, "영국 웨일즈 지역 신앙각성운동," 『20세기 개신교 신앙부흥과 평양 대각성운동』 〈제5회 국제학술대회〉 (장로회신학대학교, 2005년 5월25일)을 참조하라; 인도의 부흥운동은 1905-07년에 있었다. 김창환, "20세기 초반 영국령 인도의 신앙 각성운동: '은혜의 소나기': 21세기 초 인도 카시아 고원과 묵티 선교회의 부흥운동," 『20세기 개신교 신앙부흥과 평양 대각성운동』 〈제5회 국제학술대회〉 (장로회신학대학교, 2005년 5월26일)을 참조하라; 미국 로스앤젤레스에서 1906-09년에 있었던 부흥운동을 오순절 운동의 시작으로 보고 있다. 아주사 부흥운동과 1907년 한국교회 부흥운동을 비교한 논문으로 옥성득, "1906-1909년 아주사(LA) 부흥 운동: 그 특성과 한국 대부흥운동과의 비교," 『20세기 개신교 신앙부흥과 평양 대각성운동』 〈제5회 국제학술대회〉 (서울: 장로회신학대학교, 2005년 5월26일)을 참조하라.

36) Paik, *The History of Protestant Mission in Korea 1832-1910*, 355; Wasson, *Church Growth in Korea*, 52; Clark, *A History of the Church in Korea*, 159-60.

37) 김광수, 『기독교 성장사』, 161.

38) Kyung Bae Min, "The Presbyterian Church in Korean History," 20.

했다. 그가 설교를 하면, 그의 형체는 마치 광야에서 회개를 촉구하는 세례 요한 같았다고 한다. 회개한 한국 기독교인들의 열기는 초대 기독교회의 오순절 마가의 다락방에서 있었던 성령의 불길 같았다.[39] 1907년 1월12일 토요일, 평양에서 개최된 장로교 및 감리교 부흥회에서 블레어(W. N. Blair, 방위량)는 고린도전서 12장 27절을 봉독했고, 우리는 그리스도의 몸이고 지체라는 것을 설교했다. 그는 설교를 통해 죄가 무엇인지 깨우치려고 하였다. 설교 후 선교사들과 한국교회 지도자들은 하나님의 개입을 위해 기도했다.[40]

부흥회는 1907년 1월 14일 월요일까지 계속되었다. 그레험 리(Graham Lee, 이길함)는 부흥회에서 설교했고, 회중은 신비스러운 체험을 하게 되었다.[41] 이날이 평양 부흥회의 절정의 날이라고 할 수 있다. 그 운동의 세세한 내용을 묘사하기는 불가능할지라도 부흥의 성격을 이해하는 것은 가능하다. 영국의 윌리엄 세실경(Lord William Cecil)은 이 사건을 묘사하여 런던 타임즈(London Times)에 기고했다:

> 그(그레험 리)가 "나의 아버지"라는 말을 하자마자, 밖으로부터 밀어닥치는 힘이 회중을 사로잡는 듯하였다. 유럽인들은 이것을 공포의 현시라고 기술하였다. 참석자 거의 전부가 정신적 불안의 애절함에 사로잡히게 되었다. 그 전에 각자의 죄가 그들의 생활을 정죄하는 듯하였다. 어떤 이들은 벌떡 일어나 양심의 안정을 위해 자기의 죄를 알릴 기회를 얻어 진술하였고, 다른 이들은 침묵하였으나 괴로움을 어찌할 수 없어 그들의 과오를 고백하게 만드는 힘에 저항하기 위해 몸부림치며 주먹을 움켜쥐고 그들의 머리를 땅에 찧기도 하였다. 저녁 8시부터 아침 5시까지 이런 일이 계속되었고, 선교사들은 어떤 이

---

39) 한국기독교사연구회 편, 『한국 기독교의 역사 I』, 270.

40) cf. Clark, *A History of the Church in Korea*, 160–65.

41) 민경배, 『한국기독교회사』 (1982), 252; 김광수, 『기독교 성장사』, 162.

들의 엄청난 죄의 고백을 들으며 그런 기이한 일을 있게 하는 능력의 강림에 놀라기도 했다. 그들이 그토록 사랑하던 한국인 제자들의 정신적 괴로움에 동정하면서 눈물을 흘리기도 하였다. 많은 한국인들은 밤을 세웠는데, 어떤 이들은 기도하며, 어떤 이들은 심각한 영적 싸움을 하며 밤을 세웠다. 다음 날 선교사들은 폭풍이 지나고 거룩한 말씀의 위로의 교훈으로 지난밤의 상처를 싸매기를 소원하였으나, 같은 괴로움과, 같은 죄의 고백이 여러 날 지속되었다.[42]

블레어는 이것을 이렇게 기술했다:

간단한 설교가 끝나고, 그레험 리는 사회를 보며 기도하자고 요청했다. 여러 사람들이 기도를 시작했는데, 리는 "만일 여러분이 이렇게 기도하기를 원한다면 다같이 기도합시다"라고 말하니 온 회중이 일제히 통성기도를 하기 시작했다. 그 광경은 설명할 수 없을 정도였다. 혼란도 없이 영과 혼의 굉장한 조화, 기도하고 싶은 마음을 억누를 수 없는 영혼들의 교제였다. 그 기도소리는 마치 거대한 폭포수 같았고, 거대한 기도의 물결이 하나님의 보좌로 거슬러 올라가는 듯하였다.[43]

부흥회 기간 동안 회개의 역사는 개인의 참회뿐만이 아니라, 사람들은 죄에 대한 깊은 후회와 사회적, 도덕적으로 잘못한 것을 사죄하는 실천적인 회개운동의 결과를 가져왔다. 예를 들어, 성령체험을 계기로 재정적으로 손해를 입히거나 신체적으로 상해를 입힌 사람들은 손해를 보상하고 사과하는 일이 생겼다.[44]

---

42) Paik, *The History of Protestant Mission in Korea 1832-1910*, 357-58.

43) W. N. Blair, *The Korean Pentecost* (New York, 1908), 45; Paik, *The History of Protestant Mission in Korea 1832-1910*, 358에서 재인용.

44) 한국기독교사연구회 편, 『한국 기독교의 역사 I』, 271-72.

부흥의 물결은 교회뿐만이 아니라 학교에까지 영향을 미쳤다. 평양에는 숭실대학을 비롯하여 숭실, 숭덕, 광성학교와 같은 기독교 학교에 2천5백 명의 학생들이 재학하고 있었다. 이 학생들이 적극적으로 부흥운동에 참여하면서 집단적인 전도운동을 전개하였다.[45] 김찬성이 인도하는 숭덕학교의 기도회에서 3백여 명의 학생들이 그들의 죄를 회개하는 일도 있었다.[46] 부흥의 불길은 1907년 3월 장로교 부인 사경회와 1907년 5월 장로회 신학교에까지 퍼지게 되었다.[47]

하디와 게르딘(J. L. Gerdine)과 길선주 목사는 전국을 순회하며 부흥회를 인도했다.[48] 각 부흥회는 성령의 커다란 체험을 하게 하는 비슷한 결과를 가져왔다. 1908년 한국과 일본의 감리교 감독 해리스는 볼티모어에서 개최된 미국 북감리교 4년 총회에서 다음과 같이 설명했다: "이 운동의 결과는 전적으로 훌륭하였다. 즉 교회의 신앙수준이 높아졌고, 미리 주의 있게 행해진 성경교육으로 광신은 거의 없었다."[49]

4. 대부흥의 결과

1) 긍정적 결과

한국교회의 대부흥은 개인의 회개를 불러일으켰고, 그것이 변화된 행동으로 나타나 개인의 윤리적 삶이 개선되었으며, 영적 삶에 변화가 왔다. 또 교회의 성장에 기여하였을 뿐만 아니라 나라를 계몽하고 각성시키는 역할을 하였다. 이런 대부흥 운동이 가져온 긍정적인 측면을 살펴보겠다.

---

45) 위의 책, 272.

46) 민경배, 『한국기독교회사』 (서울: 대한기독교서회, 1973), 210.

47) Paik, *The History of Protestant Mission in Korea 1832-1910*, 359-60. 장로교 부인 사경회가 발전하여 여전도회 연합회 사경회가 되었다. 이광순, 『한국교회의 성장과 저성장』, 61.

48) Paik, *The History of Protestant Mission in Korea 1832-1910*, 360.

49) *Journal of the 25th Delegated General conference of the Methodist Church in 1908*, 861, 862; Paik, *The History of Protestant Mission in Korea 1832-1910*, 361에서 재인용.

대부흥 운동과 더불어 한국 기독교인들 가운데 죄의 각성과 통회 및 자복을 통한 회개운동이 시작되었다. 1907년 대부흥회는 순간적인 회개가 아닌 진정한 회개를 함으로써 사람이 변화되고 삶이 새롭게 바뀌는 체험을 하게 되었다. 이것은 당시 죄 개념이 분명하지 않았고, 따라서 죄의식이 별로 없었던 한국인들에게 새로운 죄 개념과 죄의식을 깨닫게 해주었다. 뿐만 아니라 죄를 인식하고 개인적인 회개와 공개적인 죄 고백을 통해 죄를 뉘우치고 회개하는 삶의 변화가 있었다. 심지어 죄의 공개적인 고백과 더불어 보상 또는 배상하는 행위로 이어졌다.[50)]

대부흥은 한국 기독교인들에게 죄의식을 불러일으켰고, 회개를 함으로써 도덕성의 향상에 기여하였으며,[51)] 바른 생활을 하도록 자극하였다. 그리하여 시대적 불안으로 도덕적 해이에 빠져 있던 한국인들에게 성결한 삶을 위한 각성과 삶의 변화가 일어났다. 아울러 낡은 관습의 타파와 절약, 절연(節煙), 절주(節酒), 결혼과 장례의식의 변화가 왔다. 기독교인들을 중심으로 생활습관의 향상과 새로운 기독교 윤리의식이 형성된 것이다.[52)]

죄의 각성과 윤리의식의 형성으로 삶의 영역에서의 화해와 변화가 일어났다. 먼저 세습 신분제 폐지에 대한 변화가 왔다. 기독교인을 중심으로 양반과 상놈의 구별이 서서히 없어지게 된 것이다. 다음으로, 여성에 대한 성차별도 개선의 움직임이 있었다. 부부가 같이 식사하지 않고 아내는 별도의 밥상에서 식사하는 폐단이 조금씩 고쳐지게 되었고, 여성 교육에 관심을 갖

---

50) 이덕주, 『한국 토착교회 형성사 연구』, 135-138.

51) 한국기독교사연구회 편, 『한국 기독교의 역사 I』, 274.

52) 기독교인의 양심회복과 더불어 기독교인이 됨의 의미를 분명하게 인식하게 되었다. 이덕주, 『한국 토착교회 형성사 연구』, 135. 이런 면에서 대부흥운동은 교회성장 운동이라기보다는 사경회를 통한 도덕적 각성운동에 가깝다고 볼 수 있다.

53) Sung-Deuk Oak, "Crossroads of Korean Christianity: Revisiting Its Great Revival Movement, 1903-08," 〈International Symposium on Korean Christianity〉 (Los Angeles: UCLA Center for Korean Studies (October 21, 2004)), 5.

게 되었다.[53] 끝으로, 한국 신자들과 외국 선교사들 사이에 이해가 증진되었고, 화해를 위한 분위기가 조성되었다.[54] 한국인들과 서양 선교사들 사이에는 배경과 사고방식과 견해 차이 때문에 서로 이해하기가 어려웠다. 백낙준은 "선교사들은 일반적으로 한국인에게 우월적인 자세로 대하였고 자기들은 한국인들과 구별된다고 자처하였다"[55]고 지적한다. 부흥의 불길을 통하여 그들의 얼어붙은 마음이 녹아내렸다. 한 선교사가 다음과 같은 중요한 말을 하였다:

> 금년(1907년)까지 나는 동양은 동양이고 서양은 서양이므로 양자 사이에는 어떤 유사성이나 공통점이 없다는 경시하는 시각으로 다소 경계를 두었다. 다른 사람들과 마찬가지로 나도 한국인들은 서양인들이 갖는 종교적 체험을 결코 할 수 없을 것이라고 말해 왔다. 이번 부흥은 두 가지를 나에게 가르쳐주었다: 하나는 피상적으로 서양과 정반대인 것이 천 가지가 될지라도, 한국인들이 마음에 있어서와 모든 근본적인 것에 있어서 서양인 형제들과 마찬가지라는 것이다… 이번 부흥이 나에게 가르쳐준 두 번째 것은, 전생활을 신앙화하는 데 있어서, 기도와 단순함과 어린아이 같은 신뢰는 동양이 서양을 가르쳐줄 수 있는 많은 것일 뿐만 아니라 심오한 것이라는 점이다. 우리가 이 사실을 배우기 전에는 전적으로 그리스도의 복음을 이해할 수 없을 것이다.[56]

이 부흥은 한국인 신자들과 선교사들 사이의 가까운 친분과 일치를 가져다주었다. 보이는 삶에서의 변화뿐만이 아니라 영적인 삶에도 변화가 왔다. 그것은 한국에서의 기독교의 기반이 견고하게 되었다는 점이다. 이 부흥을 통하여 기독교 신앙이 한국에 뿌리를 내리게 되었다. 한국교회는 성령의 강

---

54) 한국기독교사연구회 편, 『한국 기독교의 역사 I』, 273; 김광수, 『기독교 성장사』, 165.

55) Paik, *The History of Protestant Mission in Korea 1832–1910*, 362.

56) J. Z. Moore, "The Great Revival Year," *The Korea Mission Field*, vol. 3, no. 8 (August 1907), 118; Paik, *The History of Protestant Mission in Korea 1832–1910*, 53에서 재인용.

림과, 죄의 참회와, 미래의 심판과, 하나님의 공의와 사랑에 대하여 체험적인 이해를 하게 되었다.[57]

부흥운동은 신앙의 실천을 정립하였다. 사경회 기간 동안 낮에는 성경을 배우고 오후에는 전도를 하고 저녁에는 부흥집회로 모였다. 결과적으로 성경공부와 전도의 열심을 가져오게 되었다. 이것은 한국교회의 특징 가운데 하나이다.[58] 아울러 부흥회를 통해 기도 운동이 시작되었다. 기도를 통해 위기를 극복하려는 신앙을 갖게 되었다. 특히 대부흥회를 통해 한국교회의 전통인 새벽기도가 길선주 목사에 의해 널리 퍼지게 되었고, 함께 기도하는 통성기도가 새롭게 발전하였으며, 밤늦게까지 진행된 집회 후 집에 가지 않고 새벽기도 때까지 밤새 기도하는 철야기도가 시작되었다. 이것이 토착화된 한국교회의 모습으로 자리를 잡았다.

이 부흥은 한국교회의 성장을 가져왔다. 마펫에 의하면 "한국에서 개신교회의 성장은 당시 기독교 세계에서 찾아볼 수 없는 극적인 발전으로 약 1895년 서북부에서부터 시작되었다. 그것은 1907-1908년에 극치에 달했다. 한국 개신교 신자는 1890년 2백 명 정도에서 1905년 5만 명으로, 1909년 20만 명 이상으로 도약하였고,"[59] 1960년에는 1백30만 명 가량 되었다고 한다.[60]

57) 한국기독교사연구회 편, 『한국 기독교의 역사 I』, 274.

58) 위의 책, 273.

59) Moffett, "Missions to Korea: A Brief Summary," 41.

60) 위의 글, 50.

〈표 1〉 1905년과 1907년의 한국교회 성장 비교[61)]

연도	교회수	전도소	세례교인	학습교인	현금(원)
1905	321	470	9,761	30,136	1,352,867
1907	642	1,045	18,964	99,300	5,319,785
증가율(%)	200	222.3	194.2	329.5	393.2

부흥운동은 기독교인 개인이나 교회뿐만이 아니라 당시 가난하고 불안한 사회에 새로운 희망의 빛을 주었다. 한국은 당시 정치적으로 연약하고, 경제적으로는 빈곤했으며, 사회적으로는 혼란스러웠고, 종교적으로는 미신적이었다. 그러나 부흥운동을 통해 삶의 질적 변화와 미래에 대한 소망을 갖게 하였다.

대부흥의 정신이 1909년 "백만구령운동"이라 불리는 대규모 기독교화 운동에서 재현되었다. 이 운동은 전국에 퍼져 1911년 초까지 계속되었다. 뿐만 아니라, 대부흥운동과 더불어 주일학교 운동과 YMCA운동이 함께 발전하게 되었다. 주일학교는 1905년 선교공의회 안에 주일학교 위원회가 설치되면서 유년주일학교 교육이 강화되었고, 『주일학교 공부』라는 교재도 편찬되었다.[62)] YMCA는 질레트(P. L. Gillett)의 지도로 1903년 3월 한국에 창설된 이후 1907년 크게 발전하였다.[63)] 끝으로 대부흥운동은 선교라는 결실을 맺었다. 1907년 대부흥이 일어난 해에 장로교회 독노회가 조직이 되었고, 평양 장로회신학교 제1회 졸업생 7명이 배출되었으며, 그 가운데 절반이 선교

61) U. G. Underwood, *The Call of Korea*, (Fleming H. Revell, 1908), 146-48; 민경배, 『한국기독교회사』 (1982), 263과 김인수, 『한국기독교의 역사 I』, 275에서 재인용.

62) 교회가 없는 곳에는 주일학교가 먼저 세워지고, 주일학교를 통해 교회가 설립되기도 하였다. 주일학교는 1911년 초교파적인 전국연합회를 구성하게 되었고, 세계주일학교연맹에 가입하게 되었다. 이장식, 『한국교회의 어제와 오늘』 (서울: 대한기독교출판사, 1977), 185-87.

63) 이상재, 윤치호 등 민족지도자들이 개종하여 YMCA 지도원이 되었고, 기독교 청년 개종운동과 더불어 사회계몽과 봉사에 진력하였다. 위의 책.

사로 파송되었다.[64]

2) 부정적 결과

대부흥운동이 많은 긍정적인 면을 갖고 있지만, 부정적인 결과를 낳은 것도 사실이다. 1907년 대부흥운동이 1909년에 시작된 백만구령운동으로 재현되었지만, 시간이 지날수록 퇴조하게 되었다. 그것은 처음부터 개인의 회개와 회심 그리고 영혼구원에 초점을 맞추다보니 사회전체의 공감을 일으킬 동기부여가 되지 못했기 때문이었다. 더구나 나라가 위기 가운데 있는데, 모여서 기도하고 성경공부를 하는 사경회는 비참한 현실로부터의 도피처 구실을 했다. 이것은 현실의 문제를 해결하려는 노력을 하기보다 신비적 경향으로 신앙을 끌고갔다. 그러다보니 나라를 잃었는데도 영혼구원에 전력하도록 함으로써 대부흥운동의 지속과 확대에 지장을 주게 되었던 것이다. 이러한 태도는 개인의 평화와 안락만을 추구하는 개인적인 신앙과 신비주의적 신앙으로 바뀌어 나라와 사회문제에 대한 무관심을 초래했다.

당시 나라와 민족의 위기에 직면하여 하나님의 도우심을 기대하여 교인이 되는 소위 정치적 입교가 있었던 것은 사실이다. 그러한 사람들은 기독교를 통해 무너져가는 나라와 민족을 구하겠다는 마음으로 기독교의 믿음을 갖게 된 것이다. 그러나 선교사들은 선교의 방향을 국가와 민족에 대한 관심으로부터 영적 차원으로 그 방향을 바꾸었다. 선교사들은 교회 안에서 정치발언을 허용하지 않았고, 교회와 국가의 분리를 가르쳤다. 그들은 정치에 관여되어 있는 한국인 목사나 신자들을 불신했고, 심지어 애국단체에 참여하는 교회 지도자들을 교회의 직분에서 해임하기도 하였다. 선교사들은 한국인들이 일본정부에 적극적으로 저항하는 것을 허락하지 않았다. 그것은 그들이 일본정부와의 관계가 불편해지는 것을 원하지 않았기 때문이었다.

64) 이광순, 『한국교회의 성장과 저성장』, 65-66.

당시 선교사들의 관심은 한국의 독립이나 정치적 안정이 아니라 정치적 충돌 없이 교회를 세우고 복음을 전파하는 것이었다. 따라서 기독교가 정치의 도구화 되는 것을 경계하였던 것이다. 이런 상충된 생각으로 민족주의 교인들과 선교사들 사이에는 갈등과 반감이 생기게 되었고, 한국교회는 선교사들의 지도에 따라 비정치적인 양상으로 나아가게 되었다. 교회 지도자들의 정치적 중립이라는 태도는 사회와 국가에서 교회가 감당해야 할 역할의 축소 내지는 약화라는 부정적 결과를 가져왔다. 이런 모습이 1907년 대부흥의 가장 부정적인 면인 교회의 "비정치화"로 나타났다고 볼 수 있다. 1907년의 대부흥이 한국인의 고통과 분노를 종교적 정화에 의해 희석시키려고 한 "비역사적"인 면이 있음을 부인할 수 없다.[65] 그때 이후 한국교회는 교회의 정치적 관심을 최소화하고 있다.

---

65) 민경배와 이만열은 비정치적 및 비역사적인 면을 1907년 대부흥운동의 부정적인 면으로 본다. 그러나 박용규는 이런 관점을 왜곡된 시각으로, 이런 주장을 논리적 비약이라고 보고, 오히려 대부흥운동은 한국교회의 양적 성장을 가져왔고, 순기능의 역할을 했다고 주장한다. 박용규, 『평양 대부흥운동』 (서울: 생명의 말씀사, 2000). 이 두 가지 상반된 견해에 대하여 김인수는 한국의 부흥운동이 한국인들에게 복음의 진수를 깨닫게 해준 사건으로 복음의 진수를 깨달은 사람들은 현실을 외면하지 않았다고 본다. 비록 교회의 항일 방법이 수동적이고 간접적이었다 할지라도, 교회가 항일을 외면했다고 보는 것은 잘못된 시각이라는 지적이다. 오히려 한국교회는 부흥운동 전후로 많은 애국적 행위에 앞장섰다고 주장한다. 그 예로, 1905년 을사늑약이 강제로 맺어졌을 때, 길선주 장로가 장로회공의회에서 국가를 위한 기도회를 가질 것을 제안하여 일주일 동안 기도회를 가진 것, 기독교 신자였던 장인환 의사가 1908년 샌프란시스코에서 일제 앞잡이 스티븐슨(D. W. Stevenson)을 격살한 사건, 이재명 의사가 1909년 매국노 이완용을 습격한 사건, 1907년의 국채보상운동과 탈환회운동, 1920년의 물산장려운동, 1912년 일제가 날조한 105인 사건에서 700명의 체포자 가운데 600명이 기독교인이었고, 투옥된 123명 가운데 98명이 기독교인이었던 점, 1919년 3·1운동의 독립선언서에 서명한 33명 가운데 16명이 기독교인이었고, 체포된 시위 주동자와 참가자 가운데 기독교인이 5천 명이 넘었던 점, 그후 중국 상해에서 구성된 대한민국 임시정부 요인 8명 가운데 7명이 기독교인이었던 점 등은 부흥운동에서 성령을 받은 사람들이 애국운동의 선봉에 섰다는 것을 들 수 있다. 김인수, "미국교회 대각성운동과 한국교회의 1907년 대부흥운동의 비교연구—유사점과 상이점을 중심으로," 『20세기 개신교 신앙부흥과 평양 대각성운동』 〈제5회 국제학술대회〉 (장로회신학대학교, 2005년 5월 25일), 10, 20-21; 김인수, 『한국기독교회의 역사』 (서울: 장로회신학대학교 출판부, 2004). 따라서 이런 비정치화를 일부 몇몇 선교사들이 구상하였을지라도 대부흥운동 자체가 비정치화를 목적으로 의도적으로 계획되었다고 보지 않는 견해도 있다. 오히려 시대적 정황과 개인구원에 중점을 둔 선교사들의 선교정책이 대부흥운동과 맞물려 나타난 현상이라고 보는 것이다.

사실 선교사들은 "한 민족교회" 조직 계획을 갖고 있었다. 장로교 선교사들은 첫 신학교 학생들이 졸업하는 1907년에 "조선 예수교 장로회"를 조직할 계획이 있었다. 이것은 한국 기독교인들에게는 크나큰 희망이었다. 그러나 선교사들은 교회에서 민족주의의 자각과 애국적 행동이 명백히 위험하다고 간주하여 이 계획을 연기시켜 버렸다.[66] 이 부흥 이후, 더 이상 "한 민족교회"라는 말이 언급되지 않았다. 오히려 교단교회가 형성되었다.[67] 민족교회 계획이 중단되자, 한국 기독교인들은 선교사들에 대해 반감을 갖게 되었다. 이 일로 몇몇 교회는 문을 닫아 버렸고, 일부 기독교인들은 교회와의 관계를 단절했다.

1910년 한국은 일본에 합방되었다. 한국교회는 정치적 발언을 삼갔고 선교사들의 침묵 요구로 교회의 내적 일에만 치중하기 시작했다. 이런 전통이 아직도 한국교회 안에 자리잡고 있는 것이다.

5. 1970년대 교회성장과의 비교

한국이 1945년 일본의 통치로부터 해방된 이후, 한반도는 남과 북으로 나누어지게 되었다. 북한에는 소련군이 진주하고, 남한에는 미국의 신탁통치가 실시되었다. 1950년 한국전쟁이 발발한 이후 한반도의 분단은 고착되었다. 1961년 5월 16일, 남한에 군사 쿠데타가 일어났다. 당시 군사정부는 교회를 정치로부터 단절시켰다. 이 시기부터 교회는 군사독재 아래 놓이게 되었고, 이런 갈등을 신앙의 눈으로 하나님의 시험이나 심판으로 보기도 했다. 1972년 군사정부의 장기집권을 위한 유신헌법이 제정되었고, 국가보안법이 시민들의 권리를 제한하였다. 비상계엄령 선포와 긴급조치 등은 정치적 불안을 고조시켰다. 소수의 목회자들과 신학자들이 예언자적 사명으로

66) 민경배, 『한국기독교회사』 (1982), 257-58.

67) 민경배, 『한국민족교회 형성사』 (1974), 46.

정치를 비판하고, 생명을 무릅쓰고 교회의 사회적 · 정치적 메시지를 전달하였다. 그러나 한국교회는 이들을 정치목사라고 낙인을 찍고 이들을 배제시켰다.

1970년대부터 자유주의 교회는 유신헌법과 국가보안법에 저항하여 현실참여 운동으로서 인권, 사회정의 운동을 전개하였다. 현실참여 운동은 한국기독교교회협의회(KNCC)의 진보진영과 세계교회협의회(WCC)의 사회구원이라고 하는 신앙노선을 따라 전개되었다.[68] 그러나 보수진영에서는 합의된 교회운동을 잘못 해석하였고, 사건의 현실을 오해했으며, 인권, 자유, 평화, 평등, 사회정의 등의 성경적 의미를 잘못 해석하였다. 보수진영 목사들은 심지어 유신헌법과 독재정부를 지지하는 성명을 내기도 하였다. 한국교회는 이미 한국교회에 형성되어 있던 정교분리라는 정치적 입장을 보수적 신앙노선으로 정립하였고, 복음화 운동, 교회확장 운동, 카리스마 운동 등에 집중하였다.[69] 이 시기에 교회의 발전과 물질적 풍요가 한국교회 역사상 가장 컸다.

1970년대에 백만 명 이상이 모이는 대형집회가 두 번이나 있었다. 1973년 5월에 개최된 빌리 그레이엄 전도대회에서 3만6천1백22명의 새신자가 결신을 했다.[70] 1974년 8월에 개최된 엑스플로 '74에는 6백만6천5백 명이 이 집회에 모였다.[71] 한번의 집회가 그 같은 대형집회로 세계기록을 깼고, 1백만 5천 명을 인도하여 90%가 그리스도를 믿기로 작정하였다. 이것은 당시 역사상 가장 큰 기독교 집회였다.[72] 이러한 사건들이 교회성장에 긍정적인 영향을 주었으나, 사회적 문제에 관심을 갖기보다는 개심자의 수효에만

---

68) 이장식, "한국 정치현실과 교회," 259.

69) 홍근수, "한국 기독교 100년의 평가," 『행동하는 크리스챤』 (1984년 가을호), 12.

70) 민경배, 『한국기독교회사』 (1982), 518.

71) 이찬영, 『한국기독교회사 총람』 (서울: 소망사, 1994), 648.

72) Edythe Draper, ed. *The Almanac of the Christian World* (Wheaton, IL: Tyndale House Publishers, 1990), 334.

치중하는 부정적인 면도 있었다. 이와 같이 한국교회는 1970년대부터 경제적 성장과 더불어 수적 증가를 경험하였다.[73)]

6. 1907년의 대부흥과 1970년대의 교회성장의 유사점

1907년 대부흥은 어느 특정 교단의 사경회로 시작한 것이 아니라 한국교회 전체와 선교사들이 연합하여 한국교회의 부흥을 가져왔다. 1970년대의 교회성장은 1973년 5월에 개최된 빌리 그레이엄 전도대회와 1974년 8월에 개최된 엑스플로 '74 그리고 1977년의 '77 민족복음화대성회라는 대형 연합 전도집회를 기점으로 교회가 성장하기 시작하였다.

1907년 대부흥의 내용과 1970년대의 교회성장에는 정치적 · 사회적 불안이라고 하는 유사점이 있다. 1900년대 초기에 한국인들은 국가의 불운과 일본의 정치적 간섭을 겪었다. 특히 청일전쟁(1894-1895)과 러일전쟁(1904-1905)을 겪어야 했다. 그들은 또한 국가 상황의 변화를 겪어야 했다. 이런 이유들로 그들은 위기감과 정치적 상황의 불안을 느껴야 했다. 1970년대에는 군사정부의 독재가 국민들을 심하게 억압했다. 언론의 자유, 집회의 자유, 결사의 자유, 인간 존엄성 등 여러 영역에서 인권이 제한되었다.

1907년 대부흥이 발생한 때는 민족의 수난과 나라의 위기라는 문제를 극복하려는 움직임이 내면적 신앙을 갖게 하면서, 동시에 사회적 행동으로 나타나는 건전한 복음주의 시대였다. 1907년 대부흥은 민족의 계몽과 나라의 개화를 위해 각성을 하였고, 개인의 반성과 회개가 중요한 결과였다. 그리고 1970년대는 내면적 성화가 사회적 성화와 양극화되던 시대였다. 개인영혼

---

73) 1970년대의 한국교회 성장 요인은 대형 전도집회와 한국교회 교인들의 복음적 열정을 중심으로 한 종교적 요인, 장기집권, 중앙 집중화, 독재화로 대변되는 정치권력과의 긴장관계, 경제개발 5개년 계획과 새마을 운동으로 인한 경제적 성장, 산업화와 더불어 도시화가 이루어지는 사회적 요소 등을 들 수 있다. Eun Sik Cho, "Korean Church Growth in 1970s: Its Factors and Problems," *Asia Journal of Theology*, vol. 10, no. 2 (October 1996), 349-51.

구원과 사회구원이 대립되던 시기였다.[74)]

대부흥운동과 교회성장은 기독교인들의 신앙생활에 활력을 주는 역할을 하였다. 그리하여 윤리적 삶의 개선이나 교회의 부흥에 기여하게 하였고 선교에 많은 관심을 갖는 계기가 되었다.[75)] 그러나 개인구원의 강조는 독단주의에 빠질 위험성을 내포하였고, 성령의 역사에 대한 강조는 성령의 은사에 대한 다양성보다는 성령의 독점화라는 부정적인 면을 보였다.

한국교회의 역사에 있었던 이 두 가지 사건의 또 다른 유사점은 정치 권위에 대한 교회 지도자들의 중립적 자세라고 할 수 있다. 민족과 나라의 위기를 해결하려는 방안으로 모색되었던 기독교에의 입교가 사람들을 하나님께 나아오게 하는 계기를 제공하였지만, 교회 지도자들의 정치적 중립이라는 태도는 사회와 국가에서의 교회 역할을 축소 내지는 약화시키는 부정적 결과를 가져왔다. 1900년대의 선교사들과 1970년대의 목사들은 선교나 목회의 방향을 국가에 대한 관심에서부터 영적 차원으로, 불의에 대한 저항으로부터 권위에의 복종으로 그 방향을 바꾸었다. 공통점은 교회의 비정치화라는 것이었다. 이것을 위해 영적 훈련과 교회와 국가의 분리를 매우 강조하였다.

1900년대의 선교사들은 교회 안에서 정치발언을 허용하지 않았고, 정치에 관여되어 있는 한국인 목사나 신자들을 불신했다. 1970년대에 한국교회는 부정과 권위와 독재정부를 비판하는 목회자들과 신학자들을 정치 목사라고 낙인찍고 이들을 배제하였다. 어느 교단 목사들은 유신헌법이야말로 정

---

74) 건전한 복음주의는 수직적 내면적 신앙과 사회적 행동이라는 양면성이 조화를 이루는 것이다. 웨슬리는 신앙의 본질은 내면적이지만 신앙의 증거는 사회적이어야 한다고 말했다. 그는 사회적 성화 없는 내면적 성화를 모른다고 강조했다. 김홍기, "1907년 대부흥의 역사적 의의,"『목회와 신학』 통권 108호 (1998. 6): 68-69.

75) 1907년 6월 평양 장로회신학교는 7명의 졸업생을 배출하였다. 목사 안수 후 7명 모두가 목회자로 선교사로 사역을 하였다. Hee Kuk Lim, "The Significance of the Great Revival of Pyeng Yang in 1907 from the Perspective of Korean Church History," 〈International Symposium on Korean Christianity〉 (Los Angeles: UCLA Center for Korean Studies (October 21, 2004)), 25.

말로 한국인에게 필요한 것이라고 선언하기도 했다. 그들은 정부정책에 호응하였고, 심지어 독재정부를 지지하기도 하였다. 따라서 그들은 정부와 좋은 관계를 가질 수 있었다. 이 시기에 한국교회는 정치적 입장과 마찬가지로 보수신학이 정립되었다. 결과적으로 1907년의 대부흥과 1970년대의 교회성장은 한국교회의 정치적 관심을 최소화하였고, 더욱 보수적으로 되어갔다. 그런 점에서 이 두 사건은 "비역사적"이고 "반민족적"인 면을 갖고 있다고 비판받고 있다.

비록 1907년 대부흥과 1970년대의 교회성장이 많은 긍정적인 면들을 갖고 있을지라도, 교회가 사회에서의 예언자적 사명을 망각했다는 비난을 부인하기는 어렵다. 교회가 사회적 관심을 수행하지 않는다면 영적인 차원과 교회성장의 강조가 항상 긍정적인 것만은 아니다. 교회가 사람들에게 영적 소망을 주었는지는 모르겠지만, 현실적인 희망을 주는 데는 부족했던 것이 사실이다. 교회의 사명은 영적인 차원으로 제한되는 것이 아니라, 그것을 모든 영역의 우리의 생활에까지 확대하여야 하는 것이다. 개인의 영적 성장과 교회의 내적 성장만을 강조하고 사회적 책임을 분리시키게 되면, 결국 교회가 사회적 책임과 사명을 감당하지 못함으로써 사회로부터 외면당한다는 교훈을 주고 있다.

나가는 말

정치적 불안과 사회적 불안이 지배적일 때 사람들은 심리적 안정과 평안을 찾기 위해 종교에 의지하게 된다. 1907의 대부흥과 1970년대의 교회성장이 그렇다. 그러나 1970년대에 대형집회를 통해 개교회의 성장이 이루어졌고, 1980년대에 들어와 교회가 대형화되면서 성공지상주의가 교회에 스며들기 시작했다. 이에 따라 한국교회는 영적, 정신적, 도덕적 가치 추구보다 물질적 가치를 더 추구하는 듯한 부정적 인상을 주었고 물량주의로 흐르는 양상을 보여주었다. 그러다보니 기복 신앙이 생기게 되고, 복의 핵심을 물질적 풍요와 성공에 두는 경향이 나타나게 되었다. 게다가 역사의식의 부족이 사회 참여를 약화시키는 결과를 가져오기도 하였다.

1990년대에 군사정부의 퇴장과 문민정부 수립으로 민주화가 이루어지면서 정치적 불안요소가 줄었고, 이에 따라 종교에 대한 기대가 줄어들면서 교회성장이 정체되었다. 경제성장과 더불어 물질적 풍요와 여가산업의 발달로 생존문제에 대한 절박감이 약화되면서 종교에의 기대심리가 감소되었다. 이때 경배와 찬양이 유행처럼 한국교회에 퍼졌으나, 정체된 한국교회에 지속적인 성장을 가져다주지는 못했다. 1990년대 말부터 열린 예배가 정체된 한국교회 성장의 돌파구로 채택되었으나, 어느 정도 효력이 있을지는 아직 미지수이다.[76] 1990년대부터는 전체 교회가 성장 감소현상을 보이는 가운데 일부 교회의 양적 성장이 보이고 있다. 이것은 회심성장보다 전입성장이라고 하는 수평이동 현상으로 나타나고 있다.[77]

1907년 대부흥을 통해 나타난 개인 신앙 중심의 모습과 1970년대의 개교회 성장 중심으로 인한 개교회주의가 현재 한국교회에 퍼져 있어, 다원화된 사회의 다양한 영역에서 대사회 또는 대정부적 차원에서의 공동대처에 미흡한 면을 보이고 있다. 심지어 교회가 사회의 공동선을 위해 양보하거나 희생하는 모습보다 때로는 집단이기주의를 보여주고 있어 사회로부터 외면당하고 있다. 또 교회의 배타주의는 사회의 지지를 잃어가고 있다. 그러다보니 교회가 사회를 이끌어 가기보다는 사회에 끌려다니는 느낌을 주고 있는 것이 현실이다. 뿐만 아니라 사회가 도덕적으로 문란하고 타락한 부분들이 많이 있지만, 교회도 예외는 아니라는 점이다. 오히려 교회마저 도덕적 해이에 빠져 사회의 지탄을 받기도 하지만, 거기에 대한 반성보다는 합리화하는 모

---

76) 조은식, "한국교회 정체성을 극복하자," 『월간목회』 326호 (2003년 10월호): 39-42.

77) 한국교회의 수평이동에 대해서는 홍영기, "한국교회의 교인 수평이동에 대한 보고서" (서울: 교회성장연구소, 2004)를 참조하라.

습을 보이고 있다. 이런 점들이 교회의 계속적인 성장을 막는 부정적인 요인으로 작용을 하고 있다.

결과적으로 성장 둔화, 정체 또는 침체의 위기 심지어 마이너스 성장이라는 용어가 등장하게 되었다. 이런 상황에서 한국교회가 1907년 대부흥 때처럼 죄의식을 갖고 깊이 반성하고 회개하며 스스로 갱신하여야 한다. 그리고 바른 윤리의식과 실천하는 신앙으로 사회에서 봉사하고 사회의 본이 되어 바른 가치관을 제공할 때, 비로소 기존의 부정적인 이미지를 쇄신할 수 있을 것이고 정체된 한국교회가 다시 성장할 수 있는 기회를 얻게 될 것이다. 교회가 바로 서서 사회에 긍정적인 영향을 미칠 수 있어야 사회의 정책, 제도, 구조의 변화에 영향을 줄 수 있고 사회를 선도할 수 있는 것이다.

끝으로, 1907년의 대부흥과 1970년대의 교회성장에서 우리가 배울 점은 사람이 어떤 의도나 계획을 갖고 있었을지라도, 이런 사건들을 통하여 성령은 우리의 방법이 아닌 다른 방법으로 사역하였다는 것이다. 민경배 교수의 "우리 현대교회의 위대한 성취의 근거는 여러 가지 다양한 도구를 통해 일하시는 성령의 역사에 있다"[78]는 평가는 옳다고 본다. 따라서 한국교회의 지속적인 성장을 위하여 인본주의적 또는 흥미위주의 인위적인 방법을 동원하기보다는 성령의 역사를 기대하는 마음으로 간절히 기도하며, 이웃을 사랑하는 마음으로 전도하고 겸손한 자세로 봉사하는 일에 말없이 앞장서야 할 것이다.

▶ **주제어** : 한국교회, 대부흥, 교회성장, 회개, 비정치화

78) Kyung Bae Min, "The Presbyterian Church in Korean History," 26.

참고 문헌

Cho, Eun Sik. "Korean Church Growth in 1970s: Its Factors and Problems." *Asia Journal of Theology*. Vol 10-No. 2 (October 1996): 348-62.

Clark, Allen D. *A History of the Church in Korea*. Seoul, Korea: The Christian Literature Society of Korea, 1971.

Draper, Edythe. ed. *The Almanac of the Christian World*. Wheaton. IL: Tyndale House Publishers, Inc., 1990.

Kerr, David A. "영국 웨일즈 지역 신앙각성운동." 『20세기 개신교 신앙부흥과 평양 대각성운동』 <제5회 국제학술대회>. 서울: 장로회신학대학교, 2005년 5월 25일.

Lim, Hee Kuk. "The Significance of the Great Revival of Pyeng Yang in 1907 from the Perspective of Korean Church History." <International Symposium on Korean Christianity>. Los Angeles: UCLA Center for Korean Studies (October 21, 2004), 15-26.

Min, Kyung Bae. "The Presbyterian Church in Korean History." In *Korean American Ministry*. ed. Sang Hyun Lee. Princeton, NJ: The Consulting Committee on Korean American Ministry, The Program Agency, Presbyterian Church (U.S.A.), 1987, 15-27.

Moffett, Samuel Hugh. *The Christians of Korea*. New York: Friendship Press, 1962.

______ . "Missions to Korea: A Brief Summary." In *Korean American Ministry*. ed. Sang Hyun Lee. Princeton, NJ: The Consulting Committee on Korean American Ministry, The Program Agency, Presbyterian Church (U.S.A.), 1987, 38-47.

Oak. Sung-Deuk. "Crossroads of Korean Christianity: Revisiting Its Great Revival Movement. 1903-08." <International Symposium on Korean Christianity>. Los Angeles: UCLA Center for Korean Studies (October 21, 2004), 1-13.

Paik. L. George. *The History of Protestant Mission in Korea 1832-1910*. Pyeng Yang. Korea: Union Christian College Press. 1929.

Shearer. Roy E. *Wildfire: Church Growth in Korea*. Grand Rapids. MI: William B. Eerdmans Publishing Company, 1966.

Wasson. Alfred W. *Church Growth in Korea*. New York: International Missionary Council, 1934.

김광수. 『기독교 성장사』 서울: 대한기독교서회, 1976, 159-69.

김인수. 『한국기독교회의 역사』 서울: 장로회신학대학교 출판부, 2004.

______. "미국교회 대각성운동과 한국교회의 1907년 대부흥운동의 비교연구 —유사점과 상이점을 중심으로." 『20세기 개신교 신앙부흥과 평양 대각성운동』 <제5회 국제학술대회> 서울: 장로회신학대학교, 2005. 5. 25.

김창환. "20세기 초반 영국령 인도의 신앙각성운동: '은혜의 소나기' : 21세기 초 인도 카시아 고원과 묵티 선교회의 부흥운동." 『20세기 개신교 신앙부흥과 평양 대각성운동』 <제5회 국제학술대회> 서울: 장로회신학대학교, 2005년 5월 26일.

김홍기. "1907년 대부흥의 역사적 의의." 『목회와 신학』 통권 108(1998. 6): 65-70.

민경배. 『한국기독교회사』 서울: 연세대학교 출판부, 1972.

______. 『한국기독교회사』 서울: 대한기독교서회, 1973.

______. 『한국민족교회 형성사』 서울: 연세대학교 출판부, 1974.

______. 『한국기독교회사』 개정판. 서울: 대한기독교출판사. 1982.

민중사 간. 『역사와 기독교: 한국민족 통일 운동의 현실』 vol. 8. 서울: 기독교정의발전연구소, 1984.

박순경. 『민족통일과 기독교』 서울: 한길사, 1986.

박용규. 『평양 대부흥운동』 서울: 생명의 말씀사, 2000.

오성춘. "1907년 평양 대부흥 운동 의의에 관한 연구를 논찬함." <제2회 소망신학포럼>. 서울: 장로회신학대학교, 2005년 4월 20일, 1-6.

옥성득. "1906-1909년 아주사(LA) 부흥 운동: 그 특성과 한국 대부흥운동과의 비교." 『20세기 개신교 신앙부흥과 평양 대각성운동』. <제5회 국제학술대회>. 서울: 장로회신학대학교, 2005년 5월 26일.

이광순. 『한국교회의 성장과 저성장』 서울: 미션아카데미, 2005.

이덕주. 『한국 토착교회 형성사 연구』 서울: 한국기독교역사연구소, 2001.

이찬영. 『한국기독교회사 총람』 서울: 소망사, 1994.

이장식. 『한국교회의 어제와 오늘』 서울: 대한기독교출판사, 1977.

______. "한국 정치현실과 교회." 『교회와 국가』 한국기독교문화진흥원 편. 서울: 한기문 출판사, 1988, 247-76.

이종성. "선교 100주년과 한국교회." 『행동하는 크리스챤』 (1984년 가을호): 2-5.

임희국. "신앙각성운동을 통한 갱신과 부흥. 토착 교회의 형성--1907년 평양 대각성운동을 중심으로" <제2회 소망신학포럼> 서울: 장로회신학대학교, 2005년 4월20일, 5-28.

조은식. "한국교회 정체성을 극복하자." 『월간목회』 326호 (2003년 10월호): 38-43.

한국기독교사연구회 편. 『한국 기독교의 역사 I』 서울: 기독교문사, 1989.

홍근수. "한국 기독교 100년의 평가." 『행동하는 크리스챤』 (1984년 가을호): 10-14.

홍영기. "한국교회의 교인 수평 이동에 대한 보고서." 서울: 교회성장연구소, 2004.

ABSTRACT

Comparison of the Great Revival of 1907 with the Church Growth of the 1970s in Korea

The revival movement in Korea began in 1903 and the Great Revival of 1907 in Pyongyang was the peak. The period of the revival was the time of political and social unrest. The mind of the people was deeply agitated, and it spread by the change of the national situation. Korean people desired to have a sense of stability and realized that the church was the only place to find peace of mind. The national unrest encouraged people to turn to God for answers.

One cause of the revival was originating from the missionary prayer meetings and the Bible study. The Bible conference among missionaries in Wonsan in 1904 was developed a united meeting. The revival that began in Wonsan was continued in Pyongyang.

The work of repentance during the revival meeting resulted not only in confession of personal sins, but also in a practical repentance movement in which people deeply regretted sins and apologized for social and moral wrongdoings. The revival meeting provided improvement in morality. The tendency for reconciliation was formed. For example, the understanding between Korean believers and foreign missionaries was promoted.

Through the revival, Christianity secured a base in Korea. Christianity was rooted in the Korean Church. The revival movement established religious practice. The revival brought enthusiasm to the Bible study and prayer. The revival brought quantitative growth to the Korean Christian and the spiritual rebirth of the Korean church. Ultimately, the revival gave a light of new hope to the poor and the unstable society.

On the other hand, the revival has some negative aspects. It has dehistorical and denational aspects. Missionaries did not allow political talks in the church. They distrusted Korean pastors and believers who participated in politics. Since then, the Korean church has avoided political comment and begun to concentrate on internal things of the church.

There are some intriguing parallels between the Great Revival of 1907 and the phenomenal church growth in the 1970s in Korea. Along with the positive outcomes, there was also a lack of socio-political concern on behalf of the church in both period. In the early 1900s, the Korean people had experienced national crisis and Japanese political interference. In the 1970s, the dictatorship of the military government was strongly oppressing people. Political and social unrest encouraged people to turn to God for answers.

Another common thread was the church leaders' neutral attitude toward the political authority. Those two events have dehistorical and denational aspects. Missionaries of the 1900s and pastors of the 1970s changed the direction of mission or ministry from national concern to spiritual dimensions, and from being against injustice to obeying authority. To do this, they strongly emphasized spiritual discipline, and the separation of church and state.

As a result, the Korean church grew in numbers during those periods, but minimized its social concern and responsibility. The mission of the

church cannot be restricted to the spiritual dimension, but should be extended to all areas of our lives. One of the important lessons is that although people had a certain intention or plan, the Holy Spirit worked in different ways through those events.

▶ **Key Words :** Korean Church, the Great Revival, church growth, repentance, depoliticization

통일을 향한 남북한 기독교인 교류

들어가는 말

한국 상황에서 남한의 기독교인들과 북한의 공산주의자들이 만나 대화를 한다고 하는 일은 과거에는 상상도 할 수 없는 일이었다. 남과 북이 각각 다른 정치체제로 분단되어 있는 상황에서 대화라고 하는 것은 위험한 발상이기도 했다. 그것은 해방 이후부터 한국전쟁까지 북한 공산주의자들의 기독교인 탄압이 얼마나 심했는가를 반영한다. 일반적으로 사람들은 기독교와 공산주의를 반대 개념으로 이해한다. 마치 물과 기름의 관계와 같이 보는 것이다. 따라서 과거에는 기독교와 공산주의의 대화 필요성을 주장하거나 기독교와 공산주의 상관성이나 유사성을 언급만 해도 혹시 용공이 아닌가 하는 의구심을 갖기도 하였다.

남한정부에서 남한의 기독교인과 북한의 기독교인들이 만나는 것을 제한할 때, 그들은 외국교회나 교단의 도움으로 제3국에서 만나 통일을 논의할 수 있었다. 그 당시에는 그것 외에는 만날 방법이 없었다. 냉전시대가 지나가고 화해의 시대에 접어들어 남북한 관계도 많이 개선되었다. 서로 총을 겨누며 원수 또는 적으로 간주하던 시대에서, 남한정부에서조차 북한을 동반자라는 용어를 사용하여 대하는 것은 격세지감이 아닐 수 없다. 남한교회 또한 북한을 무너뜨려야 할 대상으로 보는 것에서 평화적인 대결의 대상으로 보게 되었고, 최근에는 함께 통일을 실현할 대화의 대상으로 보게 되었다.[1)]

이제는 남한교회가 북한 교회 지도자들을 남한으로 초청하기도 하고, 정부의 승인 아래 북한을 방문하기도 한다. 좀 더 나아가 일반 시민들도 제한적이기는 하지만 금강산 관광이나 개성 방문을 할 수 있게 문호가 개방되었다. 불과 10-20년 전과 비교하면 굉장한 변화와 발전이 아닐 수 없다.

현재 남북교류의 선두를 달리며 가장 적극적으로 북한과 교류하며 협력하는 남한의 민간단체는 단연 기독교라 할 수 있을 것이다. 통일논의를 위한 만남에서 인도주의적 지원으로 내용면에서 변화가 있기는 하지만 남북 통일의 염원은 변하지 않고 있다.

이 논고에서는 서구에서 있었던 기독교인과 막스주의자와의 대화 시도를 간략하게 살펴보고, 남북한 기독자들의 다양한 회담을 통한 교류 등을 조사하며 남북교회 지도자들의 과거와 현재의 교류 상황을 분석하고, 통일을 향한 계속적인 교류를 위해 몇 가지 제언을 하겠다.

과거의 기독교인과 막스주의자와의 대화

과거에 서구에서는 기독교인들과 막스주의자들이 대립하는 관계를 가졌다 하더라도, 기독교 학자들과 막스주의자 사이에 대화를 위한 시도가 있어 왔다. 미국의 일부 성직자들은 막스주의에 관심을 갖고 대화를 목적으로 그것을 연구하기도 하였다.[2] 시대적 상황을 보면 기독교인과 막스주의자들의 대화는 대공황과 파시즘의 등장에 대한 염려에 의해 제1, 2차 세계 대전 사이에 고무되었다.[3]

---

1) 허문영, "기독교 통일운동," 『민족통일과 한국기독교』 (서울: 한국 IVP, 1994), 131.

2) 그들은 G. H. Herron(1862-1925), C. H. Vail(1866-1924), F. S. Spalding(1865-1914), B. White(1871-1951), E. E. Carr(1871-1933), McGrady(1863-1909) 등이다. Oakley C. Johnson, "Marxism and the American Christian Church: 1876-1917," *Political Affairs* 45 (July 1966): 53-63. Herman Kutter, Leonrhrd Ragaz와 Paul Tillich가 독일과 스위스의 기독교 사회주의를 이끌고 있는 동안, 미국에서는 Harry F. Ward, Willard Uphaus 와 Reinhold Niebuhr가 대화를 주도하였다.

막스 이론은 좌익 헤겔 철학 신봉자들과 포이에르바흐(Feuerbach)의 인류학 지지자들에 의해 동유럽에서 발전되었다. 로즈메리 루터(Ruether)는 "엥겔스의 죽음 이후 수많은 막스 지도자들이 그들의 배경의 일부로 급진적인 기독교 전통의 측면에 대하여 글을 써왔다"고 지적한다.[4] 그들은 에른스트 브로흐(Ernst Bloch),[5] 칼 클라우스키(Karl Klausky),[6] 에드우드 번스타인(Eduard Bernstein)[7] 등을 말한다. 롸저 가우디(Roger Garaudy), 밀란 마코벡(Milan Machovec), 레젝 콜라코프스키(Leszek Kolakowski)와 같은 막스주의자들 사이에서 대화는 계속되었다. 제2차 세계대전 이후에 한편으로는 기독교와 막스주의의 대화를 다룬 많은 책들이 출판되었고,[8] 다른 한편으로는 1950년대의 반공산주의 뿐만 아니라 지지하는 많은 책들이 출

---

3) 막스주의 측에는 Roger Garaudy, G. Mury, M. Ascarate, A. Casanova, A. Gorz, A. Moine 과 다른 이들이 대변인이 되었고, 기독교측에서는 Bubarle, Cardonnel, Jolif, Chenu, Gardey, Girardi 신부들과 개신교 학자 G. Casalis, A. Dumas, J. Bosc와 다른 이들이 모임에 참여를 하였다. Ans van der Bent, "The Christian-Marxist Dialogue Yesterday And Today" in *The Encounter of the Church with Movements of Social Change in Various Cultural Contexts* (Geneva, Switzerland: Department of Studies, Lutheran World Federation, 1977), 117.

4) Rosemary Radford Ruether, *The Radical Kingdom: The Western Experience of Messianic Hope* (New York: Harper & Row, 1970), 187, 295.

5) Ernst Bloch, *Thomas Munzer als Theologie der Revolution* (Frankfurt: Suhrkamp Verlag, 1921); *Der Prinzip Hoffnung* (Berlin: Aufbau-Verlag, 1954-1959).

6) Karl Klausky, *The Foundations of Christianity.* trans. Henry F. Mins (New York: S. A. Russell, 1958); *Communism in Central Europe in the Time of the Reformation* (New York: Russell & Russell, 1959); *Thomas More and His Utopia* (New York: Russell & Russell, 1959).

7) Eduard Bernstein, *Cromwell and Communism: Socialism and Democracy in the English Revolution* (New York: Schocken Books, 1963).

8) 예를 들어, Vernon Venable, *Human Nature: Marxian View* (1945); Alexander Miller, *The Christian Significance of Karl Marx* (New York: Macmillan Company, 1946); Karl Kautsky, *Die Soziodemokratie und die Katholische Kirche* (1947); John C. Bennette, *Christianity and Communism* (New York: Association Press, 1948); Henri Desroche, *Signification du Marxisme* (1948); R. Vancourt, *Marxisme et pensee Christienne* (1948); Maurice Thorez, *Pour l'union, communister et chertions* (1948); Roger Garaudy, *Le communime et les christiens* (1949). 홍성현, 『막스주의자들의 종교비판』 (서울: 제3세계 신학출판사, 1988), 10-11.

판되었다.[9]

세계교회협의회(World Council of Churches)의 세계 종교와 사회 회의(The World Conference on Church and Society)가 1966년 7월 스위스의 제네바에서 막스주의자들과의 온건한 토론을 후원하였다.[10] 그 후, 1968년 4월 8일에서 11일까지 교회와 사회 분과(Department on Church and Society)는 "사회 갱신에 대한 기독교와 막스주의의 대화"를 제네바에서 개최하였다. 이 모임에 프랑스, 독일, 이탈리아, 체코슬로바키아, 미국 및 제3세계에서 45명이 참석하였다. 그들은 혁명, 제국주의, 인간화, 새로운 세대의 위임과 관련된 대화에 있어서 새로운 시각을 논의하였다.[11]

남북한 기독인의 교류

한반도가 일제의 식민지로부터 해방이 되면서 북쪽은 소련에 의해 점령되어 공산주의 정권이 수립되었고, 남쪽은 민주주의 정부가 수립되었다. 해방이 되고 북한에 공산주의 정권이 수립되면서 북쪽에 살던 많은 기독교인들이 공산주의자들의 박해를 피해 월남을 하였다. 또 한국전쟁을 겪으며 많은 기독교인들이 박해를 받았다. 이런 이유로 반공사상이 교회를 포함한 남

9) Arthur Voobus, *Communism's Challenge to Christianity* (Marywood, Illinois: Chicago Lutheran Theological Seminary, 1950); Gary MacEoin, *The Communist War on Religion* (New York: The Devin-Adair Company, 1951); George Dryburgh and Crawford Miller, *The Challenge of Communism* (London, England: S.C.M., 1952); Charles Wesley, *Communism and Christ* (New York: Morehouse-Gorham Co., 1952); Leslie Davison, *The March of Communism* (London, England: Epworth Press, 1954) Joseph Johnson, *God's Secret Armies Within the Soviet Empire* (Putnam, New York, 1956). 홍성현, 『막스주의자들의 종교비판』, 11.

10) World Council of Churches, *World Conference on Church and Society, Official Report* (Geneva, Switzerland: Imprimeriela Concordance, 1967), 206.

11) Ans J. van der Bent, *Six Hundred Ecumenical Consultations 1948-1982* (Geneva, Switzerland: World Council of Churches, 1983), 37.

한 사회 전반에 깊은 영향을 주었다.

반공사상이 지배적인 사회 분위기에서 북한과 대화를 한다는 것은 다른 말로 공산주의자들과 대화를 하는 것으로 인식되었다. 따라서 공산주의자들과 대화를 제안하는 사람은 그 동기가 불순한 것으로 간주되었다. 심지어 그들은 용공주의자 또는 남한 정부의 전복을 꾀하는 반정부주의자로 여겨졌고 국가 보안법에 어긋나는 것으로 인식되었다. 남한 정부는 대화의 모든 시도를 억압하였다. 이런 상황에서 남한의 기독교인들과 북한 공산주의자들 또는 막스주의자들 사이의 대화라는 것은 기대하기 어려운 것이었다. 더구나 북한 공산주의자와 막스주의자를 동일한 개념으로 생각하는 경향 때문에 막스주의자들과의 학문적 대화조차 시도될 수가 없었다. 이처럼 기독교인들과 막스주의자들 사이의 공식적인 대화 부재라는 결과는 남한에서의 냉전 상태를 반영하는 것이었다.

뿐만 아니라, 북한 정권의 종교탄압 정책으로 기독교를 비롯한 종교가 표면적으로 사라진 상황에서 북한 종교인들과의 대화 또한 불가능하였다. 북한 정부의 종교정책에는 시대와 상황에 따라 변화가 있었다. 북한 정부의 종교 정책은 다섯 시기로 나누어 볼 수 있다.[12] 북한은 다섯 번의 종교정책 변화를 통해 종교를 제한하기도 하고(1945-1949), 탄압하기도 하다가(1950-1953) 결국에는 말살시켰다가(1954-1971) 필요에 의해 다시 등장시켜(1972-1980) 대외적으로 선전하는(1980-현재) 모습을 보여주고 있다.[13]

북한은 남북대화가 진행되던 1970년대에 북한의 종교상황에 관심이 있는

12) 김흥수와 류대영은 북한 종교 상황의 시기를 전통주의적/남한중심적 관점과 수정주의적/북한중심적 관점으로 구분한다. 전자는 다시 둘로 구분되어 반공주의적 관점과 북한의 종교를 제한적으로 인정하는 관점으로 나누어진다. 후자도 둘로 구분되어 북한식 시기구분을 이용한 관점과 북한 종교인들의 신앙경험에 주목한 관점으로 나누어진다. 김흥수, 류대영, 『북한 종교의 새로운 이해』 (서울: 다산글방, 2002), 33-55.

13) 자세한 내용은 조은식, "남북 교회 교류를 통한 통일선교 과제," 『장신논단』 21 (2004): 332-38을 참조하라.

남한과 부딪치게 되었다. 동시에 국제 여론은 북한의 종교 부재를 문제 삼았다. 이에 대한 대책으로 북한의 중앙 종교조직의 활동이 재개되었고 국제적인 종교단체에 가입을 신청했으며 종교회의에 참석하기 시작하였다.[14] 평양신학원이 1972년 재개되었고, 사라졌던 북조선기독교연맹이 조선기독교도연맹 중앙위원회란 이름으로 1974년에 다시 등장하였다.

조선기독교도연맹의 등장은 남한 기독교 지도자들로 하여금 북한 기독교 지도자들과의 만남을 기대하게 만들었다. 그러나 1980년대에 들어와 한국의 통일과 관련된 기독교 지도자들의 회의는 남한에서는 정치 형편상 개최하기가 어려웠고 외국에서만 개최할 수가 있었다. 이러한 회의는 세 가지 유형으로 나누어 볼 수 있다. 첫째는 외국에 있는 한국인들이 주도한 회의이고, 둘째는 세계교회협의회나 외국교회와 남한교회 지도자들과의 공동회의이며, 셋째는 남과 북 교회들 사이의 회의 등이다.

1. 해외동포들과 북한 지도자들과의 모임

첫째, 북한 사람들과 해외 한인동포들 사이의 대화를 위한 모임이 외국에서 시도되었다. "조국통일을 위한 북과 해외동포 기독자와의 대화" 모임이 1981년 11월 3일부터 6일까지 오스트리아의 비엔나에서 개최되었다.[15] 세계 각국에서 온 45명의 한국 대표와 30명이 넘는 옵서버들이 민족 화합과 통일을 위한 역사적인 첫 모임에 참석을 하였다.[16] 이 회의에서 그들은 고려

14) 고태우, 『북한의 종교』 (서울: 통일연수원, 1993), 19, 22, 23. 조선기독교도연맹은 1974년 8월과 1981년 11월 세계교회협의회에 가입하려고 시도하였다. 그러나 세계교회협의회는 북한교회의 실상에 대한 정보 부족을 이유로 조선 기독교도 연맹의 요구를 거부하였다. 한국기독교역사연구소, 『북한교회사』 (서울: 한국기독교역사연구소, 1996), 450.

15) 북한에서 허영숙, 염국렬(조선기독교도연맹 부위원장), 전금철(조평통 부위원장), 김득렬, 고기준(조선기독교도연맹 서기장) 등이 참석을 하였고, 해외 동포로 최덕신, 최홍희, 최정렬, 이화선, 이영빈(서독), 선우학원(미국), 강위조(미국), 최도식, 전충림(카나다), 강원진, 김윤하, 이선주, 임민식 등이 참석하였다. 김석주, "교회도 하나 나라도 하나," 『북한교회의 목사들은 무엇을 어떻게 설교할까?』 (서울: 형성사, 1990), 13; 한국기독교역사연구소, 『북한교회사』, 452.

연방제 통일방안, 통일을 위한 기독자의 자세, 통일과 외세문제 등의 주제를 놓고 논의하였다.[17] 그들이 남긴 문건에는 남북 사이에서 있었던 1972년 "7 · 4 공동 성명"의 통일 원칙에 중립 연방 국가안을 덧붙이자는 주장과, "전두환의 군사 독재정권은 제거되어야 한다"는 내용이 담겨있다.[18] 세계교회협의회의 국제문제위원회(the Commission of the Churches on International Affairs)는 이 회담에 비공식적으로 협력했으나, 한국기독교교회협의회(KNCC)는 적색분자 기독교인의 회의라고 하여 강한 반대를 표명하였다. 그들은 이 회의가 통일 문제를 논의하기 위해서 뿐 아니라 막스주의자들과 기독교인들 사이의 대화를 위한 장일 수 있다는 점을 두려워하였다.[19]

제2차 "조국통일을 위한 북과 해외동포 기독자와의 대화"가 1982년 12월 3일부터 5일까지 핀란드 헬싱키에서 개최되었다.[20] 참석자들은 북한의 통일방안, 민족화해와 통일을 위한 기독인의 책임과 사명, 한국사회의 민주화와 김대중 석방 요구,[21] 주체사상과 통일문제를 논의하였다. 그들은 공동 성명에서 다섯 개의 조항과 열세 개의 실질적인 규약을 제시하였다. 다섯 개의 조항은: (1) 주한 미군의 철수와 독립 실현 (2) 군사 정권의 철폐와 민주화의 실현 (3) 영속적인 분단을 위한 책략의 거부와 통일을 장려하기 위한 적극적인 노력에의 집중 (4) 한반도에 있는 전쟁의 위험 제거와 평화 보장 요구 (5)

---

16) 이만열, "한국 기독교 통일 운동의 전개과정," 『민족통일을 준비하는 그리스도인』 (서울: 두란노, 1994), 453-455.

17) 한국기독교역사연구소, 『북한교회사』, 452.

18) 이만열, "한국 기독교 통일 운동의 전개과정," 45.

19) 처음 북한 노동당은 이 회의를 반대하였으나, 장관급 인사를 파견함으로 이 모임을 허용하였다. 한국기독교역사연구소, 『북한교회사』, 451-452.

20) 북한에서 양형섭(조선사회과학원장), 전금철, 고기준 등이 참석을 하였고, 해외 동포로 김성락, 차상달, 최덕신, 최홍희, 이영빈 선우학원, 강위조, 박성옥, 강광석, 최기환, 안병수, 홍동근 등이 참석을 하였다. 김석주, "교회도 하나 나라도 하나," 12; 한국기독교역사연구소, 『북한교회사』, 452.

21) 김대중은 그 당시 전두환 군사정권에 의해 연금 상태에 있었다.

일치와 통일을 추진하기 위한 북한과 해외 동포들 사이의 공동 활동 확장 및 전개 등이다.

제3차 "조국통일을 위한 북과 해외동포 기독자와의 대화"가 1984년 12월 17일 오스트리아의 비엔나에서 개최되었다. 참석자들은 반전, 반핵, 평화운동을 전개하기로 결의하였고, 한반도에서 핵무기를 철거할 것을 요구하였다.[22] 그러나 토론의 모든 내용은 반정부적인 성향 때문에 한국의 언론에는 거의 알려지지 않았다. 이러한 회의들의 중요성은 북한과 남한 기독교 지도자들이 외국에서 만난 첫 번째 기회였다는 점이다.[23]

제4차 "조국통일을 위한 북과 해외동포 기독자와의 대화"가 1988년 7월 15일부터 18일까지 핀란드의 헬싱키에서 개최되었다.[24] 제5차 회의는 1990년 1월 23일부터 25일까지 핀란드의 헬싱키에서 개최되었다.[25] 이 회의에서 참석자들은 분단의 장벽을 없애서 남북 사이의 자유왕래를 하도록 하는 운동을 전개하기로 하였고, 미군철수를 촉구하였으며, 북한과 미국 사이의 평화협정 체결을 촉구하기로 결의하였다.[26]

제6차 회의는 1991년 1월 30일부터 2월 3일까지 독일의 프랑크푸르트에서 개최되었다.[27] 이 회의에서 참여자들은 통일방안, 민족교회 신학정립 문제에 대해 논의하였다. 그들은 통일에 대한 공동선언을 채택했는데, 이것은 불가침 조약 체결, 핵무기 철거, 유엔 단일 가입을 요구 등이었다.[28]

---

22) 한국기독교역사연구소, 『북한교회사』, 452.

23) 이만열, "한국 기독교 통일 운동의 전개과정," 46.

24) 북한에서 전금철 등이 참석을 하였고, 해외 동포로 선우학원, 홍동근, 강위조, 김동수, 이영빈 등이 참석을 하였다. 특히, 로마 카톨릭 옵서버들이 이 회의에 옵서버로 참석을 하였다. 천주교측에서는 고종옥 신부를 비롯하여 오석근이 옵서버로 참석을 하였다. 한국기독교역사연구소, 『북한교회사』, 501.

25) 북한에서 한시해, 한응식, 조선기독교도연맹 대표 등이 참석을 하였고, 해외 동포로 김현환, 양은식 등이 참석을 하였다. 위의 책.

26) 위의 책.

27) 북한에서 전금철 및 조선기독교도연맹 대표들이 참석을 하였고, 해외 동포로 선우학원, 강위조, 이영빈, 조독천, 안중식, 김순환, 홍동근 등이 참석을 하였다. 위의 책.

1980년대 중반 이후 외국에 있는 한국인들과의 조선기독교도연맹의 지도자들과의 회의는 계속되었지만 남한과 북한교회의 직접적인 교류가 증가함에 따라 그것의 상대적 중요성과 활동은 감소하였다. 기독교인들뿐만 아니라 통일문제에 관심을 가진 학자들과 전문 지식인들도 회의에 참석을 하였다. 이것이 직접적인 기독교인들의 교류를 다소 약화시켰지만 학술적인 교류는 강화되었다.[29]

그 대표적인 경우가 북미 기독학자회 연례대회이다. 북미 기독학자회 연례대회를 통하여 남북 기독인들이 만날 수 있었다. 미국에서 북미 기독학자회는 1989년 6월 뉴저지에서 제23차 연례대회를 "민중신학과 주체사상의 통일지향 사상으로서의 발전 가능성"이라는 주제 아래 개최하였다.[30]

제25차 연례대회가 1991년 5월 뉴욕에서 "새 민족공동체 형성을 위한 기독인의 사명"이라는 주제 아래 개최되었다. 이것이 기독교인들과 주체사상가들이 미국에서 만난 첫번째 회의였다.[31] 이 회의에 평양 사회과학원 주체사상 연구소 소장 박승덕은 주체사상에 대한 그의 논문을 발표하였다.[32] 이 연례대회는 미국에서 계속해서 개최되고 있으나,[33] 남북한 학자들이 매년 초청되는 것은 아니다.

28) 위의 책.

29) 위의 책.

30) 목원대학의 송기득 교수를 제외하고는 초청 받은 남북한 사람들이 회의에 참여할 수 없었다.

31) 제24차 연례대회는 1990년 8월 중국 북경에서 "우리 민족사에 있어서의 기독교의 위치"라는 주제로 개최되었다.

32) "주체사상의 몇 가지 문제에 대하여," "주체사상의 종교관," 『기독교와 주체사상』 (서울: 신앙과 지성사, 1993), 160-94 참조.

33) 제26차 연례대회는 1992년 7월 뉴욕에서 "민족통일을 위한 신학과 민족주의 재정립"이라는 주제로 개최되었다. 제27차 연례대회는 1993년 7월 워싱톤에서 "민족통일의 당위성"이라는 주제로 개최되었다. 제28차 연례대회는 1994년 8월 죠지아주 아틀란타에서 "한반도 통일과 가치체계"라는 주제로 개최되었으나 북한측은 김일성의 애도기간이라는 이유로 불참하였다. 한국기독교역사연구소, 『북한교회사』, 514.

2. 외국교회와 남북교회의 공동회의

둘째, 세계교회협의회나 외국교회들의 지도자들과의 공동회의가 있다. 제4차 한독 교회협의회가 1981년 6월 8일-10일 서울에서 개최되어 민족의 분단을 초월하여 협력할 것을 노력하기로 약속하였다. 이 회의는 통일논의에 전략적인 기회를 제공하는 것처럼 보였다.[34] 이 회의는 통일문제를 연구하고 촉진할 기구의 설치를 장려하였다. 이에 대한 반응으로 한국기독교교회협의회는 1982년 2월 28일 통일문제연구원 운영위원회를 조직하기로 결정하고 1982년 9월 16일에 그 조직을 완료하였다.[35] 그 이후 남한교회는 통일문제에 대해 더 큰 관심을 보이기 시작했고 통일문제에 대한 그들의 연구에서 진전을 보였다.

세계교회협의회의 국제문제위원회(WCC-CCIA)는 1984년 10월 28일부터 11월 2일까지 일본 도쿄 근처에 있는 도잔소의 YMCA 컨퍼런스 센터에서 "동북 아시아의 평화와 정의: 갈등의 평화적 해결을 위한 전망"에 대한 회의를 개최했다. 세계교회협의회의 국제문제위원회는 처음으로 조선기독교도연맹을 도잔소 협의회에 공식 초청하였다. 이것은 한국기독교교회협의회가 통일문제에 접근한 첫 번째 공식적인 기회였다. 미국교회협의회의 국제문제위원회 대표는 "통일이 한국인 스스로에 의해 이루어져야 한다는 것을 인식하는 동안, 주된 국제 에큐메니칼 노력은 지지자를 모아서 한국인의 노력에 대한 우호적인 조건을 만들도록 하는 것이다"라고 말했다.[36]

---

34) 이삼열, 『기독교와 사회이념』 (서울: 한국신학연구소, 1986), 216; 이만열, "한국 기독교 통일 운동의 전개과정," 46.

35) 박종화, "민간차원의 통일운동과 그 과제," 『한반도 통일운동의 과제와 그 방향: 통일 운동의 대중화를 위하여』, 성균관대학교 사회과학 연구소 편 (서울: 인간사랑, 1991), 181; 이만열, "한국 기독교 통일 운동의 전개과정," 47; 한국기독교교회협의회, "민족 통일을 위한 교회의 노력," 『교회와 세계』 (1992년 7-8월호): 20.

36) National Council of the Churches of Christ in the U.S.A., International Affairs Commission, *Peace and the Reunification of Korea*, 4.

미국교회협의회(NCCUSA)는 1989년 4월 23일부터 26일까지의 "한반도의 평화 통일을 위한 워싱턴 회의"를 주최하였다. 약 100명의 한국 대표들이 이 회의에 참여했고,[37] 영국, 서독, 일본, 캐나다는 입회인 자격으로 대표를 파견하였다. 이 회의는 실질적인 조치로 세 가지 기본 원칙에 합의하였다: 첫째로, 한국 분단에 대한 미군의 책임을 인식하면서 편견없이 남북의 분단 현실을 이해하려는 노력; 둘째로, 미군 정부에 의한 한국 통일을 반대하는 적대적 냉전논리를 극복할 평화와 화해의 긍정적인 정책 추진을 위한 노력; 세째로, 자국만의 이해 중심인 미국의 외교 정책으로부터 공존과 공영의 정책을 포용하도록 변화시키는 노력과 인종 편견 극복이라는 원칙이다.[38]

독일개신교 총회(Evangelische Kirche in Deutschland(EKD))[39] 는 1989년 6월 10일 독일 교회의 '교회의 날'(Kirchentag) 행사에 남북 기독교 지도자들을 초청하였다.[40] 한국인들은 또한 한독 문화 협회가 주최하는 통일 염원제에 참석하였다.

3. 남북한 기독인 회의

셋째, 남한 기독인들이 북한 기독인들을 외국에서 직접 만나는 회의가 진행되었다. 1980년대에는 한국기독교교회협의회와 조선기독교도연맹이 이러한 대화의 주축이었다. 1986년 9월 2일부터 5일까지 남북 기독교인들은

37) 북한에서 고기준, 김운봉, 김남혁, 권혜숙 등 4명의 대표가 참석을 하였고, 남한에서는 권호경, 박봉배, 박종화, 정광훈, 송미현 등 5명의 대표가 참석을 하였다. 위의 책, 510.

38) 박종화, 『평화신학과 에큐메니칼 운동』(서울: 한국신학연구소, 1991), 107.

39) 독일개신교총회의 회원은 루터란 교회(Lutheran Church), 개혁교회(Reformed Church)와 연합교회(United Church)이다. 박명철, "독일통일 이후 동서독교회의 체제개편," 『민족과 신학 2』(1994년 6월): 96-97.

40) 북한에서 이성봉을 비롯한 4명이 참석을 하였고, 남한에서 안병무, 배성룡 등 5명이 참석을 하였다. 한국기독교역사연구소, 『북한교회사』, 510.

한반도 분단 이후 처음으로 스위스의 글리온에서 만났다. 조선기독교도연맹의 5명의 대표와 한국기독교교회협의회 대표 6명이 이 회의에 참석하였다.[41] 그들은 함께 성찬식을 가졌으나 그들의 정치적 차이를 고려하여 공동 성명을 내지 않기로 합의하였다.[42]

제2차 글리온 회의는 1988년 11월 23일부터 25일까지 개최되었다. 조선기독교도연맹의 7명의 대표와 한국기독교교회협의회 11명의 대표가 이 회의에 참석하였다.[43] 참석자들은 "한반도의 평화와 통일을 위한 글리온 선언"을 채택했는데, 이것은 일곱 개의 공동 결의를 포함하였다. 그 내용은 (1) 1995년을 통일희년으로 선포 (2) 평화통일 다섯 가지 원칙 채택 (3) 분단고착 정책 배제 (4) 상호 신뢰 회복을 위한 우선순위 채택 (5) 불가침 선언, 군축 및 비핵화, 외국 군대의 철수 요구 (6) 이산가족 재회를 포함한 군사 정치 대결의 해소를 위한 동시적 접근 추진 (7) 조선기독교도연맹과 한국교회협의회 사이의 교류 통로 개설 등이다. 게다가, 그들은 매년 8월 15일 직전 주일을 "평화통일 기도주일"로 정했고, 공동 기도문을 채택하였다.[44]

제3차 글리온 회의는 1990년 12월 2일부터 4일까지 "한 국가, 한 교회"라는 주제로 개최되었다. 북한 대표 6명과 남한 대표 14명이 이 회의에 참석하였다.[45] 그들은 "한반도 평화와 통일 희년 준비를 위한 5개년 공동 작업

---

41) 북한에서 고기준, 김재윤, 김남혁, 김운봉, 김혜숙이 참석을 하였고, 남쪽에서 강문규, 김봉록, 김준영, 김소영, 김윤식, 이영찬이 참석을 하였다. 김석주, "교회도 하나 나라도 하나," 15; 한국기독교역사연구소, 『북한교회사』, 507.

42) 한국기독교역사연구소, 『북한교회사』, 507.

43) 북한에서 고기준, 김운봉, 이성봉, 김남혁, 엄영선, 김혜숙, 이문영이 참석을 하였고, 남한에서 김성수, 장기천, 박봉배, 조용술, 강문규, 이의호, 김석태, 김준영, 김형태, 윤영애, 이효재가 참석을 하였다. 김석주, "교회도 하나 나라도 하나," 15; 한국기독교역사연구소, 『북한교회사』, 507.

44) 한국기독교역사연구소, 『북한교회사』, 507.

45) 북한에서 고기준, 김혜숙, 박춘근, 량수웅, 김철민, 최인덕이 참석을 하였고, 남한에서 김성활, 권호경, 장기천, 이재정, 박봉양, 서광선, 강문규, 김소영, 인명진, 주계명, 강병훈, 김순진, 곽선희, 최세웅이 참석을 하였다. 위의 책.

계획" 9개 항목에 합의하였다. 그 아홉 항목은 (1) '민족통일을 위한 세계기도주일'을 위하여 공동 예배와 공동 기도문 준비 (2) 남북교회 내에서 평화와 통일교육 실시 (3) 민족통일을 위한 남북교회의 연대사업 전개 (4) 남북 당국간의 상호 불가침 선언, 단계적 군축실현 및 대규모 군사훈련 즉각 중지 촉구 (5) 통일관련 구속인사 석방 운동 (6) 남북교류 창구단일화 반대, 민간 접촉에 장애가 되는 법률 및 제도의 폐지 운동, 남북 기독교인들의 평양과 서울을 방문 노력 (7) 이산가족 상봉과 고향 실현을 위해 노력 (8) 세계교회와 통일 관련 사업 공동 추진 (9) 공동사업 추진을 위해 필요한 실무기구 설치 등이다.[46]

제4차 회의는 1995년 3월 28일부터 31일까지 일본 간사이에서 개최되었다. 북한 대표 5명과 남한 대표 21명이 참석하였다. 그들은 공동 합의문을 채택 했는데 그 내용은 (1) 판문점에서 8월 15일 희년 공동예배 개최 (2) 통일의 법적 장애물 제거에 노력 (3) 남북기본합의서 이행 촉구 (4) 비핵화 선언 이행 촉구 (5) 장기수 송환, 양심수 석방, 정신대문제 사과와 보상 및 배상 촉구 등이다.[47]

위의 회의와는 별도로 재일대한기독교회를 통해 남북 기독인들이 일본에서 만나 회의를 갖게 되었다. 첫 번째 회의가 1990년 7월 10일부터 13일까지 일본 도쿄에서 개최되었다. 북한에서 다섯 명, 남한에서 34명, 미국, 캐나다, 독일, 일본에서 16명, 그리고 30여 명의 옵서버가 이 회의에 참여하였다.[48] 그들은 주제강연, 분과토론, 성경공부, 공동예배와 성찬, 특별 공개강연, 해외동포교회들의 평화통일운동 보고, 환영만찬 등을 가졌다. 평화 통일 희년에 대한 그들의 합의에는 (1) 통일의 출발점으로 화해와 공존의 자세 확

46) 위의 책, 507-8.

47) 북한에서 강영섭, 유병철 등이 참석을 하였고, 남한에서 오충일, 박종화, 이삼열 등이 참석을 하였다. 위의 책, 508.

인, 분단죄책 회개운동 전개 (2) 남북 자유왕래와 개방을 위한 법적, 제도적 조치, 이산가족 상봉, 구속자 석방 촉구 (3) 군축, 평화협정, 불가침 선언, 외세 및 핵무기 철수 등 글리온 선언 내용 지지 (4) 남북 고위급 회담 실현 촉구, 남북교회 만남과 희년 계획 수립 및 실천 (5) 평화통일 기도 주일행사 등 공동행사 준비, 상호 교류 (6) 남북교회의 한반도내 만남 위해 노력 (7) 해외교회와의 연대 강화와 같은 사항들이 포함되어 있었다.[49)]

제2차 도쿄 회의가 1991년 7월 9일부터 12일까지 개최되었다. 북한에서 4명, 남한에서 37명, 그리고 해외에서 20여 명이 참석을 하였다. 이 회의에는 주제강연, 글리온과 도쿄 합의문 실천에 대한 보고, 해외동포교회들의 평화통일운동 보고, 한국의 밤 축제가 있었다. 그들은 (1) KNCC와 조선기독교도연맹의 통일운동 지지 (2) 평화통일을 위한 해외동포 협의회 결성을 위해 노력 (3) 희년 5개년 사업의 지원과 실천 다짐, 모든 평화통일 운동단체들과 협력을 포함하는 내용의 결의문을 채택하였다.[50)]

제3차 도쿄 회의가 1992년 10월 20일부터 22일까지 개최되었다. 남한측이 불참한 가운데 북한측 5명만이 이 회의에 참석하였다. 주제는 "민족 대단결에 대한 신학적 평가"였다. 그들은 (1) 민족대단결에 기초한 자주평화통일 원칙 확인 (2) 남북합의서와 비핵화 공동 선언 이행 촉구 (3) 남북교회 방문을 통한 통일 기도회 개최를 촉구하는 결의문을 채택하였다.[51)]

제4차 도쿄 회의가 1994년 5월 31일부터 6월 2일까지 개최되었다. 이 회의에 북한 조선기독교도연맹 대표 5명, 남한에서 74명(5개 교단 및 KNCC,

---

48) 북한에서 고기준, 김운봉, 엄영선, 김남혁, 조길남이 참석을 하였고, 남한에서 강문규, 권호경, 장명석, 노정선, 이경숙 등 KNCC 및 5개 교단 대표들이 참석을 하였다. 그외 미국에서 김인식, 이승만, 이창식, 김원삼, 캐나다에서 정동석, 이성갑, 박철순, 엄영흠, 독일에서 신흥섭, 일본에서 이대경, 김군식 등과 기타 옵서버 30여명이 참석을 하였다. 위의 책, 511.

49) 위의 책.

50) 위의 책, 512.

51) 위의 책.

복음주의 지도자들 포함), 해외에서 38명(재일대한기독교회 포함), 천주교와 불교 옵서버 3명이 참석하였다. 주제는 "민족대단결 원칙을 실현하기 위한 교회의 역할"이었다. 그들은 (1) 남북한 당국에 정치 군사적 경쟁과 불신, 외세간섭 배제 촉구 (2) 한민족의 공존을 위한 핵문제 해결 촉구 (3) 전쟁 분위기를 조성하는 군사훈련 반대 (4) 통일 기도회, 연합 예배, 상호간 선교 유적지 탐방, 선교역사 공동집필 추진 (5) 남한교회의 교파주의와 정복주의 전도운동 반대 (6) 재일동포의 불평등 대우 시정 요구 (7) 해외교회와 평화통일 운동 단체와의 연대 (8) 희년을 실현하기 위한 노력 등을 담은 결의문을 채택하였다.[52]

제5차 도쿄 회의가 1996년 6월 5일부터 7일까지 개최되었다. 남북교회 대표들 외에, 호주, 독일, 스위스, 미국에 있는 한인 목회자들과 선교기관 지도자들이 참석하였다.[53] 주제는 "조국의 평화와 민족 대단결을 위한 기독자의 역할"이었다. 이 회의는 에큐메니칼 진영과 복음주의 교회 지도자들이 폭넓게 참여한 범교회적 모임으로 발전했다는 점에 의미가 있다. 그들은 (1) 한반도의 안전과 평화를 위한 장치 구축을 촉구 (2) 8월 15일 직전 평화 통일 주일 지키기 및 부활주일에 공동 기도문으로 예배를 드려 분단의 아픔을 나누기 (3) 평화 통일 운동 전개를 주장하는 결의문을 채택하였다 .[54]

이처럼 남한 기독교 지도자들은 북한 지도자들을 제3국에서 만났다. 이런 과정을 통해 남한 사람들은 북한 사람들과 북한의 사회 및 종교상황을 알기

---

52) 위의 책.

53) 조선기독교도연맹에서 5명, 기독교대한감리회에서 10명, 기독교대한성결교회에서 10명, 한국기독교장로회에서 12명, 대한예수교장로회(통합)에서 16명, 대한예수교장로회(대신)에서 11명, 대한예수교장로회(고신)에서 1명, 재일대한기독교회에서 18명, 한국교회 여성연합회에서 2명, 기타 기관에서 8명, 해외에서 5명, 매스컴관계자 8명 등이 참석하였다. 평화통일을 위한 7개 교단 선교협의회, 『제5차 조국의 평화통일과 선교에 관한 기독자 도쿄회의 자료집』 (도쿄, 일본: 평화통일을 위한 7개 교단 선교협의회, 1996년 9월1일), 103-7.

54) 위의 책, 97-99.

시작했다. 후에 복음주의 지도자들이 연합하여 북한 지도자들과 조선기독교도연맹의 지도자들을 외국에서 여러 차례 만났다. 이런 회의에서 남북한 기독교 지도자들이 함께 성찬식을 거행하였고, 그들이 그리스도 안에서 한 몸인 것을 확인하였다. 그들은 또한 통일문제를 논의하였고 미래의 민족통일을 위한 협력을 다짐했다. 남한 기독교 학자들과 북한 주체사상가들은 서로 대화를 하기도 했고, 기독교사상 안에서 특히 민중신학과 주체사상 사이의 공통점을 찾아 상호이해를 증진시키려고 하였다.[55)]

4. 남북한 교회의 직접 교류

문민정부가 들어서기 직전, 1988년 당시 평민당 서경원 의원이 정부의 허락을 받지 않고 평양을 방문하여 김일성과 면담을 하고 와서 국가보안법 위반혐의로 구속되었다. 곧 이어 1989년 2월 25일 재야지도자였던 문익환 목사의 방북은 남한사회에 큰 충격을 주었다. 계속하여 동년 6월 30일 전대협 회장 임수경의 소위 평양축전이라 부르는 제13차 세계청년학생축전에 참석하기 위해 평양에 간 일은 남한사회 내의 혼란을 가중시켰다. 그런 가운데 정의구현사제단은 문규현 신부를 북한에 파견하여 임수경과 동행하도록 하였고, 마침내 이들은 판문점을 통하여 귀환하게 되었다. 문익한 목사와 문규현 신부의 방북은 북한사회에서 기독교의 위상을 크게 높여준 계기로 작용하였다.[56)]

반면에 정주영 전 현대그룹 회장이 1989년 초 고향방문으로 북한에 갔고, 그 후 1998년 6월 16일 소 500마리를 10월 27일에는 소 501마리를 가

55) 남한에서 통일 신학 동지회가 1988년 12월 한국교회협의회에 의해 형성되었다. 그 달에는 주체사상을 다룬 회의가 개최되었다. 그런 회의가 개최된 것은 그 때가 처음이었다. 그 때부터 주체사상에 관련된 일부 출판물들이 남한에서 출판되었다. 남한에서의 대부분의 출판물들과는 대조적으로 이 출판물들은 기독교와 막스주의 사이의 대화에 대한 것으로, 반공의 관점에서 쓰여진 것이었다. 홍성현, "주체사상과 기독교 사상" 『통일과 민족교회의 신학』, 통일신학 동지회 엮음, (서울: 한울, 1990), 233.

56) 한국기독교역사연구소, 『북한교회사』, 502.

져갔다. 이 과정에서 금강산 관광사업에 관한 합의를 얻어 1998년 11월 18일에 첫 금강산 관광을 위한 배가 출발하였다. 그의 경우 남북경제 협력의 물고를 텃다는 평가를 받았다.

교계에서는 1991년 9월 24일 곽선희 목사가 개인자격으로 정부의 허락을 받아 방북을 하였다. 1992년 1월 13일 한국기독교교회협의회 총무인 권호경 목사가 총무 자격으로 북한을 방문하여 김일성과 면담을 하기도 하였다. 이후 1996년 9월 한국기독교교회협의회 총무가 조선기독교도연맹의 초청으로 북한을 방문하였고, 2000년 5월 한국기독교교회협의회 대표단 6명이 북한을 방문했으며 동년 6월 민족통일선교협회 임원 4명이 북한을 방문하기도 했다.[57] 1990년대 후반부터 교단 또는 기독교 단체 차원의 방문이 늘어났다.

1992년 8월 15일-16일 서울에서 개최된 8 · 15 민족통일대회에 조선기독교도연맹 위원장 자격으로 강영섭목사가 처음으로 남한을 방문하였다.[58] 2003년 1일-3일 서울에서 북한의 개신교, 천주교, 불교, 천도교 등 4대 종교와 사회 · 직능단체 대표 등 105명이 남쪽의 7대 종교와 민족화해협력범국민협의회(민화협), 통일연대 관계자 300명과 함께 "평화와 통일을 위한 3 · 1 민족대회"를 가졌다. 2일에는 봉은사, 소망교회, 명동대성당, 천도교중앙대교당에서 각 종교별 행사를 가졌다. 남한을 방문한 북한의 종교인들이 모임에서마다 계속된 정치발언으로 물의를 일으키기도 하였다.[59]

문민정부 시절 당시 김영삼 대통령이 획기적으로 북한에 정상회담을 제안하였으나 김일성의 사망으로 성사되지 못했다. 국민의 정부 시절 당시 김대중 대통령이 2000년 6월 북한을 방문하여 김정일과 정상회담을 하여 6 ·

---

57) 홍성현, "한국교회의 평화통일 운동," 『평화와 통일신학 1』 평화와 통일신학 연구소 편 (서울: 한들출판사, 2002), 78-80.

58) 강영섭 목사는 기독교연맹을 만든 강양욱 목사의 아들이다.

59) 『조선일보』 2003년 3월 3일.

15 공동선언이 도출되었다. 참여정부 시절 노무현 대통령은 임기 말인 2007년 10월 2일 북한을 방문하여 김정일과 정상회담을 하였다. 이처럼 남북정상 회담이 하나의 행사처럼 되어버렸다. 이것은 이념의 대립이나 체제의 차이를 넘어 한반도의 평화를 위해 남북정상이 만나는 것이 그리 어렵지만은 않다는 것을 단면적으로 보여주었다.

1990년대에 들어와 발생한 남한사회의 정치적 변화는 북한 기독교인과의 교류에도 변화를 가져왔다. 남한에 군사정부가 막을 내리고 문민정부가 시작되면서 민주화가 실현되었고 통일논의가 개방되었다. 국민의 정부 때부터는 북한과의 교류가 더욱 활성화되어 북한 교회 지도자들과 회의를 하기 위해 굳이 외국에 나갈 필요가 없게 되었다. 정부의 허락 아래 북한을 직접 방문하는 일이 가능해졌다.[60] 아울러 북한교회 지도자를 남한에 초청할 수도 있게 되었다.

한 가지 아쉬운 것은 이때 이후로 교회보다는 오히려 정부의 통일정책이 앞서고 있다는 점이다. 그래서 남한교회의 통일운동이 남한 정부의 정책에 영향을 주지 못하고 오히려 교회가 정부 정책에 따라 움직이는 현상이 생겼다. 그러다 보니 한국기독교교회협의회 중심의 통일운동이 구심점을 잃었고, 민간차원의 통일운동이 상대적으로 위축되었다. 이에 대한 반작용으로 남한교회의 통일운동이 구제사업 또는 인도주의적 차원으로 방향을 전환하게 되었다. 아울러 한국기독교총연합을 중심으로 한 보수적인 교회의 통일운동 참여가 표면화되었다.[61]

---

60) 종교분야에 있어서 1989년 이후 2003년 2월까지 397명의 직접적인 방북이 이루어졌다. 이 기간 동안 북한 종교인 10명의 남한 방문이 이루어졌다. 통일부 교류협력국, 『남북교류협력 및 인도적사업 동향』 제140호 (통일부, 2003, 2); 배성인, 윤홍석, "김대중 정부의 남북 사회문화 교류협력: 평가와 과제," 『극동문제』 제291호 (2003년 5월): 16-17.

61) 조은식, "남한교회의 통일운동 연구: 해방이후부터 문민정부까지," 『선교와 신학』 제15집 (2005): 34, 37-38.

5. 교류를 위한 제언

남북한 교회와 교회 지도자의 교류는 통일이 되는 그 날까지 계속되어야 한다. 중요한 것은 교류가 형식적이거나 행사중심이 아니라 실질적인 그리고 생산적인 교류가 되어야 한다. 추상적이고 감상적인 자세의 교류는 지양하고, 구체적이며 미래지향적인 교류를 지향해야 한다.

이것을 위해 독일을 비롯해 분단되었다가 통일을 이룬 나라들의 교회가 어떤 노력과 역할을 했는지에 대한 조사와 연구가 있어야 한다. 그리하여 한국 분단현실에 적용될 수 있는 면들을 찾아 실행하도록 해야 한다. 예를 들어 서독의 경우, 먼저 동독 기독교인들에 대해 형제의식을 가졌다. 이것은 동질성 회복과 연합을 위해 매우 중요한 마음가짐이다. 그리고 그리스도 안에서 교회는 하나(eins in Christus)라는 슬로건을 가지고 동독 교회를 지원하였다. 서독교회는 또한 정치범들의 석방, 이산가족의 상봉, 그 외의 인도주의적인 일들을 위해 노력하였다.[62] 이러한 노력들이 독일의 통일을 가져오는 밑바탕이 되었던 것이다.

한국 전쟁을 경험한 세대가 노령화되면서 그 수가 줄어들고 있다. 그들을 위해 이산가족 상봉은 계속되어야 한다. 정책적으로, 선별적으로, 일회성으로 이루어지는 가족상봉보다 많은 사람들이 이산가족을 만날 수 있게 배려하는 정부차원의 노력이 필요하다. 아울러 고향방문을 할 수 있게 배려하는 노력도 필요하다. 이산가족상봉과 고향방문을 통한 교류는 전쟁 세대의 분단에 대한 울분과 한을 푸는데 중요한 역할을 할 뿐 아니라 남북교류의 중요한 부분임을 인식해야 한다.

금강산 관광이나 개성 관광은 제한된 지역 안에서의 관광에 불과하다. 관광이나 개인차원의 방문에는 방문 지역이나 교류 범위에 있어 제한된 요소

62) 윤영관, "통일의 정치경제학: 독일, 한국, 그리고 교회," 『민족통일을 준비하는 그리스도인』 (서울: 두란노, 1994), 175.

들이 많이 있다. 그러나 교단이나 기독교 NGO 방문의 경우, 이런 제한을 완화하여 여러 지역을 방문하고 주민들과 교류할 수 있도록 개선하는 방안을 요청할 필요가 있다.

교단차원의 교류에 있어 업적위주의 방문보다는 분명한 아젠다를 가지고 계획적인 교류를 추진하는 일이 필요하다. 그러기 위해 무분별한 방문은 자제하고 지키지 못할 약속을 남발하는 일이 없도록 주의해야 한다. 무엇보다 일관성 있는 정책과 원칙을 가지고 접근하는 것이 필요하다. 아울러 북한 기독교 지도자들과 지속적인 관계를 유지하도록 하여야 한다.

그 동안 남북교류는 주로 남한사람이 북한을 방문하는 일방향성의 형태였고, 북한주민의 남한 방문은 한정되었었다.[63] 그러나 앞으로는 남한교회 지도자들의 북한 방문뿐만이 아니라, 북한교회 지도자들의 남한 방문을 적극 추진하는 것도 필요하다고 본다. 단순한 초청의 수준을 넘어 남한의 다양한 모습을 경험하도록 계획해야 한다. 아울러 남북한 교회 지도자가 자주 만나 교류를 하며 서로 신뢰를 쌓아가도록 해야 할 것이다.

끝으로 인도주의적 차원에서의 지원은 계속되어야 한다.[64] 남한의 기독교인들이 북한주민들에게 규칙적으로 원조하는 물질적 지원을 통해서 남북교류가 활성화될 수 있다. 그동안 쌀, 밀가루, 옥수수, 비료, 사료, 젖소, 의약품 등을 제공하고 있고, 국수공장을 가동 운영하고 있다.[65] 북한의 식량사

63) 이것은 북한주민이 남한사회를 보고 받을 충격과 사상적 해이 때문에 북한당국이 북한주민의 남한 방문을 기피해 왔다는 지적이다. 배성인, 윤홍석, "김대중 정부의 남북 사회문화 교류협력: 평가와 과제," 23.

64) 기독교의 각 교단을 비롯하여, 한민족복지재단, 젖염소보내기운동, 기아대책, 국제옥수수재단, 월드비전, 등대복지회, 유진벨 등 여러 NGO들이 다각도로 북한을 돕고 있다.

65) 인도주의적 차원의 지원에 대한 문제는 지원한 물품이 제대로 배급이 되었는지에 대한 결과를 얻기가 어렵다는 점이다. 북한정부와의 관계에 있어, 그저 공급만 해주고 제대로 배분이 되었는지를 모니터링 하지 못했다. 이런 실책이 "퍼주기" 의혹을 받기도 하고, 식량이 군부대에 배급되었다는 비판을 받기도 하였던 것이다. 외국 NGO의 경우 물품 공급과 배분까지를 모니터링하여 결과 보고를 한다. 이런 점을 참고하여 지원체계를 개선해야 할 것이다.

정과 생활수준이 나아지도록 이웃사랑의 마음으로 계속적인 지원을 해야 할 것이다.

나가는 말

남북이 분단된 지 60년이 지난 오늘 우리는 민족의 동질성보다 차이점을 많이 발견하게 된다. 아무리 한반도에서 살고 있다 해도 서로 다른 정치, 경제, 사회, 문화 속에 살면서 너무나 많은 부분이 달라져 버렸다. 이런 현실에서 통일이라는 과제는 제도의 통일만을 의미하는 것이 아님이 자명하다. 진정한 통일은 민족이 화해와 일치를 이루는 통일이다. 그러기 위해 상호교류를 통해 차이를 줄이고 공통점을 늘리도록 해야 할 것이다.

남한과 북한의 관계가 아직도 적대관계이긴 하지만 과거에 비해 상당히 긍정적인 방향으로 변화되었다. 남한교회와 북한교회가 서로를 바라보는 시각도 의심과 불신에서 벗어나 화해와 협력을 위해 진일보하였다. 여기에는 정부차원의 정상회담도 큰 역할을 했지만, 교회차원의 교류도 큰 역할을 했음은 사실이다. 예를 들어, 문익환 목사의 경우 실정법을 어기면서까지 방북을 했다는 비판이 있고, 그의 방북에 대한 평가에 있어 아직도 다소 찬반의 논란이 있는 것이 사실이지만, 북한사람들의 남한교회와 목사에 대한 인식 변화에 상당한 기여를 한 것 또한 부인할 수 없는 사실로 받아들여지고 있다. 남북교회는 지속적인 교류를 통해 서로의 신뢰를 구축해야 할 것이다.

과거에는 진보적인 교회가 북한과의 대화에 앞장섰다. 그러나 지금은 보수적인 교회도 북한을 방문하며 교류의 폭을 넓히고 있다. 이제는 남한교회가 협력하여 통일을 위한 노력에 동참해야 할 것이다. 남한교회가 응집된 힘을 가지고 북한교회와 실질적인 교류를 할 때 민족의 화해와 단합과 통일에 기여할 수 있을 것이다.

▶ **주제어** : 남북교회, 남북교류, 세계교회협의회, 한국기독교교회협의회, 조선기독교도연맹

참고 문헌

National Council of the Churches of Christ in the U.S.A., International Affairs Commission. *Peace and the Reunification of Korea*. New York: International Affairs Commission of the National Council of Churches of Christ in the U.S.A., 1986.

Ruether, Rosemary Radford. *The Radical Kingdom: The Western Experience of Messianic Hope*. New York: Harper & Row, 1970.

김흥수, 류대영. 『북한 종교의 새로운 이해』 서울: 다산글방, 2002.

고태우. 『북한의 종교』 서울: 통일연수원, 1993

박종화. 『평화신학과 에큐메니칼 운동』 서울: 한국 신학 연구소, 1991.

이삼열. 『기독교와 사회이념』 서울: 한국신학연구소, 1986.

한국기독교역사연구소. 『북한교회사』 서울: 한국기독교 역사연구소, 1996.

홍성현. 『막스주의자들의 종교비판』 서울: 제3세계 신학출판사, 1988.

『제5차 조국의 평화통일과 선교에 관한 기독자 도쿄회의 자료집』 도쿄, 일본: 평화통일을 위한 7개 교단 선교협의회, 1996년 9월 1일.

통일부 교류협력국. 『남북교류협력 및 인도적사업 동향』 제140호. 통일부, 2003. 2.

김석주. "교회도 하나 나라도 하나," 『북한교회의 목사들은 무엇을 어떻게 설교할까?』 서울: 형성사, 1990, 7-26.

박명철. "독일통일 이후 동서독교회의 체제개편," 『민족과 신학 2』 (1994년 6월): 96-107.

박승덕. "주체사상의 종교관,"『기독교와 주체사상』서울: 신앙과 지성사, 1993, 182-94.

______. "기독교에 대하는 주체사상의 새로운 관점,"『기독교와 주체사상』서울: 신앙과 지성사, 1993, 80-86.

박종화. "민간차원의 통일운동과 그 과제,"『한반도 통일운동의 과제와 그 방향: 통일 운동의 대중화를 위하여』성균관대학교 사회과학 연구소 편. 서울: 인간사랑, 1991, 179-203.

배성인, 윤홍석. "김대중 정부의 남북 사회문화 교류협력: 평가와 과제,"『극동문제』제291호 (2003년 5월): 14-36.

윤영관. "통일의 정치경제학: 독일, 한국, 그리고 교회,"『민족통일을 준비하는 그리스도인』서울: 두란노, 1994, 161-77.

이만열. "한국 기독교 통일 운동의 전개과정,"『민족통일을 준비하는 그리스도인』서울: 두란노서원, 1994, 13-71.

조은식. "남북 교회 교류를 통한 통일선교 과제,"『장신논단』21 (2004): 331-354.

______. "남한교회의 통일운동 연구: 해방이후부터 문민정부까지,"『선교와 신학』제15집 (2005): 13-40.

허문영. "기독교 통일운동,"『민족통일과 한국기독교』서울: 한국 IVP, 1994, 123-51.

홍성현. "주체사상과 기독교 사상"『통일과 민족교회의 신학』통일신학 동지회 엮음, 서울: 한울, 1990, 233-41.

______. "한국교회의 평화통일 운동,"『평화와 통일신학 1』평화와 통일신학 연구소 편. 서울: 한들출판사, 2002, 62-82.

한국기독교교회협의회. "민족 통일을 위한 교회의 노력,"『교회와 세계』1992년 7-8월호: 19-25.

『조선일보』2003년 3월 3일.

ABSTRACT

Interchange Between the North and South Korean Christians toward Reunification

Although Christians and Marxists have had antagonistic relations, there have been some attempts at dialogue between Christianity and Marxism in the West. In the United States some clergy have been interested in Marxism and studied it for purpose of dialogue. Dialogue between Christians and Marxists was inspired between World Wars I and II by the Depression and concern over the rise of Fascism.

In Korea there has been strong anti-communism in the South, while there has been strong anti-religious policy in the North. The Korean War of 1950-1953 hardened these divisions. Under this situation, there were no early dialogues between Christians and Marxists in South Korea. Anyone who proposed a dialogue with Marxists or communists, was regarded as pro-communist. They were declared to be anti-government and against the National Security Law. The South Korean government suppressed every attempt of dialogue. The result that there was no public dialogue between Christians and Marxists, reflected the Cold War mindset in South Korea.

Nevertheless, there have been some attempts overseas of meetings for dialogue between North Koreans and overseas Korean Christians-Dialogue between North Korean, Overseas Koreans and Christians for

Unification of the Fatherland(1981, 1982, 1984, 1988, 1990, 1991). Second, the WCC or other Christian bodies in foreign counties sponsored Christian Conferences with the North and South Korean Christians. Third, North and South Korean Christians directly met each other in foreign countries(Glion conference, 1986, 1988, 1990, (1995), Tokyo conference, 1990, 1991, 1992, 1994, 1996).

Since the 1990s there have been many visits to North Korea under the government's permission. Particularly, many South Korean Christian ministers have personally visited North Korea, and they can invite North Korean church leaders to South Korea. The chair of the Chosun Christians Federation for the first time visited the South in 2002.

There are pros and cons to interchange between South Korean Christians and North Korean church leaders, much of which is related to prevailing anti-communist attitudes in the South. However, interchange may be a tool for reconciliation between the North and South and a means by which to prepare for reunification. It may help to build trust each other and contribute to the unity of the nation.

▶ **Key Words :** North and South Korean Churches, Interchange between the North and South, World Council of Churches, National Council of the Churches of Christ in Korea, Chosun Christians Federation

청년목회의 문화적 접근

문제 제기

다원화된 문화 속에서 현재 한국교회는 젊은이들의 문화적 욕구를 충족시켜주지 못하고 있다. 어린이들의 경우, 과거에는 놀 것이 없고 프로그램이 없어서 교회로 모이던 때가 있었다. 그나마 교회에 가면 재미있는 이야기도 들려주고, 가끔 인형극도 보여주며, 여름에는 여름성경학교를 통해 간식도 먹으며 많은 것을 배울 수 있었다. 그러나 언제부터인지 생활형편이 나아지면서 가난한 이웃을 돕자는 이야기는 "성냥팔이 소녀"의 이야기처럼 동화에나 나오는 이야기로 치부하는 어린이들이 생기기 시작했다. 그러더니 케이블 텔레비전이 등장하며 다양한 만화영화와 프로그램은 교회로부터 이들을 멀어지게 만들었다. 정부차원의 컴퓨터 다량보급은 많은 부작용을 야기하며 어린이들의 컴퓨터 게임 중독이라는 새로운 병을 만들어 냈다. 이제 어린이들은 성경 이야기에는 더 이상 흥미가 없고, 융판을 통한 시청각교육도 한물갔다. 어린이들은 교회의 문화보다 이미 앞서 있었던 것이다.

중 · 고등부 학생들도 마찬가지다. 그래도 과거에는 입시생들이라 해도 주일에는 예배에 참석하고, 입시 때는 교회에 와서 기도하는 학생들이 많았다. 심지어 주일에 체육대회를 개최하는 중 · 고등학교 학생들 가운데 교회에 다니는 학생들은 아침에 학교에 가서 출석을 부르고는 교회에 와서 예배에 참석한 후 다시 학교로 가는 경우도 많았다. 여름에는 텐트를 짊어지고 수련회를 가기도 했다. 그런데 요즘은 어떤가. 강가나 바닷가에 가서 텐트를 치며 지내기보다, 생활하기 편리한 수양관이나 숙식 시설이 잘되어 있는 곳으로 가지 않으면 갈 생각을 안하는 시대가 되었다. 그뿐인가. 중학교만 가도 어머니들의 치마 바람에 중학생들이 과외다 학원이다 하면서 주일에 교회를 빠지는 일이 많다. 고등학생만 되면 아예 교회는 대학교 진학 후 가도 되는 것으로 부모의 무언의 동조 아래 장기 방학에 돌입하게 된다. 더구나 인터넷 중독에 걸린 청소년들이 증가한다는 보고가 있지만 교회는 여기에 대한 관심이 없는 듯하다.

초등학생들과 중 · 고등학생들의 상황이 이렇다면 대학생을 포함한 청년들의 상황도 별로 다를 것이 없다. 고등학교를 졸업하고 대학생이 되던 취업을 하던 청년들은 사회문제에 관심을 갖게 되고 비판력이 왕성해진다. 이들이 교회를 바라볼 때 교회는 아직도 시대에 뒤떨어진 답답한 곳으로 생각하는 경향이 있다. 그것은 교회가 사회를 선도하는 것이 아니라 사회를 따라가지도 못하기 때문이다.[1] 1970년대와 1980년대를 거쳐 문화 외곽지대에서 방황하던 10대들이 2000년대에 문화의 중심으로 진입하고 있다. 그러나 교회는 속수무책이다. 그들에 대해 무관심했기 때문에 대책이 없는 것이다.[2] 이것이 현재 한국교회가 처한 문화 상황이다. 이 짧은 논고에서는 청년목회의 문화적 접근에 대하여 고찰할 것이다. 이것을 위하여 현대 청년들의 성향을 분석하고 청년목회를 위한 문화선교에 대하여 살펴볼 것이다.

시대적 문화 동향

『동아일보』 2005년 8월 10일자에 1945년부터 2005년까지 우리나라의

---

1) 청년들이 교회를 떠나는 이유와 청년목회 현장에 대하여는 필자의 "청년목회 현장의 상처와 치유" 『기독교문화연구』 제2집 (2005년 12월): 119-140을 참조하라.

2) 홍준철, "디지털 시대의 청소년 문화" 『기독교사상』 제497호 (2000년 5월), 20.

일반적 문화흐름에 대한 기사가 있었다. 내용이 좀 길기는 하지만 정리해 보면 다음과 같다.[3)]

1940년대는 일본제국주의 통치가 종식되어 억압의 족쇄는 풀렸으나 연약한 다리로 일어서기에는 아직 힘이 부친 시대였다. 박시춘 작곡의 '신라의 달밤' 을 가수 현인이 불러 대히트를 했다. 1940년부터 1950년대 초까지는 무성영화의 전성시대로 윤대룡 감독의 '검사와 여선생' 이 인기를 얻었다. 김순남의 '해방의 노래' 가 그 시대의 모습을 보여주는 시라 하겠다.

1950년대는 전쟁과 궁핍, 실향과 탈향, 이산의 아픔 속에서 삶을 이어나가는 시대였다. 이런 아픔과 그리움을 표현한 것이 한정무의 '꿈에 본 내 고향' 이다. 손창섭의 단편소설 '잉여인간' 이 전후사회의 각박함과 물신화를 고발했다. 문인과 예술가들은 명동의 다방과 살롱에 모이기 시작했다.

1960년대는 푸른 하늘의 노고지리처럼 자유를 맛보았으나 스산한 시절이었다. 김수영의 '사랑의 변주곡' 이 그런 모습을 나타낸다. 작가 김승옥이 그린 '서울 1964년 겨울' 은 그 시대의 우울한 모습의 초상이라 할 수 있다. 이 시대의 음률이라고 할 수 있는 색소폰 연주에 나직하게 깔리는 보컬이 그 시대를 풍미하였다. 이봉조와 현미의 전성기가 시작되었던 것이다.

1970년대는 유신의 억압 속에서 성장의 과실도 맛본 시대였다. 이때 청년문화는 더 풍성해졌다. 최인호 원작의 소설을 이장호 감독이 1974년 제작한 '별들의 고향' 과 '영자의 전성시대' 가 그 시대의 대표작이다. 아울러 조세희의 '난장이가 쏘아 올린 작은 공' 은 산업화의 그늘에 대한 관심을 증폭시켰다. 이장희의 '한잔의 추억' 이 젊은이들의 설움을 표현했다면, 산울림의 '아니 벌써' 는 유신 말기의 삼엄하던 사회 분위기를 느긋하게 하였다.

1980년대는 거리로 나서려는 자와 막으려는 자의 대결이 있던 시대였고, 주류와 항거의 문화가 엮인 시대였다. 최승호의 '대설주의보' 가 그 시대의

3) 아래는 『동아일보』 2005년 8월 10일자의 내용을 요약하여 정리한 것.

어두움을 표현하였다. 분단문학의 대표작인 조정래의 '태백산맥'은 분단 현실에 대하여 조명하였다. 조지 오웰의 '암울한 감시 사회'로 예견되었던 1984년을 맞이해 백남준의 비디오 아트 작품 '굿모닝 미스터 오웰'이 국민의 관심의 대상이 되었다.

1990년대는 육체는 해방되었고 담론은 물러섰으며 한국인은 자신을 성찰하기 시작한 개인 발견의 시대였다. 연세대 마광수 교수가 소설 '즐거운 사라'의 음란성을 이유로 1992년 구속되었다. 소설가 장정일은 '내게 거짓말을 해봐'로 1997년 불구속 기소됐다. 기존의 가치관과 새로운 가치관이 충돌하고, 표현의 자유가 정치적 영역을 넘어서기 시작한 시대였다. 서태지의 '난 알아요'가 청소년들의 호응을 얻어 랩의 시대를 열었다. 가요계는 노래보다 춤 중심으로 방향전환을 하게 되었다. 이 시대에 노래방, PC방, 전화방, 휴게방 등 각종 방이 생기기 시작했다.

2000년대는 개인이라는 세계가 확장되면서 취향과 감성의 발달로 요약되는 시대이다. 1999년 탤런트 전지현이 모 기업 광고에서 보여준 섹시 댄스와 계속되는 광고에서 모델로 보여준 섹시함이 젊은이들을 열광하게 만들었다. 2002년 이효리가 '10 minutes'를 통해 허리춤을 유행시키면서 춤 문화가 남성 중심에서 여성 중심으로 넘어갔다. 광고 모델로 등장한 이효리는 전지현과 더불어 관능적인 모습으로 젊은이들을 매료시켰다.[4] 아울러 사이버 세상에서 댓글을 달고 남의 것을 퍼오는 시대가 되었다.

2005년 2월 1일 국회 미래전략특위의 '2010 대한민국 트렌드' 주제발표에서 LG경제연구소 박래정 연구원은 2010년의 트렌드를 열 가지로 요약했다.

(1) 저성장시대가 열린다. 저성장은 고용의 질을 악화시켜 소득 양극화를 심화시키고, 사회 전체적으로 위험을 기피하는 경향이 두드러지게 된다.

4) 『동아일보』 2005년 8월 13일.

(2) 내국인 국내 자산의 월경(越境) 현상이 빈번해질 것이다.
(3) 중국이 부상한다.
(4) '나 자신' 이 중요해진다.
(5) 이성보다 감성이다.
(6) 퓨전의 시대가 온다.
(7) 시간의 가치가 무한대로 커진다.
(8) 고령화와 함께 50대 이상의 사회적 파워가 커진다.
(9) 디지털 네이티브(디지털 언어와 장비를 자유자재로 구사하는 사람)가 늘어나 언어, 생활습관에도 큰 변화를 가져온다.
(10) 장소 시간 제약으로부터 자유로운 유비티즌(어디에나 존재한다는 라틴어 유비쿼터스와 시민을 뜻하는 시티즌과의 합성어)의 시대가 열린다.[5)]

이 모든 것이 우리 삶의 문제다. 다시 말해 우리의 문화와 관계되어 있다. 간략하게 살펴보면, 참여정부가 들어선 이후 성장과 분배의 문제가 정치권에서 불거져 나왔다. 그러면서 성장이 우선인가 분배가 우선인가 하는 문제로 논쟁을 하는 동안, 시민들의 삶은 소득의 양극화가 심화되었다. 가진 자는 착취자로, 못가진 자는 착취당하는 자로 양극화되면서 노사갈등이 지속되고 있다. 그러다보니 경제성장이 저조하다. 이런 상황에서 인건비는 올라가고 투자자는 외국으로 공장이전을 검토내지는 실행하고 있는 형편이다.

서구중심의 정치 · 경제 흐름이 중국 중심으로 바뀌고 있다. 중국의 인구가 소비자로 인식되고, 중국에서는 저가의 짝퉁이 다량으로 생산되고 있다. 요즘에는 중국제가 아닌 것이 없을 정도로 중국의 영향력이 확대되고 있다.

환경의 진보, 음식물의 변화, 의학기술의 발전 등에 따른 평균 수명 연장으로 노령화에 가속이 붙어 연금 수혜자가 늘어나면서 '많이 내고 적게 받

---

5) 「조선일보」 2005년 2월 2일.

자' 는 국민연금 캠페인이 나올 정도가 되었다. 아마 앞으로는 정년이 없어질지도 모른다는 말도 나온다. 이것이 우리가 처한 현실이다.

이 외의 항목들은 젊은이들의 문화에 관련된 것들이다. 예를 들어 나 자신이 중요해진다는 것은 '나 홀로' 를 좋아하고 자기중심적인 사고와 개인의 가치와 이익을 중요시하는 개인주의화 된 젊은 세대의 모습이다. 이성보다 감성이라는 것은 요즘 젊은 세대의 성향을 나타낸다. 퓨전의 시대라는 것도 단일한 것이 아닌 융합적인 모습을 나타낸다. 디지털 네이티브도 요즘 세대를 디지털 세대라 부르는 것과 관계가 있다. 유비티즌의 경우도 마찬가지다. 어디에 구속되는 것을 싫어하고 자유롭고 싶어 하는 현대 젊은이의 경향을 뜻한다. 이처럼 현대 문화를 논 할 때 젊은이들의 문화를 제외하고는 문화를 논할 수 없음을 알 수 있다.

현대 젊은이들의 성향

위에서도 간단하게 언급을 했지만, 요즘 청년들 소위 신세대의 일반적인 특성 몇 가지를 살펴보면 다음과 같다.[6] 첫째, 그들은 개인적인 성향을 갖고 있다. 과거의 청년 문화는 "함께 모여서"였다. 그들은 자주 만나서 대화를 하고 고민을 나누는 생활을 했다. 그러나 요즘의 청년들은 "나 홀로"를 좋아한다. 혼자 컴퓨터를 하고 홀로 있는 것을 즐긴다. 이러한 현상은 자기중심적인 사고와 개인의 이익을 중시하는 철저한 개인주의로 나타난다. 1970년대와 1980년대는 민주화라는 사회적 이슈가 있었다. 그러나 문민정부가 들어선 1990년대 이후 청년들은 뚜렷한 이데올로기가 없는 정신적 공백상태

---

6) 이성희는 신세대의 특징을 다섯 가지로 설명한다. 첫째는 개인적이다. 둘째는 흥미본위이다. 셋째는 자연스러움을 좋아한다. 넷째는 성별구분이 모호하다. 다섯째는 자기사랑이다. 『디지털 목회 리더쉽』 (서울: 규장출판사, 2000), 93-96.

를 경험하는 한편 포스트모더니즘 사조와 더불어 점차 개인주의화 되어갔다. 또한 익명성을 보장하는 인터넷 문화는 이들의 개인주의 사고에 더욱 불을 붙였다고 볼 수 있다. 이들은 개인의 가치를 중요시하고, 공동체의 이익을 위하여 개인의 가치가 무시당해서는 안 된다고 생각한다. 따라서 공공의 선보다는 개인의 이익을 중요하게 여긴다.

두 번째, 그들은 감성적인 태도를 갖는다. 모던사회의 이성중심문화가 퇴보하고 포스트모던의 느낌이 주를 이루는 영상문화가 지배하는 감각시대가 되었다. 그들은 사고하는 것보다 느낌을 통해 행동하는 세대다. 또한 이 감각시대는 우리 사회를 빠른 속도로 변화시키고 있다. 빛의 속도로 전파되는 사이버 공간을 통해 그들의 사고와 주장이 순식간에 사회 전체로 확산되고 있다. 1990년대 이후 등장한 신세대가 인터넷이란 공간을 통해 그들의 세력을 기성세대에게 보여주었다. 우리는 이것을 월드컵 축구 경기때 빨간 셔츠를 입고 응원하던 붉은 악마의 모습과, 여중생 둘이 미군 장갑차에 치여 죽은 사건 이후 발생한 촛불시위와,[7] 인터넷을 통해 전국의 젊은이들에게 선거에 참여하도록 독려하여 노무현 정권을 탄생시킨 예를 통해 보았다.[8]

세 번째, 그들은 변화에 민감하다. 필자가 어렸을 때 집에 영어 잡지가 있었다. 그 잡지에 만화가 있었는데, 그 첫째 내용은 젊은 청년이 히피 모습을 하고 비틀즈의 음악을 들으며 즐기는 장면이었다. 그 다음 장면에 부모가 똑같은 비틀즈의 음악을 들으니까, 그 청년은 레코드판을 쓰레기통에 버리며 비틀즈의 음악은 이미 구식이 되었다고 선언하는 것이다. 이 만화가 시사하는 것이 무엇인가? 신세대 젊은이들이 따라하는 유행이라는 것을 기성세대

---

7) 2002년 6월에 발생한 사건인데 6개월 후 공론화 되어 12월에 반미시위로 확산되었다.

8) 2002년 대통령 선거에서 12월 19일 오전 11시 출구조사 결과 젊은 층에게 인기가 있었던 노무현 후보가 뒤지고 있자 그의 지지자들이 온라인을 통해 80만 명에게 이 사실을 알리고 지지를 촉구해 젊은 층이 대거 투표장에 몰려 오후 2시 노무현 후보가 선두로 올라서는 현상이 생겼다. 이런 사실이 2003년 7월 21일자 미국의 경제 전문 격주간지인 포브스에 '한국의 이상한 인터넷 세상(Korea's Weird Wired World)' 이라는 제목으로 기사화되기도 했다. 『조선일보』 2003년 7월 16일.

가 좋아하게 되면 그것은 유행이 이미 지난 것이라는 의미이다. 사실 역사를 볼 때 그런 일이 많이 있다.

미국의 예를 들어 볼 때, 예전에는 검은 양복에 중절모를 쓰고 지팡이를 들고 다녀야 젠틀맨(gentleman)이라고 부르는 때가 있었다. 아마 여러분들도 옛 영화나 사진 등을 통해 그런 모습을 본 적이 있을 것이다. 그런 정장 모습에 대한 반발로 나타난 것이 바로 청바지 문화이고 히피 문화이다. 청바지를 입고 머리를 길게 기르고 아무렇게나 행동을 하며 자유롭게 살자는 것이다.

우리나라에도 장발이 유행한 적이 있었다. 그 당시 젊은이들은 모두 머리를 장발로 길렀다. 그래서 정부 차원에서 단속을 한다고 경찰들이 가위를 들고 장발 단속을 했던 때가 있었다. 그러다가 이번에는 기성세대마저 머리를 기르니까 장발 문화라는 것이 사라져 버렸다. 왜 그런가? 기성세대가 한다는 것은 그만큼 시대에 뒤떨어졌다고 생각하기 때문이다. 그러다보니 이제는 머리에 빨주노초파남보 무지개 색깔로 염색을 하고 머리를 고슴도치처럼 삐죽하게 하는 것이 유행이다. 아마 기성세대도 이렇게 컬러풀하게 염색을 하고 머리를 삐죽하게 만든다면 이 유행도 곧 사라질 것이다.

여성 문화도 마찬가지다. 한때 미니스커트가 유행한 적이 있었다. 그 때 경찰들은 30센티 자를 갖고 다니며 무릎과 치마 사이의 길이를 재 길이가 짧으면 경범죄로 처리를 하곤 했다. 그러나 어느 날 미니스커트는 사라지고 미디스커트라는 것이 나왔다. 짧은 치마와 긴 치마라는 유행이 세월이 갈수록 반복되는 현상을 볼 수 있다.

또 기성세대가 정장을 하며 옷을 단정히 입으면 신세대는 옷을 벗으며 몸의 노출을 많이 하는 것을 보게 된다. 이것은 무엇을 말해 주는가? 신세대는 기성세대와 다르다는 것을 표현하는 것이다. 어떻게 보면 신세대의 문화는 기성세대에 대한 저항이고 그것은 반기성세대 문화라고 할 수 있다. 따라서 만일 기성세대가 옷을 벗으며 노출이 심한 복장을 하게 되면, 아마 신세대는 옷을 껴입는 문화를 만들지도 모른다. 이처럼 신세대는 유행에 민감하고 변

화를 좋아한다.

네 번째, 성별 구분이 모호하다. 한 때 유니섹스라는 말이 유행한 적이 있었다. 남녀의 구별이 없다는 말이다. 남자는 이발소에 여자는 미용실에 가는 것의 구분이 없어져 남자도 미용실에 가서 머리를 자르고 파마를 한다. 요즘에는 남자도 귀걸이를 한다. 예쁘다는 말은 여자에게 사용하는 표현이었다. 그런데 언제부터인지 꽃미남이라는 말이 나오게 되었다. 우락부락하고 남성미 넘치는 남자를 좋아하던 시대는 지나가고 이제는 예쁘게 생긴 남자를 좋아하는 시대가 되었다. 그러다보니 남자가 바르는 화장품이 유행이다. 단순한 로션이 아니라 여자들이 사용하는 로션처럼 색깔이 있는 로션이 나오기 시작했다. 그래서 불과 몇 년 전 텔레비전 선전에, 청년 하나가 지나가며 옆에 있는 청년을 바라보며 "어 피부가 장난이 아닌데..."라고 말한다. 그러면 상대편 청년은 "로션 하나 바꾼 것뿐이 없는데..." 하면서 웃는다. 이처럼 이제는 성별 구분이 모호해지면서 남녀를 보는 시각 자체에 변화가 오고 있다.

다섯 번째, 신세대는 사이버 세대라고 할 수 있다. 사이버 세대란 컴퓨터로 듣고 컴퓨터로 느끼고 컴퓨터로 말하는 세대를 일컫는다.[9] 과거에는 주로 편지로 소식을 전하던 시대가 있었다. 그러다가 전화가 생기면서 멀리 있는 사람과 편리하게 이야기를 주고받는 시대가 되었다. 그런데 이제는 더 편리한 시대가 되어 아무리 먼 곳에 있는 사람과도 컴퓨터를 통한 이메일로 편지를 주고받고, 신용카드 요금 청구서나 전화 요금 청구서를 받기도 한다.

---

9) 김기태는 사이버 세대의 특징을 여섯 가지로 말한다. 첫째, 실제보다는 가상을 살아가는데 더 익숙하기 때문에 실제 인간관계 및 사회관계를 통해 습득해야 할 다양한 가치 및 규범 형성에 미흡하다. 둘째, 매사를 옳고 그름보다는 좋고 싫음에 의해 판단하고 행동한다. 셋째, 무엇이든 기다리는 것보다 찾아가는 적극성을 갖고 있다. 넷째, 전통이나 민족보다 지구촌이나 세계가 더 익숙하다. 다섯째, 명예보다는 실리를 더 중히 여긴다. 여섯째, 주체적 사고와 결정을 하는데 적극적이다. 사이버 매체가 청소년에게 미치는 영향을 다섯 가지로 지적한다. 첫째, 과도한 컴퓨터 이용은 신체 건강에 영향을 미칠 수 있다. 둘째, 학습과 지각능력에 영향을 미칠 수 있다. 셋째, 독서습관에 영향을 미칠 수 있다. 넷째, 사회적 관계나 생활양식, 습관형성에도 커다란 영향력을 행사한다. 다섯째, 공격성향이 촉진될 수 있다. "사이버 세상과 오늘의 청소년" 『기독교사상』 제497호 (2000년 5월), 28-33.

시간을 정해 대화방에 들어가 서로 이야기를 나눈다. 심지어 전혀 모르는 사람과도 이야기를 나누는 채팅이란 것이 생겼다. 요즘에는 이메일보다 메신저를 통해 대화하는 것을 선호하고 있다. 또 개인 홈페이지나 블로그를 만들어 정보를 교환하기도 한다.[10)] 이들의 인터넷 이용률은 절대적 우위를 차지하고 있다.[11)] 자유자재로 컴퓨터를 사용하는 이들을 네티즌 세대라고도 부른다. 이들은 사이버 공간을 매개로 의사소통을 한다. 이들은 가상공간에서 그들의 시간을 보내고 있다.[12)]

뿐만 아니라, 현대는 휴대전화의 다량 보급으로 이젠 초등학생도 휴대전화를 들고 다니는 시대가 되었다. 휴대전화가 보편화되면서 이들에게 휴대전화는 필수품 이상이다. 휴대전화 없이는 못산다. 휴대전화로 전화 통화는 물론이고 휴대전화의 문자 메시지(SMS) 사용이 급증하고 있다. 문자 메시지를 통해 채팅도 한다. 메신저와 더불어 휴대전화를 통한 문자 메시지 발송의 증가로 오히려 이메일 사용이 줄어들고 있는 실정이다. 이것은 광고성 이메일 소위 스팸 메일이 많고 답장을 기다려야 하기 때문이다. 또 길게 문장을 써서 표현하기를 꺼려하는 신세대의 특성을 반영한 것이기도 하다. 이메일은 신속성, 편의성, 신뢰성 면에서 효율이 떨어진다는 것이다.[13)] 반면에

---

10) 싸이월드 미니홈피 또는 싸이 홈피에 중독이 되는 것을 싸이홀릭이라고 한다. 싸이월드 미니홈피에 접근하는 것을 싸이질 이라고 한다. 싸이를 하지 못할 때 업무에 지장을 받거나 손 떨림 금단현상까지 있다고 한다. 이것을 싸이패닉(심리적 공황 상태)이라고 한다. "싸이패닉" (2004년 4월 21일)

11) 한국인터넷진흥원의 "상반기 정보화실태 조사"에 따르면 2006년 6월 현재 최근 1개월 이내 인터넷을 사용한 사람의 비율이 10대의 경우 98.1%, 20대의 경우도 마찬가지로 98.1%, 30대가 91.6%, 40대가 71.0%로 6세 이상 전체 73.5%에 이른다.

12) 사이버세대가 말하는 주기도문은 다음과 같다. "하드디스크에 계시는 우리 프로그램이여, 패스워드를 거룩하게 하옵시고, 운영 체제에 임하옵시며, 명령이 모니터에서 이루어진 것과 같이 프린터에서도 이루어지게 하옵소서. 오늘날 우리에게 일용할 자료를 주옵시고, 우리가 프로그램의 에러를 용서한 것과 같이 우리의 죄도 사하여 주옵시고, 우리를 바이러스에 들게 하지 마옵시고 다만 불시의 정전에서 구하옵소서!" PC방에서 밤을 새며 온라인 게임에 몰두하는 게임세대의 정서가 이렇다. 푸른하늘청소년선교회, http://cafe.godpeople.com/btm1318

13) 『조선일보』 2004년 11월 28일.

휴대전화 문자 메시지는 이메일에 비해 간단한 문장이나 부호를 사용해 보내기가 수월하다.[14] 보낸 즉시 답장을 받을 수 있다는 장점도 있다. 뿐만 아니라, 휴대전화 게임, 휴대전화로 자판기의 음료수를 뽑아 먹기도 하고, 휴대전화로 현금서비스를 받기도 한다. 요즘은 휴대전화를 사용한 디카(디지털 카메라)가 유행이다. 이들이 휴대전화를 사용하여 문자 메시지를 보내는 광경을 본적이 있는가? 양 엄지손가락을 사용하여 얼마나 빠르게 타이핑하듯 문자를 찍어내는지 양 엄지손가락만을 사용해 의사소통을 하는데 전혀 불편함을 모르는 세대이다. 그래서 이들을 엄지 족이라고 부르기도 한다. 따라서 인터넷과 휴대전화를 빼고 이들을 말할 수 없다. 이들의 정보 활용 능력은 세계 최고 수준이다. 인터넷과 휴대전화를 자유자재로 활용하는 이들을 디지털 세대라고도 한다.

청년목회의 변화

요즘 교육계에서 많이 사용하는 말 가운데 "눈높이"라는 말이 있다.[15] 이 "눈높이"라는 말을 사용하여 표현한다면, 젊은이들의 눈높이에 맞추지 않은 목회는 미래적이지 못한 목회가 되고 만다. 문제는 교회 지도자들이 이런 점을 인식하지 못한다는 것이다. 교회 지도자들은 청년들이 겪는 고민과 방황을 감싸 안고, 그들과 대화하는 노력이 필요하다. 청년 목회의 활성화를 원하는가? 그렇다면 그들의 눈높이를 맞춰주자. 성육신의 사건이 무엇인가?

---

14) 1990년대 후반부터 인터넷 채팅과 문자 메시지가 일반화되면서 문자가 변형되기 시작하였다. 직접 얼굴을 맞대고 의사소통하지 않음으로 감정표현을 전달하기 어려워 부족한 감정표현을 부호나 그림으로 나타내는 형태로 발전하였다. 이것을 감정(emotion)과 기호(icon)가 합성된 이모티콘(emoticon 그림말)이라고 한다. 신세대는 글을 쓰고 읽는 대신 그림말을 그리고 느낀다고 한다. "문자가 음성보다 편하다... 왜?" (2005년 2월 2일).

15) 참여정부가 들어서면서 '코드'라는 말이 사용되고 있다. 이 글에서는 '코드'라는 단어보다 '눈높이'라는 단어가 더 순수하고 적절해서 '눈높이'라는 용어를 사용했다.

하늘 위에 계신 분이 인간과 눈높이를 맞춘 사건이다. 선교사가 선교하기 위해서는 그 지역의 문화를 이해해야 하듯이 교회지도자들은 타문화선교적 관점으로 그들을 바라보는 것도 필요하다. 그들의 문화를 이해하면서 그들에게 다가가는 것이 중요하다.

청년들에 대한 기성세대의 무관심, 기성세대의 청년 문화 이해부족과 이에 따른 수용성 부족이 기성세대와 신세대의 세대차이라 할 수 있다. 이것은 교회 안에서도 예외가 아니다. 청년 예배가 따로 구분되어 있는 교회의 경우, 예배의 분위기, 설교의 내용, 음악, 그리고 봉사를 새로운 시각에서 구상할 필요가 있다.

예배는 전통 예배처럼 모든 순서를 다 진행하는 것이 아니라, 가능한 간단하게 진행하여 비신자 또는 초신자가 참여를 해도 부담스럽지 않게 한다. 예배의 핵심적인 요소를 지키는 한도 내에서 그리고 예배의 본질이 훼손되지 않는 범위 안에서 형식의 자유로움과 간소함으로 진행하는 것은 가능한 일이다. 필자가 캐나다에서 목회를 할 때 기독교에 대해 전혀 모르는, 교회에 가 본적도 없는 대학생을 전도한 적이 있다. 어른 예배에 참석을 했으나 일어서고 앉는 것, 찬송 등 모든 예배 순서에 적응하지 못하는 것을 보고, 중 · 고등학생들과 대학생들이 같이 참여하는 영어예배에 참석하게 하였다. 그랬더니 예배에 적응을 하기 시작하였다. 영어예배는 어른 예배에 비해 순서가 간결 · 단순하여 초신자가 예배 분위기를 익히는데 수월하였기 때문이었다. 전통 예배는 사회자에 의해 회중이 끌려가는 수동적인 특징이 있지만, 청년부 예배는 청년들을 모든 순서에 참여시키는 것이 좋다. 가능하면 축제적인 분위기의 예배를 구성하는 것이 청년들의 참여를 독려할 수 있다.

설교에 있어 청년들의 눈높이에 맞추지 않은 메시지는 공허한 외침이 될 수 있다. 그러므로 청년예배에서는 전통 예배처럼 설교자가 일방적으로 선포하고 회중은 듣는 웅변식 설교보다 대화식 설교가 오히려 좋을 수도 있다. 이것은 목회자와 교인이라는 상하구조 또는 수직적 구조를 수평적으로 만들고 목회자와 교인이라는 벽을 없애 서로 가까워질 수 있는 방법이다. 필자가

1990년대 중반 탈북자 선교를 할 때 탈북자들 가운데 탈북자 교회를 하자는 요청이 있었다. 이에 대해 전 한신대 교수였던 문동환 박사에게 자문을 구한 결과, 탈북자 교회를 할 경우 기존 예배처럼 마주보며 설교를 할 것이 아니라 둘러앉은 형태에서 대화식 설교를 하는 것이 좋겠다는 조언을 들은 적이 있다. 젊은층이나 비기독교인들에게는 이런 방법이 오히려 더 나을 수 있다는 점을 고려할 필요가 있다. 현재 기독교대학의 채플에서 기독교인 학생보다 비기독교인 학생의 비율이 높은 것을 감안하여 대화채플을 활용하는 경우가 있다. 중요한 것은 그들의 언어로 그들이 이해할 수 있는 문화적 소재를 사용하여 설교하는 것이다.[16)]

음악은 설교가 할 수 없는 방법으로 사람들을 감동시킨다. 음악은 전도를 위한 강력한 도구이다. 비신자 또는 초신자는 찬송가의 곡이 익숙하지 않기 때문에 찬송을 따라 부르기 어렵다. 그러나 복음성가나 CCM(Contemporary Christian Music)의 경우, 멜로디가 비신자 또는 초신자에게 부담을 주지 않고 친숙하게 접근할 수 있고 그들이 따라 부르는데 부담이 되지 않는 장점이 있다. 그래서 청년부 예배나 모임에서 복음성가나 CCM을 많이 부른다. 교회는 음악의 엄청난 위력을 이해해야 한다.

봉사는 예배에 참여하여 말씀을 듣고 그것을 적용할 수 있는 장(場)이다. 말씀을 듣기만 하고 적용을 하지 않으면 별 소용이 없다. 자신의 믿음도 성장하지 못할 뿐만 아니라 이웃과 함께 하는 나눔도 없게 된다. 말씀을 통한 감동과 젊음의 열정을 이웃을 위한 사랑과 봉사에 쏟을 수 있게 해야 한다. 이것이 하나님의 사랑을 실천하는 문화 활동이다.

이와 같이 청년 예배에 변화를 주는 일은 바람직하다. 그러나 더욱 중요한 것은 그런 청년목회를 할 적임자가 우선되어야 한다는 것이다. 청년들의 눈높이에 맞춘 목회를 한다고 하여도 그들에게 맞는 감각을 갖고 청년목회

16) 필자는 이것을 위해 SBS의 웃찾사(웃음을 찾는 사람들), MBC의 개그야, KBS의 개콘(개그콘서트) 등의 프로그램을 통해 젊은이들의 감각을 익힌다.

의 전문성을 갖추지 못하면 청년목회를 하기가 쉽지 않기 때문이다. 요즘처럼 전문화된 시대에는 청년목회도 전문화되어야 한다. 특별히 목회에 있어 문화선교는 전문인 사역이라고 볼 수 있다. 아직 문화사역자가 많지 않고, 있어도 신학적으로 빈약한 경우가 많다. 적어도 문화사역 만큼은 복음적 신앙이 기초를 이루고, 신학적으로 균형감각을 갖고 있으며, 문화영역에 있어 전문가로 인정받는 사역자가 하는 것이 바람직하다. 가능하면 영성, 지성, 전문성 그리고 인성을 갖춘 사역자를 양육하는 일이 필요하다. 그럴 때 건전한 문화선교가 이루어질 수 있을 것이다.

나가는 말

신세대를 인터넷 세대, 사이버 세대, 게임세대, 디지털 세대, 그리고 네티즌이라 부른다. 그들은 다원주의, 뉴에이지 운동, 그리고 포스트모더니즘과 더불어 살고 있다. 기성세대가 수직적 관계 속에서 살았다면 신세대는 수평적이고 다양성을 인정하는 문화 속에 살고 있다. 일방적인 순종을 요구하는 권위주의 방식이 통하지 않는 세대다. 그들은 수평적 쌍방 커뮤니케이션을 원한다. 따라서 전통적인 방식으로는 대화하기도 어렵고 세대 차이를 줄이기도 어렵다. 시간이 갈수록 기성세대와 신세대의 문화적 차이가 심해지고 있다.

이런 문화적 격차 속에서 현대 교회는 문화라는 이름으로 포장된 다양한 도전에 직면해 있다. 상업주의와 인본주의로 무장된 대중문화가 교회 안에까지 침투하고 있다. 그런데 그런 도전에 대응하기 위한 신학적 · 신앙적 준비가 되어 있지 못하다. 그렇다고 젊은이들을 그런 문화 속에 방치할 수만도 없는 노릇이다. 이런 문화의 도전에 교회 지도자들은 민감해야 한다. 그렇다고 교회의 모습이나 목회방향을 유행에 따라 바꾸라는 말이 아니다. 교회가 시대의 문화를 앞서지는 못해도, 적어도 시대의 문화를 이해하고 함께 걸을

수는 있어야 한다는 것이다. 신세대 젊은이들이 교회에 와서 소속감을 갖고 그들의 문화를 창조할 수 있도록 신앙으로 지도하고 도와주어야 한다는 말이다. 무엇보다 청년의 문화를 수용하는 과감한 의식 전환이 요구된다. 이것이 오늘날 교회 지도자들이 당면한 문제라고 본다.

문화선교라는 것은 문화를 통하여 또 문화를 활용하여 선교하는 것을 말한다. 이것을 위해 우선 목회 방침의 과감한 변화가 필요하다. 목회는 교회 안에서만 이루어지는 것이 아니라 교회 밖에서도 이루어진다. 목회는 영적인 차원만을 다루는 것이 아니라 우리 삶 전체를 다루는 것이다. 통전적이라는 말이다. 따라서 우리의 삶의 영역인 문화를 과소평가하거나 무시하지 말아야 한다. 오히려 문화를 선용할 필요가 있다. 세속의 문화를 기독교문화로 변혁시키는 사역을 통해 기독교문화를 형성 · 확대해 나갈 수 있어야 한다.

기독교 문화를 형성하기 위해서는 비기독교 문화를 알아야 한다. 비기독교 문화가 기독교 문화로 전환되기 위해서는 우선 기독교 신앙과 만나야 한다.[17] 이 과정이 비기독교인들이 기독교 문화를 접하는데 가장 효과적인 단계이다. 만일 비기독교 문화를 세속문화라고 무조건 거부하며 온전한 기독교 문화만을 고집하다가는 대화를 하기도 어렵고 전도하기도 어렵게 된다. 비기독교인의 경우 기독교 문화에 거부감을 갖게 되어 교회와 멀어질 수도

---

17) 비기독교문화가 신앙 없이 존재할 때 그저 비기독교문화 또는 세속문화로 남아있게 된다. 그러나 신앙 안에서 비기독교문화에 변혁이 올 때, 그 비기독교문화는 기독교문화로 바뀌어 질 수 있다. 이것은 니버의 '문화의 변혁자 그리스도'에 속하는 태도이다. 문화를 부정적, 배타적으로 보는 견해는 '문화에 대적하는 그리스도' 카테고리에 속한다. 이와 반대되는 견해가 '문화의 그리스도'이다. 이것은 그리스도를 통하여 문화를 해석하는 태도이다. 니버는 이외에 문화와 그리스도를 상호보완적으로 보는 '문화 위의 그리스도'와, 문화와 그리스도가 서로 다르지만 양자를 다 취하는 입장의 '역설적 관계에 있는 문화와 그리스도' 등 다섯 가지 유형으로 그리스도와 문화의 관계를 설명했다. H. Richard Niebuhr, *Christ and Culture* (New York: Harper & Row Publishers, 1975). 우리나라 가요 가운데 "비바람이 치던 바다..."로 시작하는 〈연가〉는 원래 뉴질랜드 민요인 〈포카레카레 아나〉의 곡을 개사하여 부른 것이다. 그런데 이 노래가 교회 안에 들어와 다시 개사되어 〈나를 사랑하는 주님〉이란 복음성가로 변해 교회 수련회에서 많이 불려졌다. 이것은 비기독교문화를 기독교문화화 한 것이라 할 수 있다. 반면에 〈사랑받기 위해 태어난 사람〉은 복음성가지만 비기독교인들도 많이 부르는 대중적인 노래로 확산되었다. 이것은 기독교 문화의 확대로 볼 수 있다.

있다. 그러므로 기독교 문화관을 정립하여 신앙 안에서 문화적 수단을 통해 청년들의 관심을 유발하여 참여의 폭을 넓힐 수 있어야 한다. 아울러 기독교 문화를 창조하는 능력을 키워야 한다. 기독교 문화를 창출하여 사회에 보급함으로 복음전도의 효과를 거둘 수 있을 것이다. 이것을 위해 문화선교 전문 사역자 양성의 중요성을 기억하여야 할 것이다.

▶ **주제어** : 문화선교, 인터넷, 휴대전화, 멀티미디어, 사이버 세대

참고 문헌

Niebuhr, H. Richard. *Christ and Culture*. New York: Harper & Row Publishers, 1975.

이성희.『디지털 목회 리더십』 서울: 규장출판사, 2000.

최인식.『미래교회와 미래신학』 서울: 대한기독교서회, 1996.

김기태. "사이버 세상과 오늘의 청소년"『기독교사상』 제497호 (2000년 5월): 27-41.

김진년. "새로운 시대에 필요한 목회 패러다임"『기독교사상』 제494호 (2000년 2월): 14-24.

조은식. "청년목회 현장의 상처와 치유"『기독교문화연구』 제2집 (2005년 12월): 119-140.

______. "학생 채플 분석과 개선 방안: 숭실대학교를 중심으로"『기독교사회연구』 제4집 (2006년 12월): 23-43.

홍준철. "디지털 시대의 청소년 문화"『기독교사상』 제497호 (2000년 5월): 20-26.

『동아일보』 2005년 8월 10일, 2005년 8월 13일.

『조선일보』 2003년 7월 16일, 2004년 11월 28일, 2005년 2월 2일.

"싸이패닉" 2004년 4월 21일.

"문자가 음성보다 편하다...왜?" 2005년 2월 2일.

한국인터넷진흥원. "상반기 정보화실태 조사"

푸른하늘청소년선교회 http://cafe.godpeople.com/btm1318.

ABSTRACT

A Cultural Approach to the Ministry of Young Adults

The characteristics of the younger generation are individualistic, sentimental, sensitive to a change, unisex and cyber generation. The new generation wants to be alone and pursue individual interests rather than the common good. They tend to act through their feelings rather than thinking deeply. They follow and set the fashion. If they think a fashion is behind, they boldly change their style. Their concepts of male and female are different from the existing generation's. For example, they accept the concept of pretty men. Most young people use the internet and have their own mobile phone. They enjoy playing cyber games through computer programs. They are called the internet generation, cyber generation, game generation, and digital generation.

Modern churches are faced with various challenges that are wrapped in the cover of culture. Mass culture that is colored by commercialism and humanism infiltrates into the church. However, the church does not theologically prepare for that challenge. Church leaders should be sensitive and alert for cultural challenges.

Cultural mission is doing mission through culture and by making good use of culture. In order to do this, the direction of ministry has to change. Ministry is practiced not only inside of the church, but also outside of it.

Ministry deals with not only spiritual matters but also with our whole life. It should be wholistic. Therefore, we should neither underestimate nor neglect culture that is the sphere of our life. Rather, Christians should make good use of culture in a Christian context. Christians should make constant efforts to transform secular or non-Christian culture into a Christian culture of faith.

In order to form a Christian culture, we should know non-Christian culture. If we reject non-Christian culture as a secular culture and assert only Christian culture, it is difficult to have a dialogue with and to evangelize non-Christian young people. We need to form a Christian cultural perspective, arouse young people's interest through cultural means, and extend latitude for their participation.

Cultural mission is a professional ministry. The Korean church does not have enough cultural ministers, and theologically is still scanty. It is desirable to nurture cultural ministers who possess evangelical faith, are theologically balanced, and are recognized as a professionals in the field of culture. Then, a healthy cultural mission is carried through in our church and society.

▶ **Key Words :** cultural mission, internet, mobile phone, multi-media, cyber generation

청년목회현장의 상처와 치유

들어가는 말

한국교회의 구조는 기성세대 중심이다. 어른 중심이고 대예배 중심이다. 그러다 보니 어린이 주일학교, 중 · 고등부, 대학 · 청년부는 변두리에 있기 일쑤다. 더구나 출산 감소와 더불어 어린이 주일학교가 급속히 줄어들고 있고, 공부다 입시다 해서 중 · 고등부 학생들도 부모의 묵인하에 주일에도 학원으로 독서실로 발걸음을 옮기고 있다. 대학청년부도 예외는 아니다. 아르바이트다 취업준비다 해서 교회에서 벗어나 있는 것이 현실이다.

청년들은 학업문제, 취업문제, 직장문제, 이성문제와 동성문제를 비롯한 타인과의 관계, 결혼문제, 신앙문제, 장래문제 등 그 시기에 겪는 나름대로의 어려움이 있다. 문제는 그들의 어려움을 스스로 잘 해결하거나 극복하는데 한계가 있다는 것이다. 그러다보면 그런 문제들이 문제로만 남는 것이 아니라 상처가 되어 그들의 마음을 어렵게 하게 된다. 더구나 신앙으로 그런 문제들을 극복해 나가야 하는 데, 오히려 그러한 청년들의 문제 가운데는 신앙과 연관된 문제들도 포함되어 있다. 그런 문제들은 그들로 하여금 교회에 부정적인 생각을 갖게 하고 결국 교회를 떠나게도 하고 신앙적 상처를 안고 살게도 한다. 이것이 오늘 한국교회가 직면한 청년목회의 문제점이다.

현재 한국교회가 장년들에 의해 유지되고 있지만 청년들에게 관심을 쏟지 않으면 가까운 미래에 교회는 경로당이 되고 말지도 모른다. 따라서 이 짧은 연구에서는 청년목회 현장에서 발견되는 청년들의 상처를 고찰하여 상처에 대한 치유의 방향에 대하여 논의하려고 한다. 그들의 상처가 치유되지 않으면 그들은 교회를 떠나게 될 것이고 교회는 위기를 맞게 될 것이기 때문이다.

1. 청년목회 현장의 실상

1) 교회를 떠나는 청년들

2000년 통계청 자료에 따르면 우리나라 20~30대 인구는 1,622만 명이다. 대한민국 전체인구의 35%에 해당하는 수이다.[1] 이러한 자료를 바탕으로 하면, 산술적으로는 1,000명이 모이는 교회에서 청년의 수는 350명은 되어야 한다는 계산이 나온다. 그러나 현실은 계산대로 되지 않는다. 따라서 실제로 전체 인구 가운데 젊은 층이 차지하는 비율이 그대로 교회에 적용되지는 않는다. 이 말은 교회 구성원 가운데 청년들이 차지하는 비율이 적다는 것이다. 그러면 청년들이 교회를 떠나는 이유는 무엇일까? 이상화는 대략 네 가지 이유를 든다. 그것은 다음과 같다.

첫째, 청년들의 입장에서 받아들이기 어려운 교리적 이유 때문에 떠난다.
둘째, 공동체의 분위기에 적응하지 못하기 때문에 떠난다.
셋째, 청년들은 교회와 목회자에 대한 부정적인 인식 때문에 떠난다.
넷째, 청년시대에 직면한 삶의 문제로 인해 떠난다.[2]

위의 네 가지 이유에 대하여 생각해 보자. 요즘 교육은 예전의 주입식 교

---

1) 통계청 자료. http://kosis.nso.go.kr/cgi-bin/sws_999.cgi

2) 이상화, "청년들이 교회를 떠나고 있다," 『기독교사상』 (2001년 7월호): 15-23. 이상화는 『청년들이 교회를 떠나는 이유 31가지 이유』 (서울: 기독신문사, 2000)에서 청년들이 교회를 떠나는 이유를 31가지 제시하고 있다. 이것은 베스킨 라빈스 31(Baskin Robbins 31)의 아이스크림 종류만큼이나 다양함을 의미한다.

육에서 벗어나 있다. 그러나 교회는 여전히 주입식 교육을 고집하기도 한다. 특히 성경공부나 교리 문제에 있어 그렇다. 비판력이 강한 청년들에게 무조건적, 일방적 강요는 순응보다는 의구심과 반항을 낳게 된다. 이것은 '무조건 믿어라'는 말로 해결되는 것이 아니다. 또 교회의 경직된 분위기가 청년들로 하여금 답답함을 느끼게 만든다. 교인들 사이의 분파적인 모습도 청년들로 하여금 교회라는 공동체에 적응하지 못하게 한다. 무엇보다 자유분방하고 감성적인 청년들과 따분하고 지루한 교회의 분위기가 서로 조화를 이루지 못하는 것이 문제이다.[3] 뿐만 아니라, 청년들의 눈에는 교인들이 갖고 있는 이중적 윤리구조가 자기 합리화내지 모순으로 보인다. 그리고 목회자의 인격적인 면이나 영성에 있어서 존경심이 가지 않는 부분이 있음을 느낀다. 교회와 목회자의 진실성과 신뢰성을 부정적인 눈으로 보는 것이다.[4] 이외에도 청년들이 교회를 떠나는 이유는 교회의 문제만이 아니라 자신들의 개인적인 문제에도 연유한다. 그것은 그들이 스스로 너무 바쁘다고 생각하기 때문이다. 부모를 의존하기보다는 아르바이트를 통한 경제적 자립에 치중하는 청년들은 주일에도 아르바이트를 해야 한다. 보다 나은 취업을 위해 외국어 학원을 다니기도 한다. 이런 것들이 그들로 하여금 교회와 멀어지게 한다.

이외에도 다양한 이유들이 존재하고 있다.[5] 교회를 떠나는 청년들은 그

---

3) 1997년 한국갤럽이 개신교인을 대상으로 조사하였던 '한국인의 종교와 종교의식'에 보면 "교회의 전체적인 분위기와 내가 어울리지 않아 교회에 가기 어렵다"(125-129)라는 항목이 있다. 여기에 대하여 "교회는 다른 종교와는 다르게 사람들이 믿고 의지할 만큼의 위엄이 없는 것 같다. 주일마다 시끌시끌한 교회는 꼭 시장통 같다. ..... 예배나 집회라는 것을 참석해 보면 그냥 '무조건 크게 찬송해라! 크게 기도해라!'고 요구한다"는 응답이 나왔다. 이것이 청년들이 느끼고 생각하는 교회 분위기이다. 목회자들은 이것을 심각하게 생각해야 할 것이다. 김희자, "정보사회의 청년, 그들은 누구인가," 『기독교사상』 (2001년 7월호): 107-8에서 재인용.

4) 위의 조사에서 "요즈음 우리 주변에 품위가 없거나 자격이 없는 성직자가 어느 정도 많다고 생각하는가? 없다고 생각하는가"라는 질문에, '아주 많다'는 응답은 10.2%였고, '약간 많다'는 응답은 61.4%였다. '거의 없다' 또는 '전혀 없다'는 응답은 28.3%였다. 이상화, "청년들이 교회를 떠나고 있다," 20에서 재인용.

들 나름대로의 이유가 있다. 청년목회 현장을 보면 교회에 남아있는 청년들도 갈등하고 방황하고 있는 것을 보게 된다. 뿐만 아니라 청년목회 현장에는 수많은 상처들과 장애물들이 상존하고 있다. 우리들의 과제가 바로 이러한 상처들을 어떻게 치유할 수 있는가 하는 것이다.

2) 청년목회 현장의 상황들

고등학교를 졸업하고 취업을 하던 대학 진학을 하던 이미 교회와 거리가 생긴 청년들은 교회보다는 유혹이 많은 세상에 심취하기 시작한다. 청년들은 교회가 사회보다 앞장서 사회를 이끌어가지 못하고 오히려 뒤졌다고 비판하며 교회를 답답한 곳이라고 말한다. 교회가 시대의 변화를 좇아가지 못한 것은 사실이다. 세상은 시간이 갈수록 변하고 있는데 교회는 제자리 걸음을 하고 있었던 것도 사실이다. 다양한 교육 프로그램이 계발되고 있는데, 교회만은 옛날 방식대로 공과공부에만 매달려 있었다. 과거에는 사회를 선도하던 교회가 이제는 세상에 끌려 다니는 모습이 된 것도 사실이다. 세상은 자꾸 발전된 문명의 이기를 사용하는데, 교회는 아직도 고리타분한 구식에서 벗어나지 못한 것도 사실이다.

1990년대에 들어 젊은이들을 가리켜 X-세대라고 부르기 시작했다. 기성세대가 이해하기 어려운 세대라는 의미이다. 그리고 구세대라는 말에 반하여 신세대라는 말도 나왔다. 또 청년들을 TNT라고도 부른다. 이 말은 Twenty aNd Thirty 즉 20대와 30대를 지칭하는 말이다. 이것을 2030세대라고 부르기도 한다. 청년목회자연합에서 펴낸 『청년대학부 TNT부흥』이란 책에서 청년대학부의 각 교회 토양을 종합하여 10가지로 분석한 자료를

5) 1997년 기독교윤리실천 운동 대학생 위원회의 보고 가운데, '청년부에 참석하기 싫은 이유가 있다면 그 이유는 무엇인가?' 라는 질문에, '모임에서 인간관계가 부담스러워서' 30%, '프로그램 모임의 내용이 지루해서' 20%, '자기계발에 시간이 바빠서' 18%, '토요일까지의 삶이 피곤해서 주일에 쉬고 싶어서' 16%, '봉사할 것이 많아 피곤해서' 16%의 응답이 나왔다. 김희자, "정보사회의 청년, 그들은 누구인가," 114에서 재인용.

보면 대부분 교회 청년부들의 상황들을 알 수 있다. 그 내용은 다음과 같다.

① 철새교역자 : 바쁘고 자주 교체되고 그 역할과 책임이 당회와 청년들 사이에 낀 목회자
② 마당쇠 청년들 : 교회학교사로, 성가대원으로 청년부 임원으로 정신없는 1인 다역(多役)을 하는 청년들
③ 빠져나간 기둥들 : 선교단체로, 대형교회로, 또는 선교지 등으로 떠나가는 청년들
④ 터줏대감 증후군 : 기수 따지고 터줏대감 노릇하고 뺀질거리는 청년들, 특히 교회 중직자의 자녀들
⑤ 패잔병 증후군 : 이성교제로 얽히고 설키고, 학력, 학벌 차이 등으로 어울리지 못하고, 열등의식과 패배주의에 사로잡혀 있는 청년들
⑥ 허수아비 청년들 : 돈 없고 빽없는 청년들
⑦ 만년야당 청년들 : 상처 많고, 불만 많고, 버릇없는 청년들
⑧ 범생이들 : 노인 같고, 모범생 같고, 어리숙한 이른바 성실한 청년들
⑨ 불신풍조 임원들 : 교역자에 대한 불신 때문에 지나친 피해의식, 보호의식, 방어의식 등으로 무장되어 있는 임원들
⑩ 달동네 청년들 : 자원난, 인재난, 시설 및 공간난 등에 시달리는 청년들[6)]

교회의 상황이 이렇듯이 또 다른 청년목회 현장인 대학 캠퍼스 안에서도 그 모양은 다르지만 유사한 의미의 상황들이 재현되고 있다.

---

6) 조세영, "청년사역이 어렵고 힘든 이유," 『기독교사상』 (2001년 7월호): 37-38에서 재인용.

① 선교단체 이기주의 : '함께'를 싫어하는 고민없는 세대의 청년들로 '우리만'이라는 생각이 강하다. 연합사업에는 거의 관심이 없고, 연합의 의지는 철저히 개인이 속한 선교단체의 희생이 없는 선에서 가능하다는 생각에 잠겨있는 선교단체 중심의 청년들.
② 엘리트 리더쉽 : 머리로 배운 것이 많아서 비판과 열정은 뛰어나지만 성숙함이 없는 청년들. 대부분의 청년들에게 나타나는 모습.
③ 헌신보다는 은혜 : 십자가의 희생보다는 십자가의 은혜에 만족해하는 청년들. 편한 것을 추구하고 나의 만족에 치중하는 청년들.
④ 이벤트 집회의 중독성: 잠잠히 자신의 영혼을 들여다보기 보다는 대형화된 집회에서 자신의 감정을 토로하는데 중독되어 그런 이벤트에서만 만족을 얻는 청년들.
⑤ 목자 아닌 목자 : 스스로 더 이상 배울 것이 없는 믿음이 충분한 세대로 생각하여 신앙적 권면이나 인도를 받기보다는 스스로 목자이기를 자처하는 청년들.

이러한 청년들의 모습이 바로 이 시대에 기성세대로부터 받은 상처와 세상의 물질주의로부터 받은 상처로 곪아가고 있는 청년들의 모습이요, 실상이다.

2. 상처입은 청년

1) 현실과 헌신 사이의 갈등

수많은 꿈들과 가능성을 품고 있는 청년들은 그 현실 속에서 갈등하고 있다. 더욱이 올바른 그리스도인으로 살기를 갈망하는 청년들은 이 현실의 문제와 하나님을 따르는 현실의 문제 앞에 봉착할 수밖에 없는 것이 현실이다. 이것은 삶의 현실의 문제가 그들에게는 피할 수 없는 상처의 원인이 되고 있다는 것이다.

먼저 일반적인 청년들의 현재 삶의 고민이 무엇인지를 살펴보자. 숭실대학교 학생지도 상담소에서는 2005학년도 신입생들을 대상으로 설문조사를 하였다. 그 가운데 본 주제와 관련된 설문 결과를 살펴보면, "현재 당면한 가장 절실한 어려움은 무엇입니까?"라는 질문에 다음과 같은 결과가 나왔다.[7)]

(단위:명(%))

	건강문제	경제문제	장래문제	성격문제	대인관계	가정문제	학업문제	이성문제	기타	합계
응답자	37	206	477	80	102	29	421	91	90	1,533
백분율	2.4	13.4	31.1	5.2	6.7	1.9	27.5	5.9	5.9	100

이상의 결과로 신입생들이 가장 걱정하고 우려하는 문제는 장래문제(31.1%), 학업문제(27.5%), 경제문제(13.4%), 대인관계(6.7%)가 우선시되는 고민이었다. 즉 자신의 불안한 미래를 위하여 무엇을 할 것인가 하는 것이 그들이 직면한 삶의 문제이다.

다음으로 기독 청년들의 관심의 문제는 무엇인지 알아보자. 1997년 기독교윤리실천운동 대학생 위원회가 기독대학생(90% 이상의 세례교인 혹은 입교인을 중심으로)을 대상으로 조사한 통계자료를 살펴보자. 그 결과는 다음과 같다.[8)]

(단위:명(%))

	진로	신앙문제	인간관계	이성문제	학업문제	성품	기타	합계
백분율	42	24	13	7	5	5	4	100

7) 『2005학년도 신입생 실태조사 보고서』 (서울: 숭실대학교 학생지도상담소, 2005), 26.

8) 김희자, "정보사회의 청년, 그들은 누구인가," 113에서 재인용.

결과는 기독 대학생의 주요 관심은 진로가 42%, 신앙문제 24%, 인간관계 13%, 이성문제 7%, 학업과 성품 각 5%, 기타(재정, 건강, 외모) 4%로 나타났다.

이상 두 가지 대상, 즉 일반 대학생들과 크리스천 대학생들의 공통된 가장 중요한 관심사는 바로 '장래문제' 였다. 내일에 대한 불안감이 그들에게 고통을 주고 있는 것이다. 특별히 기독 청년들에게는 신앙문제와 더불어 생겨나는 이 장래문제는 심각한 문제를 낳게되어, '현실이냐? 헌신이냐?' 라는 문제에 봉착하게 되고, 피할 수 없는 상처를 입게 된다.

위에서 청년들이 교회를 떠나는 이유 가운데 하나로 아르바이트와 보다 나은 취업을 위한 외국어 수강을 언급했다. 이것은 그들의 현실적 문제이다. 동시에 기독 학생들에게 이것은 갈등이요 부담이다. 왜냐하면 그들의 신앙은 성수주일을 요구하며 교회에서의 봉사와 헌신을 말하고 있기 때문이다.[9] 보다 나은 미래를 위한 현실적 선택과 신앙적 의무감이 서로 충돌하며 번민과 갈등을 하게 되는 것이다.

2) '함께' 보다는 '홀로서기'

헨리 나우웬은 그의 저서 『상처입은 치유자』에서 다가올 청년들의 성격을 제프리 하덴의 말을 인용하면서 그들을 '내향적 세대' 라고 말하고 있다.

> 1969년 10월에 발간된 "오늘의 대학생 세대에 대한 연구 보고서"에서 제프리 하덴(Jeffrey K. Hadden)은 다가올 세대(the coming generation)의 특성을 묘사할 수 있는 가장 적절한 말은 '내향적 세대' (The inward generation)' 라고 했습니다. 이 세대는 개인적인 것에 절대 우위를 부여하는 세대

---

9) 조세영, "청년사역이 어렵고 힘든 이유," 40-42.

10) Henri J. Nouwen, *The Wounded Healer.* 최원준역, 『상처입은 치유자』 (서울: 두란노, 1999), 42.

이며, 자아 속으로 움츠러드는 경향이 두드러지게 나타나는 세대입니다.[10]

그는 계속하여 제프리 하덴은 내향적 세대가 명상적인 삶을 복구시키거나, 새로운 형태의 수도 생활을 시작하려 한다고 결코 생각하지 않았다고 말한다. 그는 제프리 하덴의 자료를 인용하면서, 이 내향성은 결국 개인주의가 될 수 있고, 이 개인주의는 반권위적이고 반제도적일 뿐만 아니라 자기중심적이며 물질적 안락함 및 욕구와 욕망의 즉각적 만족에 아주 관심이 많음을 지적하고 있다.[11] 이미 1969년에 다가올 세대의 특성을 내향성 세대라고 묘사한 것은 굉장한 통찰력과 예견이 아닐 수 없다.

굳이 헨리 나우웬의 시각을 빌리지 않더라도, 사실 청년 신세대들의 생활양식 가운데 기성세대가 문제점으로 지적하는 것은 자기중심적 태도이다. 다시 말해 자신만을 생각하고 다른 사람을 배려하지 않는다는 것이다. 입시중심의 교육으로 경쟁심을 갖고 혼자 공부하며 자라온 청년들은 함께 하는 삶 또는 함께 나누는 삶에 익숙하지가 않다. 인터넷 문화는 그들의 개인주의화를 가속시켰다. 그들은 공동체의 이익보다 개인의 가치를 더 중요하게 여긴다. 내가 좋으면 남의 시선에 개의치 않는다. 이러한 현상들이 자기중심적인 사고와 철저한 개인주의로 나타나게 되었다.

대중매체의 상업주의가 그들을 자기만족 추구, 충동적, 즉흥적, 그리고 감각적으로 만들었다. 기성세대는 배고픔의 시대를 겪었다. 그래서 먹고사는 문제에 치중을 하였다. 그러나 신세대는 먹기 위해 살지 않는다. 그래서 어른들의 '보릿고개' 이야기에 거부반응을 보인다. 그때 먹을 것이 없었다는 것이 풍요로운 지금과 무슨 상관이 있느냐고 반발한다. 신세대는 생각하는 것보다 느끼는 것에 치중한다. 그들에게는 '나는 생각한다, 그러므로 존재한다' 라는 논리가 '나는 느낀다, 그러므로 행동한다' 로 적용된다.

---

11) 위의 책, 45.

이러한 생활양식이 '함께' 라는 공동체 의식이나 공동체 생활보다 '나' 라는 개인과 '나만의 생활' 이라는 개인적인 모습으로 나타난다. 크리스천 청년들은 그들 세대의 성향인 개인주의와 그들의 공동체를 중요하게 여기는 교회생활 사이에 서 있게 된다. 개인주의적 삶과 공동체적 삶이 양립하기는 어렵다. 이 갈림길에서 기독 청년들은 또 갈등하게 된다. 이 두 가지가 충족되지 않을 때 일부는 인터넷 예배를 통해 '혼자 예배' 를 선택하거나 아예 교회를 떠나기도 한다.

3) 성공 딜레마

청년이란 말은 특정한 연령층을 지칭하는 말로, 일반적으로 '나이' 에 의해서 구분한다. 청년(young adult)은 청소년기(adolescence)를 지나 성인(adult)의 단계에 진입한 연령층을 말한다. 언제부터 청년이라 부를 수 있는가에는 다양한 의견이 있을 수 있다. 예를 들어 성인으로 인정받는 시기부터라고 할 수 있다. 그럴 경우 미국의 많은 주(州)에서 16세가 되면 운전을 할 수 있고, 18세가 되면 투표를 할 수 있으며, 21세가 되면 유산을 상속 받을 수 있다. 이것이 나이로 성인이 되는 시기이다. 그러나 이런 구분을 떠나 우리나라의 일반적인 구분을 따른다면 고등학교를 졸업한 이후부터라고 할 수 있을 것이다. 그럴 경우 대체로 20-30대를 청년기라고 할 있다.

그러나 청년기의 중요성은 그 나이에 있는 것이 아니라 그 속에 담겨진 정신일 것이다. 그것을 청년정신이라 부를 수 있다. 청년정신의 핵심은 예수 그리스도의 청년정신이라고 말할 수 있다. 이것은 곧 '십자가의 길' 이다. 십자가의 길을 근저로 한 청년정신은 성공을 보장받은 길이기는 하지만, 십자가의 고통이 있는 길을 걸어야 하는 것이다.[12] 문제는 오늘의 청년들은 성공을 보장받는 길을 선호하지만 고통의 길을 걷는 것은 원하지 않는다는 사실

12) 공성식, 『여호수아와 함께 뛰는 청년 목회』 (서울: 기독신문사, 2004), 313.

이다.

요즘 사회에서 요청하는 '엘리트 리더십' 이 신앙 공동체에서도 강조되고 있다. 이것은 성공한 사회인이 되어야 성공한 기독교인이라는 도식이다. 세상은 청년들을 향하여 성공하라라고 소리치고 있다. 이제는 청년들의 목회현장에서도 이러한 외침이 공공연히 선포되고 있다. 여기에서 청년들은 상처가 생긴다. 왜냐하면, 신앙공동체 안에서 위장되고 포장되어진 리더쉽이 결코 세상에서 통하지 않기 때문이다. 현실의 문제는 그대로 남아있어서 그들을 위협하고 불안하게하고 두렵게 만들기 때문이다. 청년들은 성공으로 가는 지름길을 찾아 헤매는 만큼 성공하기 위한 올바른 자세의 청년정신을 배우지 못하고 있다.

공성식은 회복해야할 청년 정신을 갈렙의 이야기를 통해서 찾고 있다.

> 하나님을 온전히 좇는 갈렙의 삶에 있어서 가장 큰 특징은 성실한 마음을 가지고 살았다는 것이다. 정탐군의 일원으로서 가나안 땅을 정탐하고 돌아온 뒤에, 그는 자기 "마음을 성실한 대로"(여호수아 14:7) 모세에게 보고하였다. 그러므로 우리는 성실이라는 것이 있는 그대로 객관적인 정보를 나열하는 것이 아님을 알 수 있다. 성실이라는 것은 그 마음의 중심이 놓여야 할 자리에 일관되게 놓이는 것이라고 할 수 있다. 다시 말해서 성실은 자신이 한 말이 이룰 때까지 언행일치의 삶을 사는 자세요, 자신의 언행이 열매로 나타날 때까지 일관되게 사는 모습을 일컫는 것이다.[13)]

인생은 성공만 하면서 살 수 없다. 성공만 하며 살아온 사람도 없다. 누구나 실수도 하고 실패도 경험한다. 그것은 인간이 완전하지 않기 때문이다. 따라서 실패를 경험하는 것은 삶의 여정의 한 부분이다. "실패는 성공의 어머니"라는 말처럼 실패는 성공을 하도록 지혜와 교훈을 주고 재도전의 의욕

---

13) 위의 책, 317.

을 불러일으키며 성공하도록 이끌어 준다. 그러나 당장 눈에 보이는 성공에만 최고의 가치를 두게 되는 청년들은 성공하지 못하면 좌절하고 상처를 받을 수밖에 없다. 성공이 아닌 실패 속에서도 100번이고 일어서는 길을 배우지 않으면 그 상처는 계속될 것이고, 계속된 상처는 어그러진 청년 사생아들을 만들게 될 것이다.

4) 다원주의와 신앙의 유일성

현대 세계는 그야말로 다원화의 흐름 속에 빠져 있다. 청년들이 속해 있는 현장이 그 중심이라고 말해도 과언이 아닐 것이다. 청년들을 흔히 'N세대' 라고 표현한다. 이것은 그들을 'Net Generation' 이라는 말로 표현하는 것이다. 청년들이 일상의 삶으로 접하는 인터넷은 수많은 정보를 무비판적으로 수용하게 한다. 이러한 인터넷 문화는 다원화를 더욱 촉진시키는 촉매제의 역할을 하고 있다.

다양한 시각을 인정하는 것이 진리라고 생각하는 다원주의는 신앙의 옳고 그름의 문제에는 관심을 옅어지게 한다. 그래서 '내가 너를 인정하니, 너 또한 나를 인정하라' 는 신앙적 태도가 만연해지고 있다. 이것은 다양성은 잘 배우고 있으나 신앙적인 독특성 또는 예수의 유일성을 배우지 못하는 세대를 만들어 놓고 있다. 다원화 속에서 어떻게 예수의 유일성과 복음의 절대성을 가르칠 것인가 하는 것이 청년목회 현장의 어려운 점이고 과제이다. 수많은 '다름' 속에서 '옳은 길' 을 찾지 못하는 청년들은 상처를 받을 수밖에 없다.

3. 치유가 필요한 청년목회 현장

1) '치유' 의 의미

치유란 어떤 상처로부터 회복되어 온전하게 됨을 의미한다. 성경에서 치유는 주로 구원과 함께 사용된다.

구약성서에서 치유는 신체적 및 영적 온전성, 개인과 공동체의 일치, 하나님과의 화해의 상태를 말하는 것으로 샬롬이나 구원의 개념과 깊게 관련되어 있다. 샬롬은 신체적 건강과 자신과 타인과 하나님과의 평화로운 관계를 의미한다. 구원의 상태인 치유는 질병으로부터 고침 받고, 적으로부터 건짐을 받아 온전한 상태로 풍성한 삶을 사는 것을 의미한다. 치유와 구원은 국가와 국가 간의 평화로운 관계, 청지기로서의 땅에 대한 책임도 포함한다. 신약성서에서 치유는 예수님의 사역 중의 하나였다. 예수님은 신체적, 도덕적, 정신적 질병을 고치셨다. 치유는 하나님 나라의 도래의 한 증거였다. 당시에 질병은 악한 세력에 속박됨으로 생기는 것으로 보았고 이로부터 해방이 구원이며 치유였다.[14)]

성경에서 치유는 또 용서와도 함께 사용된다. 그것은 용서를 통하여 나 자신이 치유되기 때문이다. 깨어진 인간관계의 회복을 통해 온전케 된다. 치유는 신체적, 정신적, 영적 뿐만 아니라 인간 삶의 모든 영역에서의 회복과 온전케 됨을 뜻한다.

2) 치유의 차원

인간을 온전케 하는 치유의 차원은 다양하다. 인간의 삶과 관계되는 모든 영역이 치유의 차원이 될 수 있다. 이 차원을 구체화하여 본다면 다음과 같은 차원들이 될 것이다.

① 정신적 차원
② 신체적 차원
③ 관계적 차원

---

14) "Healing." in *Dictionary of Pastoral Care and Counseling* (Nashville: Abingdon Press, 1990) edited by Rodney J. Hunter. 손운산, "치유목회의 기본 구조," 『대학과 선교』 제9집 (2005): 259에서 재인용.

④ 생태적 차원
⑤ 구조적 차원
⑥ 가치관의 차원
⑦ 영적인 차원[15)]

청년목회 현장에서의 치유 또한 위의 7가지의 차원을 염두해 두고 진행하여야 한다. 청년들의 치유의 열매는 그들이 이 7가지의 차원에서의 회복을 통하여 그들의 시각과 삶의 성숙함이 넓어지는 것을 통하여 맺혀지게 될 것이다.

3) 상처의 치유가 필요한 청년들

미래 한국의 신앙의 틀을 만들어 나가야 하는 청년들이 상처를 받은 채 성장하여 간다면, 그 성장은 온전한 성장이라 할 수 없을 것이다. 더구나 치유되지 않은 상처는 단순히 그들의 아픔으로만 끝나는 것이 아니라 우리 모두의 불행과 아픔이 될 수 있다. 그러기에 그들의 상처는 반드시 치유되어야 하는 것이다.

데이비드 A. 씨맨즈와 베스 펀크는 상한 감정을 치유하는 방법을 발견하기 위해 꼭 따라야 할 가장 일반적이고 성경적인 원칙을 6단계로 말하고 있다. 이는 단순히 감정적 차원의 치유 문제를 다루고 있기는 하지만 청년들의 상처를 치유하는 방법을 찾는 데에도 유용한 것이 사실이다. 그 내용은 다음과 같다.

1단계: 문제를 직시하라.
2단계: 자신의 책임을 인정하라.

15) 위의 글, 261~263.

3단계: 진심으로 치료받기를 원하는지 스스로에게 물어보라

4단계: 문제와 관련있는 모든 사람들을 용서하라

5단계: 자신을 용서하라

6단계: 당신의 문제를 정확히 볼 수 있도록, 그리고 이를 위해서 무엇을 구해야 할지 알도록 성령님께 기도하라.[16)]

이 여섯 단계를 설명하면, 먼저 문제 해결을 위해서는 문제를 바르게 보아야 한다는 것이다. 대부분 문제를 객관적으로 또 냉철하게 보지 못하기 때문에 시작부터 방향이 달라지게 된다. 여기에 문제가 있다. 문제를 파악하고 나서는 남의 탓 또는 환경 탓을 할 것이 아니라 스스로 책임을 인정할 수 있어야 한다. 그리고 스스로 치료받기를 원해야 한다. 본인 스스로 치료받기를 원하지 않으면 소용이 없기 때문이다. 다음으로 용서의 단계에 들어가게 된다. 용서없이 치유를 기대하기 어렵다. 용서가 없다면 그 상처는 곪게 된다. 사람들을 용서한 다음 자신을 용서할 수 있어야 한다. 자신을 용서하지 못하면 더 이상 진전이 없기 때문이다. 끝으로 신앙에 의지해야 한다.

청년의 상처를 치유하는 현장에서 일방적으로 그들만 변한다고 절대 상황은 변하지 않는다. 그러기에 씨맨즈와 펀크의 방법론은 분명한 설득력을 가지고 있다. 청년들의 상처를 치유하기 위해 먼저 그들의 문제를 직시해야 한다. '원래 청년들은 그런거야' 라고 방관하는 무관심, 그들의 상처는 그들이 자초한 것이므로 그들 자신의 책임이라고 떠넘기는 무책임한 태도, 청년들의 상처는 누구나 경험하는 것이므로 시간이 지나고 나이가 들면 언젠가 괜찮아질 것이라는 안일한 낙관주의는 청년들의 문제를 직시하는데 전혀 도움이 되지 않을 뿐만이 아니라 오히려 장애물이 될 것이다. 따라서 기성세대는 그들을 돌보아야 하는 책임을 인정하고, 그들과의 사이에 놓인 벽을 허물

16) David A. Seamands and Beth Funk. *Healing for Damaged Emotions Work Book*. 김재서 옮김. 『상한감정의 치유 워크북』 (서울: 예찬사, 1994), 43-46.

어 사랑과 신뢰의 관계를 회복하고, 함께 문제 해결을 위하여 기도하는 단계적인 방법을 따라야 할 것이다. 아울러 '어른이 말하면 들어야지' 하는 권위주의나, 한 순간에 해결되어야 한다는 속전속결의 강박 관념도 문제 해결에 도움이 되지 않는다는 것을 기억할 필요가 있다.

4. 치유의 방향성

1) 기본적 3가지 방향성

① '공감' 을 통한 접근

동감(sympathy)은 다른 사람과 똑같이 느끼는 것을 말한다. 다른 사람이 느끼는 것과 똑같이 느끼지는 못해도 그 사람의 느낌을 이해할 수 있는 인지적 능력을 공감(empathy)이라고 한다. 다시 말해, 공감은 다른 사람의 내적 상태를 이해하는 능력이다. 예를 들어, 어떤 사람이 슬픈 일을 당했을 때, 그 슬픔을 똑같이 느끼지는 못하지만 그 사람이 얼마나 슬픈가를 이해할 수 있는 것을 말한다. 가장 정확한 공감의 예는 엄마가 아기를 이해하는 능력에서 잘 나타난다고 말한다.[17)]

이 공감이 청년목회 현장에서 상처의 치유를 위해 기본이 되는 것이다. 이 공감을 통해서 청년들의 삶의 정황과 그로부터 파생되는 현실적 및 신앙적 상처들을 이해하는 능력을 가지는 것이 청년 치유의 첫걸음이다.

② '탈진' 을 넘어선 '존재' 의 인식

청년들은 늘 무엇을 해야 된다는 강박관념에 사로잡혀 있다. 이는 우리들의 신앙공동체 안에서도 마찬가지이다. 흔히 말하는 '성장 콤플렉스' 라는 말은, 우리들이 얼마나 많은 에너지를 소모하며 살고 있는지를 말해주는 예일 것이다. 청년들은 너무 많은 일에 찌들어 있다. 일이 많은 것에 비해 얻어

---

17) 손운산, "치유목회의 기본 구조," 266.

지는 만족이 적고, 영적 성장의 정체내지는 퇴보를 청년들 스스로 느끼고 있다. 이런 점에서 청년들의 탈진은 단순한 에너지의 소멸이 아니라 의미의 소멸이라는 심각한 문제를 낳고 있는 것이다.

우리들은 청년들이 무엇인가를 준비하고 일을 해야 하는 세대가 아니라, 의미있는 삶을 위하여 존재하는 이들로 인식하여 한다. 이러한 존재의 인식이 청년 치유를 위한 또 하나의 걸음이 될 것이다.

③ '나' 와 '너' 를 넘어선 '우리' 의 회복

청년들의 상처와 방황은 결코 그들만의 몫이 아니다. 청년들의 상처는 곧 '우리' 의 문제라는 문제의식이 필요하다. 청년들이 건강한 정체성을 형성하기 위한 조건은 개인의 자유를 포기하지 않으면서도 공동체를 추구할 수 있는 사회이다. 청년들이 '나' 의 정체성 형성에서 자기 존엄성, 자율성, 독립, 주체성, 실존 등과 같은 개념이 심각하게 추구되기 때문에 '나' 와 '너' 라는 개인적인 측면이 요청된다. 동시에 리쾨르(P. Ricoeur)가 '타자로서의 자기' (oneself as another)라고 표현했듯이 자기란 끊임없이 다른 사람과의 관계성 속에서 변하는 존재이기 때문에 공동체를 떠난 '나' 또는 '너' 는 형성될 수 없다.[18)]

치유는 건강한 공동체 혹은 돌봄의 공동체를 통해서 일어난다. 돌봄의 공동체 안에서 서로의 돌봄을 통해 상처가 치유되고 영적 성장이 일어난다. 청년들을 바라보는 '나' 와 청년들 '너' 를 넘어선 '우리' 라는 공동체성에 대한 안목을 가지는 것이 청년목회 현장에서 그들을 치유하기 위한 또 하나의 첫 걸음이다.

18) 임상빈, "청년들의 개인주의와 공동체 의식," 『기독교사상』 (200년 7월호): 132.

2) 상처입은 청년 치유

본 장의 내용은 본론 제2장 '상처입은 청년' 의 내용과 밀접한 관련이 있다. 그 이유는 그 논의의 무분별한 확대를 막고, 본 주제의 내용과 일관성을 유지하기 위함이다.

① 현실을 무시하는 믿음

청년들의 가장 근본적인 상처의 원인은 바로 미래의 삶에 대한 불명확성에서 출발한다. 그러기에 그들이 속한 공동체에서 수많은 헌신을 요구받게 된다. 그 많은 요구들은 미래에 대한 불안을 가중시키는 반면, 기성세대는 그저 헌신하면 하나님이 나머지 것들을 채우신다고 위로한다. 현실을 무시하는 믿음을 가지고는 청년들을 바르게 인도할 수도 없고 그들의 내적 상처를 치유할 수도 없다. 그들의 현실 속에는 엄연한 부르심과 사명이 있다. 이것을 이원론적으로 세상과 믿음이라는 잣대로 재단하여서는 안된다. 이러한 상황은 마치 병을 '고백' 하고 의사를 찾아가는 대신 고통을 무시하고 다 나은 것처럼 행동하면 치유받는다고 가르치는 것과 같다. 우리가 분명히 알아야 할 것은 이런 믿음은 환상에 불과하다는 것이다.[19]

청년들의 미래는 우리가 '볼 수 있는' 것이거나 '여기 있다 저기 있다' 고 할 수 있는 것이 아니다. 그러기에 믿음은 반드시 그들의 삶의 문제에 개입되어 있어야 한다.

② 함께하는 승리의 경험이 필요하다

청년들이 '함께' 하는 것보다 '홀로서기' 를 즐긴다는 사실은 분명한 사실이다. 그러한 선택은 홀로서기의 유익한 가능성 때문이고, 이것은 또한 '함께' 하는 경험의 부족에서 나온 것이다.

---

19) Doug Murren, *Churches That Heal: Becoming A Church That Mends Broken Hearts And Restores Shattered Lives*. 심영우 옮김, 『치유하는 교회』 (서울: 홍성사, 2002), 196.

헨리 나우웬은 이처럼 단절과 분열에 의해 마비되고 자신의 연약함의 포로가 되어 홀로 서 있는 '핵 인간'이 해방되는 기독교적인 방법을 제시하고 있다. 이는 홀로서기를 선택하는 것에 대해서 궁극적인 질문을 던지게 될 것이고, 홀로서기에서 벗어나는 길을 찾을 수 있는 중요한 모티브를 제공하게 될 것이다.

혁명주의자와 신비주의자 모두 자신이 안전하게 보호받고 싶어하는 이기적인 욕구로부터 벗어나야 하며, 자신과 자신이 속한 세상의 끔찍한 상황을 두려움 없이 직시해야 합니다. 따라서 핵 인간을 그 마비 상태로부터 해방시키는 것이 우리 시대의 위대한 혁명가들과 위대한 묵상가들의 공통 관심사란 사실은 놀라운 것이 아닙니다. 그들의 성격은 아주 다를지도 모릅니다. 그렇지만 그들은 똑같은 비전을 가지고 있는데, 그 비전은 급진적 자기 비판과 급진적 행동주의를 야기시킵니다.

이 비전을 통해 핵 인간은 과거와 미래의 '단절된 연계성(borken connection)'을 회복시킬 수 있고, 단편적인 이데올로기에 통일성을 부여할 수 있으며, 죽을 수밖에 없는 자아의 한계를 뛰어 넘을 수 있습니다. 이 비전으로 말미암아 우리는 자신과 이 세상으로부터 창조적인 거리를 유지할 수 있으면, 인간이 당면한 곤경이라는 한계의 벽을 초월할 수 있습니다.[20]

공동체의 건강성은 한 개인의 건강성과 밀접한 관련이 있다. 홀로서기 위해서는 함께 서는 방법을 가르쳐야 한다는 것이다. 공동체적 승리의 경험을 그들에게 안겨주는 것이 중요하다.

공성식은 홍해를 건넘으로 애굽을 빠져 나온 이스라엘 백성들이 이제 가나안 땅으로 들어가기 위해 요단강을 건너는 장면에 집중한다. 이제 새로운 지도자와 함께 약속의 땅을 향해 나아가는 신(新) 이스라엘 백성에게 무엇인

20) 헨리 나우웬, 『상처입은 치유자』 34-35.

가 함께 나눌 공동의 경험이 이들에게는 중요했다고 지적한다. 그러면서 '공동체적 자발성' 의 중요성에 대해서 언급하고 있다. 그 내용을 살펴보자.

> 특히 청년들에게 이것이 중요한 까닭은 청년부 부흥의 핵심요인이라고 할 수 있는 '공동체적인 자발성' 을 불러일으킬 수 있기 때문이다. 청년들은 기본적으로 활동적이다. 청년들은 넘치는 활력을 발산할 그 무언가를 늘 찾고 있다. 그래서 혹자는 "청년들에게 흔들 깃발을 주라"고 외치지 않았던가! 정말로 청년들은 자기가 흔들 깃발을 확실히 발견하게 되면, 주저 않고 그 깃발을 들고 나가 흔든다. 그러나 이러한 청년의 활력은 공동체 안에서 다듬어지고, 통제되어야 할 필요가 있다. 더욱이 '청년부' 라는 개인이 아닌, 공동체의 변화와 성숙을 꿈꾸는 사람들은 청년부 공동체 안에서 이 모든 일들이 검증되고 경험되어야 할 필요가 있다. 그러므로 청년들의 자발적인 활력 위에다 공동체성을 덧입힐 수만 있다면, 청년부는 탄력을 받아가며 스스로 굴러가며 성장하게 될 것이다.[21]

홀로서기를 선택하는 청년들을 함께하는 승리의 광장으로 이끌어내고, 그 결단의 의지에 승리의 감격이 있을 수 있는 첫 경험을 안겨주는 것이 그들의 상처를 치유하는 길이다.

③ 울며 뿌리는 자는 기쁨으로 거둔다

성공 지향적인 리더십에 물든 청년들의 상처는 깊다. 희생과 고난의 길에 익숙하지 않다는 것이다. 오히려 그러한 희생과 고난의 길을 잘 피하는 사람이 엘리트라고 생각하고 있다는 것이다. 이러한 청년들을 향하여 이재철은 다음과 같이 청년들에게 권면한다.

---

21) 공성식, 『여호수아와 함께 뛰는 청년 목회』 98-99.

40년대와 50년대의 청년들이 목숨을 걸고 나라를 찾고 지켰다면, 60년대와 70년대의 청년들이 이 땅에서 가난을 물리치고 우리 나라가 세계를 향해 발돋움할 수 있는 발판을 마련했다면, 오늘의 청년들은 이런 기성 세대에게 감사할 수 있어야 한다. 그리고 그 다음 몫을 오늘의 청년들이 감당해야 한다.

그러므로 이 땅의 청년들은 이제부터 정직의 씨를 뿌려야 한다. 신실의 씨를, 근면의 씨를, 진실의 씨를, 이 시대의 청년들이 뿌려야 한다. 울더라도 뿌려야 한다. 괴롭더라도 뿌려야 한다. 어렵더라도 뿌려야 한다.[22]

울면서 뿌리는 삶의 가치와 중요성을 강조하여 주는 것이 그들의 상처를 치유하게 될 것이다. 울면서 뿌리는 자의 그 기쁨을 그들이 알게 된다면 그들은 치유될 것이다. 자신의 양식을 위하여 뿌리는 자들이 아니라, 우리의 믿음의 후손들을 위하여 뿌리는 그 역사적 책임감을 그들이 인식하게 된다면 그들의 상처는 치유될 것이다.

④ 옳은 길을 가르치라. 사랑을 실천케 하라

다원화된 세계 속에서 우리들은 '다름'을 인정하는 것이 관대한 인격인 것처럼 착각하도록 청년들을 방치하였다. 그러한 방치는 결국 그들을 혼란케 하고 방황케 하는 원인이 되었던 것이다. 스스로 무엇이 옳은 것인가를 분별할 수 있는 능력을 키워주기 보다는, '이것은 옳고 저것은 틀리고' 식의 단편적인 분별력을 대물림해준 결과로 생겨난 상처라 할 수 있다. 이는 신앙의 기본은 가르치고 신앙의 과정은 안 가르친 것이나 다름없다. 교리는 가르치고 성화의 삶은 가르치지 않은 결과라 하겠다.

김중기의 이야기를 들어보자.

예수님에게는 윤리의 기본이 '새사람 됨'이라는 신앙적인 전제(신앙의 의

---

22) 이재철, 『청년아, 울더라도 뿌려야 한다』 (서울: 홍성사, 2000), 44.

식화) 곧 '하나님의 자녀됨' 에서 시작되며, 그 윤리의 과정이 '주님의 제자됨' 이라는 신앙적인 관계(신앙의 생활화)로 전개된다. 그래서 예수님의 윤리적인 교훈은 하나님과 인간과의 올바른 관계를 근본적인 차원에서 풀어가는 과정으로 묘사된다. 예수님은 우선 자기 정체성(self-identity)부터 규명하는 그것을 인자와 하나님의 아들, 곧 진정한 사람됨의 길을 열어 주는 하나님과 인간과의 매개의 역할로 자처한다. 우선 예수님은 하나님을 '나의 아버지' 라고 부르며, 변하여 새 사람된 이들을 '하나님의 자녀' 라고 불러 그들을 하나님과 끊을 수 없는 관계로 엮어 놓는다. 그래서 그들이 일상생활 속에서 부단히 하나님을 '아버지' 라고 부르며 하나님과의 밀접한 교통이 윤리적 교훈의 내용이 되는데 그것이 바로 주님을 스스로 모시고 그를 따라 사는 제자의 길이다. 그리고 그 모든 관계의 내용은 사랑이다. 이 사랑은 이상적이거나 관념적인 규범으로서가 아니라 삶의 체험적인 차원으로서 생활의 현장으로 연결된다.[23)]

다름을 인정하는 것을 가르치기 전에 사랑하는 방법을 가르쳐야 한다. 다름을 인정하고 다른 길을 가는 것이 아니라, 옳은 길을 걸어가는 것이 중요하다는 것을 청년들이 알 때에 그들이 가는 길은 분명하게 되고, 그들의 상처는 치유될 것이다. 혼란과 방황에서 빠져나오는 길은 옳은 길로 걸어 나오는 것이다. 그 길은 자신의 생각과 판단에서 벗어나 예수님이 가셨던 '사랑의 길' 을 선택하고 그 사랑을 이웃과 함께 나누는 현장에서 재현되어야만 한다. 그러한 실천이 있어야 그들의 상처는 치유된다.

---

23) 김중기, 『참가치의 발견』 (서울: 도서출판 예능, 1995), 196.

나가는 말

서론에서 지적했듯이 한국교회의 구조는 기성세대 중심이고 장년부 중심으로 되어있다. 물론 교회를 운영하기 위한 직분과 재정이라는 면에서 그럴 수밖에 없는 한계를 간과할 수는 없으나 미래를 생각하고 준비하는 목회라면 청년목회에 관심을 가져야 한다는 점을 강조하고 싶다. 무엇보다 청년들의 상처에 대한 치유가 없이는 미래의 건전한 교회와 사회를 기대하기 어렵기 때문이다.

청년들의 문제와 아픔과 상처를 이해하기 위해서는 먼저 교회 차원에서 청년들에게 관심을 갖고 그들을 이해하도록 협조해야 한다. 기성세대는 대체로 보수적이다. 따라서 청년들의 문제를 이해 못하는 것이 사실이다. 그렇다고 그들 스스로 해결하기를 기다리는 것도 옳은 방법은 아니다. 그들의 문제와 아픔을 대수롭지 않게 생각하거나, 어린아이가 아니므로 알아서 해야 한다고 떠맡기거나, 막연하게 기도하면 된다고 말하기 보다 관심을 갖고 그들을 이해하는 자세를 갖는 것이 필요하다. 현실을 무시한 믿음의 강요는 역효과를 낼 뿐이다.

목회현장에서 나타나는 청년들의 상처를 치유하기 위해서는 그들에게 애정을 갖고 그들의 형편을 이해할 수 있는 청년사역자가 필요하다. 주일예배 중심의 파트타임 사역자가 아닌 청년목회를 위한 전담사역자가 필요하다는 말이다. 그래야만 주중에도 그들과 만나 그들의 삶의 이야기를 들어주고 그들의 아픔을 어루만져줄 수 있기 때문이다. 청년부 예배 설교나, 성경공부나 친교모임으로 그들의 상처가 모두 치유될 것이라고 생각해서는 안된다. 개인적인 인격적 만남과 그들의 눈높이에 맞춘 이해가 요구된다.

인격적인 만남과 상담뿐만이 아니라, 청년들의 삶에 도움이 되는 교육프로그램을 개발해야 한다. '나 홀로' 또는 '홀로서기'로 상징되는 젊은 세대에게 '우리'의 중요성을 느낄 수 있는 프로그램을 제공할 수 있어야 한다. 그리하여 함께 사는 법을 배우도록 도울 필요가 있다. 그럴 때 나 혼자가 아

니라는 인식과 더불어 자신의 문제와 상처를 나누며 치유의 길로 나아갈 수 있을 것이다.[24)]

청년들의 상처가 목회현장에서 발견되는 것이므로 목회 차원에서 청년들을 신앙화하는 일이 필요하다. 나의 문제가 타인의 도움으로 해결되다보면 의타심만 커지게 되고 자립심이 약해져 조금만 어려운 문제가 생겨도 해결하려고 하지 않고 오히려 쉽게 포기하는 경우가 많아지게 된다. 따라서 신앙을 통하여 문제를 극복하고 이길 수 있도록 이끌어 주어야 한다. 신앙은 상처를 치유하는 중요한 요인이다.

상처의 치유와 극복을 위하여 교회는 청년들에게 미래를 향한 비전을 현재의 삶 속에서 제시해야 한다. 아울러 그들에게 기독교적 세계관과 인생관을 심어주어야 한다. 그리하여 그들로 하여금 옳은 길을 가는 책임 있는 청년정신을 가진 신앙인으로 살도록 해야 한다. 이것은 그들이 상처를 받는 것으로부터 보호하는 역할을 할 것이다.

그리스도께서 "내가 온 것은 양으로 생명을 얻게 하고 더 풍성히 얻게 하려는 것이다"(요 10:10)라고 하신 말씀은 우리 청년목회의 현장에 있는 목회자들이 가져야할 방향을 가장 잘 제시하고 있다. 교회와 목회자는 교인들의 전인적 성장을 염두에 두고 그들에게 예수님의 따뜻한 사랑을 전해주어야 하며, 특별히 청년들에게 그들이 겪고 있는 청년기의 혼란이 오히려 앞으로 그들의 삶에 있어서 스스로 문제를 대결해 나갈 수 있게 하는 힘으로 성장 되어지게 전폭적인 지지와 배려를 하여야 한다. 청년들의 삶이 풍성해 질 때 그들이 이끌어 나갈 우리 교회의 미래도 풍성해 질 것임을 다시 한번 강조한다.

---

24) 1997년 기독교윤리실천 운동 대학생 위원회의 〈대학생이 바라본 현대문화〉의 보고에 의하면, 교회에서의 교육이 청년들의 문제를 해결하는데 효과적이었는지를 묻는 질문에 '매우 그렇다' 9%, '그렇다' 39%, '그저 그렇다' 40%, '그렇지 않다' 10%의 대답이 나왔다. 긍정적인 대답이 48%인 것에 비해 부정적인 대답이 50%였다. 교회의 청년 교육프로그램이 대해 그다지 잘 운용되지 못하고 있음을 보여준다. 김희자, "정보사회의 청년, 그들은 누구인가," 115에서 재인용.

▶ **주제어 :** 청년, 상처, 치유, 공감, 기독교 세계관

참고 문헌

Nouwen, Henri J. *The Wounded Healer*. 최원준역, 『상처입은 치유자』 서울: 두란노, 1999.

Seamands, David A. and Beth Funk. *Healing for Damaged Emotions Work Book*. 김재서 옮김. 『상한감정의 치유 워크북』 서울: 예찬사, 1994.

Murren, Doug. *Churches That Heal: Becoming A Church That Mends Broken Hearts And Restores Shattered Lives*. 심영우 옮김. 『치유하는 교회』 서울: 홍성사, 2002.

공성식.『여호수아와 함께 뛰는 청년 목회』 서울: 기독신문사, 2004.

김중기. 『참가치의 발견』 서울: 도서출판 예능, 1995.

『2005학년도 신입생 실태조사 보고서』 서울: 숭실대학교 학생지도상담소, 2005.

김희자. "정보사회의 청년, 그들은 누구인가," 『기독교사상』 (2001년 7월호): 106-117.

손운산. "치유목회의 기본 구조," 『대학과 선교』 제9집 (2005): 257-273.

이상화. "청년들이 교회를 떠나고 있다," 『기독교사상』 (2001년 7월호): 14-23.

임상빈. "청년들의 개인주의와 공동체 의식," 『기독교사상』 (200년 7월호): 118-132.

조세영. "청년사역이 어렵고 힘든 이유," 『기독교사상』 (2001년 7월호): 36-46.

통계청 자료. http://kosis.nso.go.kr/cgi-bin/sws_999.cgi

ABSTRACT

A MINISTRY FOR WOUNDED YOUNG ADULT AND HEALING

One of serious problems of the Korean Church in general is decreasing of the young adults in the church. Why then do they leave the church? There are at least four reasons: first, church doctrine is difficult to accept for them; second, they cannot adjust to the atmosphere of the church community; third, they have negative impressions on ministers, and fourth, they are faced with their own life problems.

Young adults who have potentiality and various dreams have conflicts in reality. According to surveys, the primary concern for both Christian and non-Christian young adults is their uncertain future. Christian young adults particularly are wounded on a problem of either reality or devotion. Many young adults want to have a part-time job and learn foreign languages for getting better employment. Their faith however requests them to keep Sunday, serve the church and devote themselves to the church. Here are their burdens and conflicts. They agonize in between realistic choice for better future and religious duty.

Many young people put their higher value on success and pursue it. If they fail, they feel frustration. Although failure is a part of life journey and every one experiences it through life, they do not know how to overcome their failure. This is their dilemma. If they do not overcome their

failure, their wound will be continued and deepened.

Dimensions of healing are various: mental, physical, relational, ecological, structural, value and spiritual. In order to discover methods of healing our wounds, David A. Seamands and Beth Funk mention six steps: first, face up to the problem; second, accept your responsibility; third, ask yourself whether you really want to heal; fourth, forgive those who are related with your problems; fifth, forgive yourself; and sixth, pray to the Holy Spirit in order to see your problems precisely and know what to ask for it.

There are three directions of healing: One is empathy. Empathy is cognitive power to understand other's feeling. Empathy is a basic for healing ministry to have an ability to understand their wounds that are derived from the state of life. Second direction is to recognize their 'being.' Young people are obsessed with the idea that they have to do something better. Although they do lot of works, their contentment is not enough. The more serious problem in their exhaustion is not disappearance of energy, but of meaning. Third one is to aware the importance of community. 'I' or 'you' cannot exist without community because one exists in the relationship with others. P. Ricoeur calls this 'oneself as another.' Healing is occurred in healthy community or caring community. Wound will be healed through caring each other. This brings spiritual growth.

In order to understand young people's pain and wound, we have to be concerned about them. They need their own minister who has affection to them. The minster may listen their stories and soothe their pain. Besides personal meeting and counseling, church should develop education programs for them. The most important thing is to suggest vision for their future. In addition to providing Christian world-view makes them to be responsible Christians.

▶ **Key Words :** young adult, wound, healing, empathy, Christian world-view

학생 채플 분석과 개선방안 : 숭실대학교를 중심으로

들어가는 말

기독교대학은 일반적으로 기독교 이념을 구현하기 위해 설립되었다. 우리나라의 기독교 대학은 한국 선교 초기 선교사들에 의해 세워진 대학과 그 후에 교단이나 교회 또는 기독인들에 의해 설립된 대학으로 나눌 수 있다.[1] 여기에는 신학대학이었다가 종합대학으로 바뀐 대학도 포함된다. 기독교 대학들은 기독교 정신으로 교육한다는 공통점을 갖고 시작되었다. 그러나 언제부터인가 기독교 대학들의 정체성 위기를 지적하는 일이 잦아졌다.[2]

과거에는 대학을 진학할 때 기독교 대학인 것을 인지하고 지원하는 경우가 많았다. 그래서 입학을 하고나서 채플이나 기독교과목 수강을 큰 저항없이 수용하였다. 그러나 요즘은 거의 학력고사 성적에 의해 학교를 선택하다 보니, 학교의 전통이나 역사 또는 대학의 종교적 배경에는 별로 관심이 없다. 심지어 전공할 과목의 커리큘럼에 별 관심없이 그저 점수에 맞는 학과가

---

1) 선교사들에 의해 세워진 대학은 숭실대, 연희대(연세대), 이화여대, 한남대 등이 있고, 교단이나 교회 또는 기독교인들에 의해 세워진 대학은 강남대, 관동대, 명지대, 서울여대, 남서울대, 백석대, 전주대, 호서대 등이 있다.

2) 은준관, "한국의 근 · 현대화와 기독교 학교의 역할--기독교 학교의 존재 이유와 역할을 중심으로" 『기독교사상』 447호 (1996년 3월): 10-20; 이계준, "기독교 대학의 정체성 위기와 확립" 『기독교사상』 447호 (1996년 3월): 21-30.

있는지, 받은 점수로 입학이 가능한지가 더 중요한 관심사가 되었다. 점수에 의해 학교를 진학하다 보니, 입학을 하고나서 채플에 참석하고 기독교 과목을 수강하는 일이 부담스럽고 이에 따른 부작용도 많은 것이 사실이다.[3)]

기독교인보다 비기독교인 학생 비율이 높은 상황에서 채플을 운영한다는 것은 쉬운 일이 아니다. 채플 운영에 있어 중요한 것은 비기독교인 학생들에게 어떻게 하면 채플 참여에 대한 부담감내지는 반감을 최소화하고, 자발적으로 참여하는 채플이 될 수 있을까 하는 점이다. 왜냐하면 숭실대학교의 경우 재학생 60-70%가 비기독교인이기 때문에 채플 참여가 자발적으로 이루어지기 어렵고, 교회에서 행해지는 예배의 형식을 따라 채플을 진행하기에는 갭이 있는 것이 사실이기 때문이다. 따라서 이 문제를 해결하기 위해 채플의 성격에 맞는 강사 선정과 비기독교인 학생들도 부담없이 접근할 수 있는 개방적 형태의 채플을 진행하되 예배의 본질을 훼손하지 않는 범위에서 채플을 운영하기 위해 다각도로 구상하며 학생들의 눈높이에 맞춘 다양한 컨텐츠를 개발하려고 노력하고 있다.

---

3) 숭실대학교의 경우 법과대 학생이 채플교육을 종교행위 강요로 소송을 제기한 적이 있다. 그러나 대법원에서 채플교육은 "보편적 교양인을 양성하기 위한 것"으로 "헌법상 종교의 자유에 반하는 위헌적 학칙이 아니다"라고 판시한 바가 있다 (대법원 판례, 1998년 11월 10일). 채플에 대한 반발은 채플 거부가 아니라 채플 자유화라며 2006년 1월부터 재개되었다. 김00군이 휴학을 하고 채플 자유를 주장하며 교내학생들을 대상으로 설문조사, 채플 자유화 스티커 부착, 일인 시위, 학교 홈페이지를 통해 총장과 교목실장에게 이메일 발송, 인터넷 카페를 통한 세 규합, 종교자유 집회 참여 등을 하다가 2006년 11월 교육인적자원부에 숭실대 학칙에 대한 시정명령 또는 변경신청을 냈지만 받아들여지지 않았다. 그러자 바로 2007년 2월 16일 "대학채플을 6학기 이상 의무적으로 이수해야 졸업을 인정하는 숭실대 학칙에 대해 교육부가 시정을 명하는 등 제재를 하지 않는 것은 위헌"이라며 2007년 2월 16일 헌법재판소에 헌법소원신청을 냈으나 이것 역시 받아들여지지 않았다. 이런 문제에 대한 반론을 보면 다음과 같다: "대학은 자유가 보장되는 사회이다. 종교 선택의 자유가 보장되는 것처럼 교육 선택의 자유도 보장되어야 한다. 학생들에게 학교 선택의 자유가 보장되는 것처럼 학교를 설립하는 설립자의 설립 이념과 운영의 자유도 보장되어야 한다. 특정 종교의 교육을 위하여 설립된 대학은 설립 목적을 학교 안내서에 명시해야 함은 물론이다. 한국에서 대부분의 기독교 대학들은 학교를 안내하는 대학 안내서에 대학의 설립 이념을 이해하고 자신의 선택에 의해서 학교를 결정하고 들어온 학생들에게 학교는 특정 종교에 대한 과목을 수강하도록 요구할 권리가 있으며 학생들은 이러한 요구에 응해야 할 의무가 있다." 박용우, "학원 선교와 채플" 『기독교 대학과 학원 선교』 이계준 엮음. (전망사, 1997), 99.

이 연구에서는 1992년부터 2007년까지 16년 동안의 숭실대학교 학생채플의 변화를 비교 · 분석하여 보다 나은 채플로 만들어 가기 위한 개선 방안을 살펴볼 것이다. 그리고 채플 교육의 기본적인 전략을 찾아볼 것이다.

본 론

숭실대학교의 교육이념(건학이념)은 기독교 정신에 바탕을 둔 진리와 봉사이다. 그리고 교육 목표 가운데 하나는 기독교적 인간 교육이다. 이것을 위하여 숭실대학교는 1학년부터 3학년까지 3년(6학기) 동안 채플을 교양필수 과목으로 실시하고 있다.[4)]

대학채플은 교회의 예배와는 성격이 다르다. 우선 대상에 큰 차이가 있다. 교회 예배에 참석한 사람들은 일반적으로 전체가 교인이거나, 기독교인이 되기 위해 참석한 사람들이다. 그러나 대학채플에 참석한 학생들은 그렇지가 않다. 30~40%만이 기독교인이고 나머지는 비기독교인들이다. 이들에게 채플은 교양필수 과목이기 때문에 참석하는 것이지 기꺼이 좋아서 참석하는 것이 아니다. 따라서 채플에 참여하는 마음가짐이나 태도에 있어 교회 예배에 참석하는 교인들과는 근본적으로 다르다. 이런 상황에서 기독교인보다 비기독교인 학생 비율이 높은 기독교대학에서 채플을 운영한다는 것은 쉬운 일이 아니다. 비기독교인 학생들이 채플 참여에 대한 부담감내지는 반감을 최소화하는 것이 중요한 일이기 때문이다. 비기독교인이 많은 채플에서 그들의 자발적 참여를 기대하기는 어렵다. 대학채플은 거의가 피동적이다. 이런 상황에서 교회에서 행해지는 예배의 형식을 따라 채플을 진행하기

4) 각 대학마다 채플을 실시하는 기간이 다르다. 계명대학교는 2학기(1년), 연세대학교와 한남대학교는 4학기(2년), 숭실대학교와 서울여자대학교는 6학기(3년), 이화여자대학교는 8학기(4년) 동안 참석하게 되어 있다.

에는 한계가 있다. 따라서 비기독교인 학생들도 부담 없이 접근할 수 있는 개방적 형태의 채플을 진행하되 예배의 본질을 훼손하지 않는 범위 안에서 학생들의 눈높이에 맞춘 다양한 콘텐츠를 개발해야 한다.

채플은 매학기 월요일부터 수요일까지 3일 동안 12번 실시되며 2/3이상의 출석을 요구하고 있다.[5] 채플은 크게 일반채플과 문화 채플로 구분할 수 있다. 일반채플은 강사 중심의 메시지 채플이고, 문화채플은 실험채플, CCM 채플 그리고 영어채플로 구성된다. CCM 채플은 CCM학과 학생들이 중심이 되어 현대 기독교 음악(Contemporary Christian Music)과 메시지로 일주일에 일회 진행된다. 영어채플은 영어로 진행되고 DOVE 찬양팀의 찬양 인도로 영어 찬양을 하며 미국인 목회자가 말씀을 전한다. 일반채플 대부분이 단과대학 중심으로 출석하게 되어있는 반면 (수업시간 중복으로 정해진 채플에 참여하지 못하는 학생들을 배려하여 구성된 채플이 두 번 있다.) CCM 채플과 영어채플은 학생들이 선택하여 참석할 수 있게 구성되었다.

5)

요 일	시 간	대 상
월요일	3교시	인문대, 자연대, 사회대〈1학년〉
	5교시	인문대, 자연대, 법대, 경상대〈2학년〉, 법대〈3학년〉
	6교시	전체[CCM채플]
	7교시	주야간 전체
	9교시	이부 전체
화요일	3교시	경상대, 공대〈1학년〉
	4교시	인문대, 자연대, 사회대〈3학년〉, 법대〈1학년〉
	5교시	사회대, IT대〈2학년〉, 경상대〈3학년〉
	6교시	전체[영어채플]
	7교시	주야간 전체
수요일	3교시	IT대〈1학년〉, 공대〈2학년〉
	5교시	IT대, 공대〈3학년〉

1. 채플 변화 분석

1) 채플 내용 변화 분석표

숭실대학교 학생채플에 있어 1992년부터 2007년도까지를 비교할 때 (1995년부터 2004년까지는 생략), 일반 메시지 채플과 문화채플의 비율과 일반 메시지 채플에서 강사의 비율을 비교해 보면 다음과 같다.

년도	총 채플 횟수 (백분율)	일반 메시지 채플		문화채플
		교내 강사	교외 강사	
1992	150	51	64	35
	110%	34%	43%	23%
1993	176	58	81	37
	100%	33%	46%	21%
1994	233	74	113	46
	100%	32%	48%	20%
2005	237	34	90	113
	100%	14%	38%	48%
2006	253	82	52	119
	100%	33%	20%	47%
2007	238+12=250	62	47	141
	100%	25%	19%	56%

〈 분석 내용 〉

일반 메시지 채플에 있어 강사의 비율이 1992년부터 1994년까지는 교내 강사보다 교외 강사가 많은 것으로 나타났다. 교외 강사가 적어도 40%이상을 차지했고, 교내 강사는 30%대를 유지했다. 2005년 교외 강사 비중이 38%로 낮아지면서 교내 강사의 비중도 14%로 급격히 감소했다. 그것은 10년 전 교목 3명으로 채플이 운영되던 것이, 2005년에는 2명으로 줄어든 것이 큰 이유이다. 2006년부터는 교내 강사 비율이 증가하기 시작하였고, 이에 따라 교외 강사의 비율이 20%대로 현저히 줄어든 것이 눈에 띈다. 그것은 2006년 1학기부터 겸임교목이 한 학기에 1주일을 맡은 비중으로 비율이 증가하였다. 아울러 숭실대학교 교수 가운데 목사인 분들을 채플 강사로 초청한 것도 교내 강사 비중이 증가하게 된 원인 가운데 하나이다.

문화채플과 일반 메시지 채플을 비교할 때, 10년 전 문화채플이 20% 정도였던 비율이, 2005년부터 50% 정도의 비율로 강화되었다. 문화채플은 일반적 전통예배 형식을 탈피하여 진행되며, 작은 콘서트 형식으로 진행된다. 단, 문화채플에 포함된 CCM채플은 열린예배 형식으로 진행되고, 영어채플은 영상을 활용한 열린예배 형식으로 진행되고 있다. 문화채플의 비중은 50%정도를 유지하는 것이 교육 커리큘럼 균형에 있어서 가장 바람직한 비율이다. 비중이 더 많아지면, 채플이 단순 흥미 위주의 교육으로 변질될 우려가 있기 때문이다.

대학 채플을 담당하는 입장에서 보면 메시지 채플이 문화채플보다 더 오래가고 더 큰 영향력을 행사한다고 본다. 그러나 채플에 참여하는 학생들은 메시지 채플보다는 문화채플을 선호하는 경향이 있다. 이것은 비기독교인의 비율이 높기 때문이기도 하고, 대학생들의 성향을 나타낸 것이기도 하다. 따라서 메시지 채플의 중요성을 인정함과 동시에 대다수의 비기독교인 학생들이 채플에 관심을 갖고 집중하도록 하기 위해 문화채플의 다양화를 고려하고 있다. 효과적인 채플을 위해 영화채플, 음악채플, 이야기가 있는 클래식채플, 대담채플 등의 신설을 통해 학생들의 관심을 높일 필요가 있다. 이것이 비기독교인 학생들이 기독교를 만날 수 있는 접촉점이 되기 때문이다.[6]

---

6) 여기에서는 지면상 논의를 하지 못하지만 문화선교에 있어 접촉점은 매우 중요하다. 누가복음 15:11-32에 나오는 탕자의 비유를 통하여 문화적 접촉점에 대하여 설명한 글로, 성인경, "청소년과 기성세대간의 문화적 접촉점 찾기" 『기독교사상』 제496호 (2000년 4월): 28-38을 참조하라. 선교적 접촉점에 대해서는 바울이 아덴에서 선교한 것을 예로 들 수 있다. 이것에 대해서는 필자의 "사도행전 17:13-34에 나타난 사도 바울의 타문화권 선교방법론" 『선교와 신학』 제14집 (2004년 12월): 145-173을 참조하라.

2) 강사 선정의 문제

숭실대학교 교목실은 매 학기말 채플 참여 학생들을 대상으로 한 설문 조사에서 기억에 남는 강사, 다시 초청하고 싶은 강사 등 채플 강사에 대한 호응도를 조사하고 있다. 이 결과에 따라 호응도가 높은 강사는 다시 초청하기도 한다.

채플 강사 선정에 있어 대형교회 담임목회자나 저명한 목회자의 초청을 매학기 시도하고 있다. 그러나 그들의 바쁜 스케줄로 초청 자체가 무척 어려운 것이 현실이다. 뿐만 아니라 목회자를 존경하는 교인들을 대상으로 한 설교와 다수의 비기독교인 학생들을 대상으로 한 메시지 전달은 그 성격이 다르다는 점이 지적되고 있다. 따라서 반응없는 학생들 앞에서의 설교를 별로 원하지 않는다는 느낌을 받을 때도 있다. 이런 점이 대형 교회 목회자들의 채플 초청의 장애 요인이다. 그러므로 저명한 목회자 보다는 오히려 대학생 목회를 하는 교육목사 또는 부목사의 초청이 학생들의 감각을 이해하여 메시지를 전하는데 훨씬 효과적일 수 있다는 점이 고려될 필요가 있다. 여기에 대상이 대부분 비신자라는 점이 간과되어서는 안된다.

강사는 채플 참석의 대상의 다수가 비기독교인이라는 것을 인지하고, 비기독교인 학생들이 이해할 수 있게 기독교 용어의 사용을 자제하고 학생들이 이해할 수 있는 용어로 대체하는 노력이 필요하다. 아울러 명령조의 설교나 강압적인 태도는 삼가야 한다. 이것이야말로 의무적으로 참석하는 학생들을 배려하는 것이고 그들이 갖기 쉬운 채플에 대한 거부감과 반감을 줄일 수 있는 길이기 때문이다. 중요한 것은 유명한 강사보다 학생들을 이해하고 그들의 마음에 감동을 주고 인생에 방향을 제시할 수 있는 강사를 선정하는 것이다. 이런 점에 초점을 맞추어 학생들에게 실질적으로 도움이 될 수 있는 강사를 신중하게 선정하는 노력이 필요하다.

3) 문화 채플 컨텐츠 변화

일반 메시지 채플의 경우, 대부분 강사가 성경 본문과 말씀의 주제를 정한다. 그러나 문화채플의 경우, 물론 공연 내용은 그 팀에서 결정을 하지만, 언제, 어떤 팀이 오는 것이 좋을지를 내부적으로 결정하여 섭외를 하게 된다. 예를 들어, 수난주간에는 그 분위기에 맞는 내용을 연출할 수 있는 팀을, 부활주간에는 거기에 맞는 팀을 초청하게 되는 것이다. 1992년부터 2007년까지의 문화채플 팀과 그 내용을 보면 다음과 같다.

년도	총 횟수	문화채플 내용		
1992	35	수난명상예배	8회	침묵과 찬양으로 이루어진 실험예배
		드라마	8	2인극
		늘노래 선교단	8	찬송가풍의 복음성가 선교단
		모스크바대학 성가 합창단	3	대학 성가대 합창단
		숭대극회	8	교내 연극 동아리
1993	37	명상예배	5	침묵과 찬양으로 이루어진 실험예배
		한국국악선교회	8	국악 찬양 선교단
		몸소리찬양 연구회	8	찬양가사에 맞는 율동으로 선교
		웨스트민스터합창단	8	교내 합창단
		숭대극회	8	교내 연극 동아리
1994	46	윤향금	10	모노 드라마
		늘노래 선교단	10	찬송가풍의 복음성가 선교단
		찬양선교단	6	복음성가풍의 찬양 선교단
		숭의여전발레팀	10	현대무용팀
		숭대극회	10	교내 연극 동아리
1995	54	안성진, 노래하는 어부들, 소리엘, 아침, 발자욱, 곽상엽	30	찬양
		가리온 현대무용단	12	무용
		숭대극회	12	교내연극 동아리
2000	61	영어채플, 서웅기획, 멘토 선교단, 마르지 않는 샘	29	찬양
		가리온 현대무용단, 물멧돌 선교단	16	무용

년도	총 횟수	문화채플 내용		
2000	61	우물가 선교회, 이영식 선교사	16	연극
2005	113	CCM채플	14	CCM학과 찬양팀 채플 인도
		영어채플	14	DOVE 영어채플 Praise Team인도
		아노니모스	4	8명으로 구성된 Woship 인도팀
		잉글사이드	6	5인조 밴드
		물맷돌 무용단	12	고전무용 선교단
		말죽거리연극단	12	4개의 에피소드로 구성된 연극
		G2G	10	6인조 밴드
		가리온현대무용단	7	숭의여대 무용과 선교단
		Acts 선교단	12	연극선교팀
		해오른 누리	10	남녀혼성 CCM 중창팀
		백종석(소라기획)	2	솔로 CCM 중창팀
		CCM학과	5	50여명으로 구성된 합창, "증인들의 고백" 공연
		만돌린 오케스트라	3	40명 만돌린 오케스트라
		웨스트민스터합창단	2	50명 교내 합창단
2006	119	CCM채플	14	CCM학과 찬양팀 채플 인도
		영어채플	14	DOVE 영어채플 Praise Team인도
		크로스 오카리나	4	2인조 오카리나 연주팀
		DJ (Drawing Jesus)	3	힙합댄스팀
		동방현주	2	4인조 여성 CCM 가수
		FL Ministry	5	힙합 댄스팀
		클래식 채플	15	성악과 연주로 열린 클래식채플
		하정완 목사	8	〈주먹이 운다〉 영화 영상 채플
		이지영	4	'낙태'를 주제로 한 1인 퍼포먼스
		For You	5	남녀 혼성 CCM팀
		Soul Singers	4	여성4인조 CCM팀
		아카펠라	3	남성5인조 아카펠라팀

년도	총 횟수	문화채플 내용		
2006	119	이길승	5	CCM 가수
		사랑이야기	5	남성 2인조 CCM팀
		좋은 씨앗	2	남성 2인조 CCM팀
		홍성혁	12	'Egoism'을 주제로 한 3인 연극
		숭대극회	2	교내 연극 동아리
		DMT(Dream Mission Team)	12	힙합 댄스팀
2007	141	CCM채플	11	CCM학과 찬양팀 채플 인도
		영어채플	11	DOVE 영어채플 Praise Team 인도
		the Play	12	뮤지컬(기획채플)
		김문애 교수팀	12	선교무용
		FL Ministry	7	힙합댄스팀
		DMT	5	힙합댄스팀
		박창룡 집사	2	판토마임
		하정완 목사	4	영화 영상 채플
		KRYGEN	12	찬양채플
		박종호	12	콘서트
		웨스트민스터합창단	3	교내 합창단
		숭대극회	12	교내 연극 동아리
		희망콘서트	2	콘서트
		클래식채플	24	성악과 연주, 악기 및 곡 소개
		가리온무용단	12	무용단

〈 분석 내용 〉

문화채플의 횟수가 늘어남과 더불어 문화채플의 콘텐츠에도 변화가 오고 있다. 10년 전만 해도 찬송가와 복음성가 중심의 교회 색채가 짙은 선교단과 합창단 등이 문화채플의 컨텐츠였다. 하지만 현재는 일반 비기독인 학생들도 쉽게 접할 수 있는 내용으로 구성된 찬양팀, 성악가, 악기 연주팀, 댄스

팀, 연극팀 등의 다양한 팀들이 문화채플의 게스트로 초청되고 있다. 초청팀들도 10년 전에는 일반 아마추어팀이 주로 초대되었으나, 지금은 음반과 콘서트, 공연을 하고 있는 아마추어 이상급의 팀들이 초청되고 있다. 과거에 비해 특이한 것은 CCM 채플의 경우 CCM학과 학생들로 구성된 찬양팀이 채플을 인도하고, 영어채플의 경우 숭실대 재학생으로 구성된 DOVE팀이 찬양을 맡고 있다는 점이다. 자체 인프라 구축 차원에서 바람직한 현상이라 생각한다.

4) 채플 진행 순서 변화

숭실대학교의 학생 채플은 어떤 순서로 진행이 되고 있을까? 10년 전의 순서와 최근의 순서를 비교해 보았다.

<table>
<tr><th rowspan="2">10년 전</th><th colspan="2">현재(이원화)</th></tr>
<tr><th>일반 메시지 채플</th><th>문화채플</th></tr>
<tr><td>- 예배의 부름
- 송영
- 찬송가
- 대표기도
- 기도송
- 말씀봉독
- 성가대 찬양
- 말씀 선포
- 기도
- 광고
- 찬송
- 축도</td><td>- 환영("당신은 사랑받기 위해 태어난 사람" CCM)
- 대표기도
- 특별찬양 (웨스트민스터합창단)
- 말씀 읽기(자막영상)
- 메시지
- 알림
- 보냄의 기도</td><td>- Opening 영상 (선교, Music Video, 에니메이션, 일반 영상 등)
- 초청팀 소개
- 초청팀 콘서트
- 알림
- 보냄의 기도

〈CCM채플/영어채플〉
- 전반주 : 찬양
- 후반부 : 메시지</td></tr>
<tr><td>전통적 예배 형식</td><td>순서 간소화 및 채플 용어를 쉽게 바꿈</td><td>열린예배 형식 또는 작은 콘서트 형식</td></tr>
</table>

〈 분석 내용 〉

채플의 진행순서가 10년 전만 해도 교회의 예배 형식과 거의 같았다. 메시지 중심의 일반채플이 주를 이루었던 것이다. 그러나 요즘은 순서가 간소화 되었고 용어도 비기독교인도 알기 쉽게 바뀌었다. 일반 메시지 채플의 경우 가스펠송 한곡과 찬송가의 곡을 한곡을 선정해 균형을 맞추고 있다.[7] 문화채플의 경우는 일반적 전통예배 형식을 탈피하여 순서가 더욱 단순화되어 소위 '열린예배' 형식 또는 작은 콘서트 형식으로 진행되고 있다. CCM 채플은 전반부는 찬양으로 진행하고 후반부에 메시지로 마무리 한다. CCM채플과 영어채플 시간에는 찬송가의 찬양보다 가스펠송을 주로 부른다.

5) 영상 멀티미디어 활용도

과거 교회에서 환등기를 사용한 때가 있었다. 그 당시는 그것이 최고의 문화기기를 사용하는 것이었다. 컴퓨터가 보편화되고 다양한 멀티미디어들이 개발되며 교회들의 멀티미디어 활용도가 높아지고 있다. 설교 제목, 성경본문, 찬송가 가사, 교회 소식 등이 스크린에 자막으로 처리되고, 설교자의 모습이 영상에 그대로 담겨 교인들이 멀리서도 설교자의 모습을 볼 수 있게 된 것이다. 심지어 컴퓨터나 인공위성으로 다른 지역에서 소속 교회 목회자의 설교를 볼 수 있는 세상이 되었다.

대학교의 채플도 이런 변화에 결코 뒤지지 않는다. 과거의 채플과 현재의 채플을 비교하여 영상 멀티미디어의 활용도가 어떤지 비교해 보았다.

---

7) 채플을 시작할 때 "당신은 사랑받기 위해 태어난 사람"을 부를 경우, 대표기도 후에 찬송을 한 곡 부른다. 시작할 때 찬송을 부를 경우, 알림(광고) 후, "우리에게 향하신"을 부른다. 경우에 따라 가스펠 송 한 곡, 찬송가 두곡을 부르기도 한다.

10년 전	현재			
	일반 메시지 채플	문화 채플	영어 채플	CCM채플
거의 활용 사항 없음	모든 순서 100% 스크린 자막 처리	– 연극 (장 제목 및 주제 Black 자막) – 찬양 (가사 자막) – 댄스 (영어가사 자막 영상) – 클래식 (곡 소개 자막) – 영상채플 (영화편집 영상)	– 찬양가사 (악보제작 배포) – 메시지 (원고 자막) – 채플 순서 (순서지 제막 및 스크린 자막 처리)	– 찬양가사 (스크린 자막) – 메시지 (영상활용)
	· 2004년부터 시작	· 2000년부터 영상 멀티미디어 활용	· 1998년 시작 · 2002년부터 멀티미디어 활용	· 2001년 시작 · 2002년부터 멀티미디어 활용

〈 분석 내용 〉

채플 진행에 있어 나타나는 변화 가운데 하나는 다양한 영상 멀티미디어의 사용이다. 과거 10년 전만 해도 영상 멀티미디어의 사용이 거의 없었다. 물론 그 당시는 다양한 기기가 없었던 것이 주된 원인이었다. 그러나 요즘은 가능한 한 많은 것을 보고 듣게 만들고 있다. 요즘은 컴퓨터가 보편화되고 다양한 멀티미디어가 개발되어 멀티미디어 활용도가 높아지고 있다. 기본적으로 채플 순서를 스크린을 통해 볼 수 있도록 자막 처리를 하고 있다. 또 찬송가 가사를 대형 스크린에 비추어 찬송가를 안보고도 찬양을 부를 수 있게 하고 있고, 성경 구절도 자막으로 처리하고 있다. 뿐만 아니라 메시지의 중요한 내용을 파워 포인트로 만들어 영상으로 보도록 하고 있다. 이것이 채플에 집중하게 하는 효과를 보이고 있다. 보고 듣는 오디오 비주얼 뿐만 아니라 오디오 비주얼을 통해 느낄 수 있는 멀티미디어의 사용이 채플의 효과를 증가시켜주고 있다.[8)]

2. 채플 개선 방안

지금까지 일반 메시지 채플과 문화채플의 비율 비교, 교내외 강사 비율, 강사 선정의 문제, 문화채플 컨텐츠의 변화, 채플 진행 순서의 변화, 영상 멀티미디어 활용도에 대한 분석을 하였다. 과거의 채플의 형태와 현재 채플의 모습을 비교해 보았다면, 앞으로의 채플은 어떠해야 할 것인가? 채플 개선 방안에 대하여 논의를 하겠다.

1) 자체 인프라 구축

먼저 일반채플의 분위기 전환을 위해서는 영상, 드라마, 찬양 등의 다양한 요소가 채플 내용에 삽입되어야 한다. 이를 위해서는 영상팀, 드라마팀, 찬양팀의 구성이 필수적이다. 현재는 CCM 채플을 진행하는 CCM 학과 학생들로 구성된 찬양팀, 영어 채플을 진행하는 DOVE팀이 있으나 이 두 팀으로는 일반채플까지 커버하기는 어렵다. 일반채플을 위한 자체 인프라가 구축되어야 한다. 그러나 현재로서는 예산상의 이유로 자체 인프라 구축이 어려움을 겪고 있다. 이 부분은 교목실 차원이 아닌 학교차원에서 해결되어야 할 사안이다. 만일 예산문제만 해결된다면, 운영비용을 장학금으로 활용하여 참여하는 학생들을 지원하거나 그들에게 봉사학점을 주어 참여를 독려할 수도 있다.

8) 학생 채플에 영상 매체를 활용하는 방안에 대해서는 다음 글을 참고하라. 허도화, "멀티미디어 시대의 학생 채플: 영상 매체의 효과적인 활용" 『대학과 복음』 제8집 (2003): 149-170.

〈 예상 인프라 구축 내용 〉

	영상팀	스킷 드라마팀	찬양팀
인　원	4명 (촬영/편집/그래픽/ 엔지니어)	5명	10명
운　영	- 학기 채플 주제에 맞는 영상 제작 - 영화 편집 - 재학생 중 선발	- 전문 드라마 연기 지도자 필요 - 주 2~3회 연습 - 전용 연습실 확보	- CCM 전문 음악 지도자 필요 - 주 1회 이상 연습 - 자체 시스템 보장
예　산	- 영상촬영 및 편집 장비 : 초기 투자 비용 1000만원 - 운영비용(장학금) 년 400만원 - 기타비용(식비, 차량운영비 등) 추가 예산 필요	- 지도자 인건비 : 1회 10만원(1주일에 2회), 년 400만원 - 무대장치 및 소품 구입 비용 : 년 600만원 - 운영비용(장학금) 년 500만원 - 기타비용(식비 등) 추가 예산 필요	- 지도자 인건비 : 1회 10만원(1주일에 2회), 년 400만원 - 현, 영어채플 Dove 팀 : 예산 250만원으로 운영 비용 활용 시, 년 250만 원 정도 추가 지원 필요
기타 사항	- 봉사학점 이수		

2) 채플 선택 폭 확대

현재 진행되는 12번의 채플 가운데 8번의 채플은 단과대학별로 참석을 한다. 나머지 4번 가운데 두 번은 시간표 중복으로 해당 단과대학의 채플시간에 참여하지 못하는 학생들이 참석하게 구성되었다. 영어채플과 CCM채플은 원하는 학생들이 선택을 하게 되어 있는데 참석 인원을 좌석수에 맞춰 제한하고 있다.

채플에 참여하는 학생들의 경우 메시지 채플보다는 문화채플을 선호하는 경향이 있다.[9] 따라서 영어채플과 CCM 채플 이외의 주제별 채플의 신설을

9) 연세대의 경우도 채플 가운데 연극, 영화, 무용, 국악, 판소리, 음악 콘서트 등을 내용으로 하는 실험채플을 선호하는 것으로 보고되었다. 정종훈, "연세대학교 대화채플의 현황과 앞으로의 과제" 『대학과 선교』 제9집 (2005): 30-31.

통해 채플 선택의 폭을 확대하는 방안을 고려해 볼 수 있다. 효과적인 채플 교육을 위해서는 영화채플, 음악채플, 이야기가 있는 클래식 채플, 대담채플 등을 신설하여 학생들의 선택의 폭을 확대해야 한다. 아울러 주제별 채플이 성공하기 위해서는 학생들의 수강신청 편의상 무작위로 들어오는 환경을 바꾸어 수강신청 시 채플내용에 동의하는 '클릭 창'을 추가하는 기능이 필요하다.

3) 문화채플 비중 강화 유지

현재 일반 메시지 채플과 문화채플의 비율을 50:50으로 유지하려고 한다. 일반채플에서 문화채플이 차지하는 비중을 현재의 50% 안쪽 비율을 유지하는 것이 바람직하다. 앞에서도 언급했지만 문화채플의 비중이 많아지면 채플 교육이 흥미위주로 흐르거나 이벤트 중심으로 변질될 우려가 있기 때문이다. 그리고 문화 채플 컨텐츠의 고급화를 위해서는 예산 지원의 전폭적 확대가 필요하다.

4) 신앙기록 카드 부활

숭실대학교에서는 과거에 신입생들에게 신앙기록 카드를 작성하게 하였다. 언제부터인지 이 신앙기록 카드가 사라져 버렸다. 전에 시행되던 '신앙기록 카드'를 부활하여 명확한 데이터를 구축하는데 활용되어야 한다. 이는 입학 전과 졸업 시의 종교 변화 비율 및 학내 재학생의 기독교 비율을 측정하는데 필요한 자료로 활용될 수 있기 때문이다. 만일 이에 대한 시행이 없으면 막연한 확률적 계산 이외에는 데이터를 구축할 방안이 없다.

5) 채플 교수 참석 강화

학생 채플에 교수들의 참여가 저조하다. 채플 순서 담당(대표기도) 교수뿐만 아니라, 전 교수의 주 1회 채플 참석을 독려하는 것을 고려해 볼 수 있다. 가능하면 각 단과대학 채플시 해당 대학 교수들이 참여가 필요하다. 교

수의 참석 여부가 학생들의 채플 참여도 및 분위기에 영향을 주기 때문이다. 채플의 분위기 개선을 위하여서는 학교 전체의 통합적 노력이 필요하다.

6) 채플위원회 강화

채플위원회는 채플 계획 및 평가에 필수적인 위원회이다. 따라서 현재 교목실 자체적으로 운영되고 있는 채플위원회의 확대 및 강화가 필요하다. 이 채플위원회를 통해 다양한 의견을 수렴하고 채플의 방향을 재점검할 필요가 있다. 아울러 실제적 채플 평가와 전략적 운영을 위하여 채플위원회 구성원은 한 학기 채플의 50%이상을 참여하도록 독려한다.

3. 채플교육의 기본 전략

채플 개선 방안으로 자체 인프라 구축, 채플 선택의 폭 확대, 문화채플의 비중 강화 유지, 신앙기록 카드 부활, 교수의 학생채플 참여 강화, 채플위원회 강화 등을 제시했다. 다음으로 채플 교육의 기본 전략을 세 가지로 나누어 간략하게 설명하겠다.

1) 채플 분위기 개선 전략 : 3차원적 기본 이해

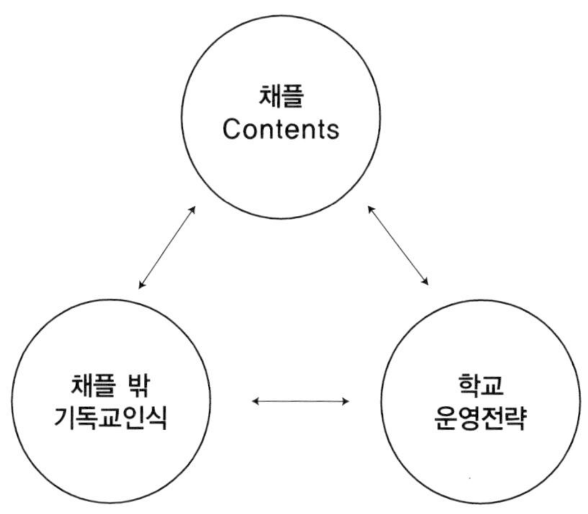

채플의 분위기는 단순히 채플 안에서 이루어지는 것의 반응이 아니라, 채플에 참여하는 학생들의 기독교 자체에 대한 총체적 반응이다. 위의 도식과 3차원적 이해의 부재는 채플에 대한 근시안적 이해 밖에는 할 수 없다.

채플 분위기 개선을 위해서는 다음의 3가지 입체적 구성요소의 균형적 변화가 반드시 동반되어야 한다. 채플 자체 내의 내용 변화를 가지고서는 채플 분위기 개선에 분명한 한계점이 있기 때문이다.

채플 분위기 개선을 위해서는 채플 밖에서의 기독교 이미지 만들기 작업 및 홍보 활동이 적극적으로 이루어져야 한다. 이를 위하여서는 각 학과 기독인모임을 활용하여야 한다. 뿐만 아니라 교수님들이 강의 시간에 채플이나 기독교 또는 성경의 가르침에 대한 긍정적인 소개가 큰 영향을 줄 수 있다.

채플 밖 기독교 이미지 만들기 작업 뿐만 아니라, 학교 운영 방향과 원칙, 그리고 실제적 운영 내용이 기독교 교육에 방향이 맞추어져 진행되고 있어야 하며, 이에 대한 평가가 학생들로부터 긍정적으로 도출되어야 한다.

2) 학생 기독교율 40% 이상 유지

채플 분위기가 개선되기 위해서는 채플 참여 구성원의 40% 정도는 명목상의 기독교인이 아닌, 실질적 기독교인의 비율이 유지되어야 한다. 이는 최소한의 교육적 분위기 마련이 채플 분위기 개선의 필수적 요인이기 때문이다. 현재 기독교인 학생들 가운데는 채플 시간에 적극적으로 참여하지 않는 경우가 많다. 신앙을 표현하는 일에 어색해 하기도 하고 자신감이 없어 익명의 기독교인으로 자신을 감추기도 하고, 다수의 비기독교인 학생들의 시선을 의식해 침묵하는 경우도 있다. 신앙의 정체성이 없어 소극적인 태도를 가질 수도 있다. 그들 가운데 일부는 CCM 채플을 선택하여 참여하기도 한다. 따라서 채플의 분위기를 개선하기 위해 기독교인 학생들이 기독교인으로서의 분명한 정체성을 갖고 적극적으로 채플에 참여하는 모습을 보여주어야 한다. 그들이 자신감을 갖고 채플에 참여할 때 분명 분위기가 달라질 것이기 때문이다. 아울러 기독교인 성적 우수 학생을 유치하기 위한 방안이 학교 차

원에서 전략적으로 구상되어야 할 것이다.

3) 채플은 교실 수업과 차별화 되어야 한다.

채플은 교실 수업과 차별화 되어야 한다. 왜냐하면 이는 학교의 이념과 정신을 교육시키는 수업이기 때문이다. 채플이 단순히 흥미만을 위주로 그 내용이 구성되었을 경우, 이로 야기되는 기독교에 대한 오해와 신앙에 대한 가벼움이라는 부정적 악영향을 피할 수 없다. 그러기에 교육은 균형이 필요하다.

또한 채플이 교양필수 과목이라 하여 교양교육에 치중하여 유명 인사를 초대하여 교양강좌를 듣게 하는 것으로 채플을 운영한다면 채플 본연의 의미를 상실할 수 있다.[10] 채플 교육은 단순한 학생들의 반응을 기초로 전략이 세워져서는 안 되며, 학생들의 문화적 눈높이와 신학적 전략을 모두 고려하는 차원의 개선방향과 개혁이 이루어져야 한다. 그러기에 채플 운영자는 쇼맨쉽을 보여주는 대중적 엔터테이너를 필요로 하는 것이 아니라, 문화적 감각을 갖춘 신학자가 되어야 한다.

나가는 말

대학이 기독교대학이라 하더라도 재학하는 학생들이 모두 기독교인들만은 아니다. 따라서 그들을 대상으로 채플을 진행하는 것은 쉽지 않은 일이다. 더구나 무신론자, 타종교인, 그리고 부정적인 선입관과 반발심을 갖고 있는 학생들을 앉혀놓고 채플 교육을 진행한다는 것은 더욱 어려운 일이다. 이런 점에서 대학 목회를 특수 목회라 할 수 있을 것이다.

---

10) 김영한은 채플의 교양교육화를 경계하였다. 김영한, "정보화 시대의 학원 복음화" 『대학과 선교』 제3집 (2001): 86-87.

대상이 이러다 보니 채플의 진행방법과 내용이 교회의 예배와는 다를 수 밖에 없다.[11] 어떤 이들은 기독교 학생과 비기독교 학생들을 분류하여 채플 교육을 실시할 것을 주장하기도 한다. 그런데 기독교 학생과 비기독교 학생 분류작업이 쉽지 않고, 분리하여 채플을 실시하였을 때 얼마나 효율적인 채플 교육이 이루어질 지도 미지수이다.[12] 오히려 기독교인 학생들이 정체성과 자신감을 갖고 보다 적극적으로 채플에 참여하기를 요청하기도 한다.

채플에 참여하는 학생들 가운데 비기독교인이 많은 현실을 감안할 때, 채플은 비기독교인 학생들에게 초점이 맞추어져야 할 것이다.[13] 이것을 위해 다수의 비기독교인이 참석하는 채플은 그들이 갖고 있는 채플에 대한 이미지 전환이 요구된다. 교회 예배 같아서 싫다, 지루하고 따분하다는 그들의 선입견을 깰 수 있는 과감한 자체 변화가 필요하다는 말이다. 그러기 위해 강사 선정에 좀 더 신중을 기하여 학생들의 눈높이에 맞춘 맞춤식 채플을 구상할 필요가 있다. 대상을 고려하지 않는 채플은 공허한 움직임이 되고 말

---

11) 강영선은 채플에 대하여 "예배학적으로 볼 때 채플 시간은 올바른 예배가 될 수 없고, 설교학적으로 볼 때 채플 설교는 올바른 복음 선포로서의 설교로는 자격 미달이다. 그 자리에 참여하는 학생들의 60퍼센트는 기독교인이 아니며, 그것도 자발적으로 참여하는 것이 아니고 학점 때문에 강제로 참여하는 일종의 수업 시간이기 때문이다"라고 지적한다. 강영선, "대학 선교의 종합적 대안" 『기독교사상』 447호 (1996년 3월): 34; 그는 또 "대학에서의 의무 채플 시간은 그 본질상 예배학적으로 갖추어진 '예베'(리투르기아)가 될 수 없다"고 말한다. 강영선, "채플의 제도와 프로그램" 『기독교 대학과 학원 선교』 이계준 엮음. (전망사, 1997), 108; 김영한은 "채플은 예배의 형식을 갖춘 수업이다"라고 말한다. 김영한, "정보화 시대의 학원 복음화" 106.

12) 앞에서도 언급했지만 숭실대의 경우, 신입생들이 신앙기록카드를 작성하지 않기 때문에 교목실에서 학생들의 종교를 분류하는 작업이 수월하지 않다. 또 기독교인과 비기독교인을 분리하여 채플 교육을 실시할 경우 기독교인 학생들과 비기독교인 학생들 사이의 괴리가 발생할 우려가 있다는 지적도 있다. 반면 정종훈은 "기독교인 학생들에게는 신앙성숙을 지향하는 예배 채플을 제시하고, 비기독교인 학생들에게는 기독교의 예배형식에서 완전히 탈피하거나 기독교적인 고유 용어의 사용을 자제하면서 기독교의 세계관이나 가치관을 보편적으로 공유할 수 있는 채플을 제시한다면, 그리고 지금과 같은 혼합채플을 유지하면서 세 유형의 채플 가운데 하나를 선택하게 한다면, 채플의 효과는 더해질 수 있을 것이다" 라고 말한다. 정종훈, "연세대학교 신촌캠퍼스 학생채플의 현황과 개선방안의 모색" 『대학과 선교』 제4집 (2002): 78.

13) 김홍진은 기독교대학의 채플이 일차적으로 무신론자에게 초점을 맞추어야 한다고 주장한다. 김홍진, "무신론 시대에 기독교대학 채플에서 하나님 이해 설교의 가능성 모색" 『대학과 복음』 제8집 (2003): 41.

것이기 때문이다. 참석대상을 고려하여 그들을 이해하고 그들의 눈높이에 맞춘 채플이야말로 현장화(contextualization)라고 보아진다. 또 문화채플을 통한 다양한 경로를 활용하여 그들에게 다가가는 채플이 되도록 하여야 할 것이다. 열린채플을 통해 긍정적인 반응을 얻도록 해야 할 것이다. 이런 과정을 거쳐 채플의 대상인 그들이 채플의 주체가 되도록 이끌어야 할 것이다.

▶ **주제어 :** 기독교 대학, 교목실, 문화 채플, CCM 채플, 영어 채플

참고 문헌

은준관. "한국의 근-현대화와 기독교 학교의 역할--기독교 학교의 존재 이유와 역할을 중심으로," 『기독교사상』 447호 (1996년 3월): 10-20.

이계준. "기독교 대학의 정체성 위기와 확립," 『기독교사상』 447호 (1996년 3월): 21-30.

강영선. "대학 선교의 종합적 대안," 『기독교사상』 447호 (1996년 3월): 31-41.

박용우. "학원 선교와 채플," 『기독교 대학과 학원 선교』 이계준 엮음. 전망사, 1997. 89-102.

강영선. "채플의 제도와 프로그램," 『기독교 대학과 학원 선교』 이계준 엮음. 전망사, 1997. 103-117.

김영한. "정보화 시대의 학원 복음화," 『대학과 선교』 제3집 (2001): 79-113.

김홍진. "무신론 시대에 기독교대학 채플에서 하나님 이해 설교의 가능성 모색," 『대학과 복음』 제8집 (2003): 25-57.

성인경. "청소년과 기성세대간의 문화적 접촉점 찾기," 『기독교사상』 제496호 (2000년 4월): 28-38.

정종훈. "연세대학교 신촌캠퍼스 학생채플의 현황과 개선방안의 모색," 『대학과 선교』 제4집 (2002): 59-99.

정종훈. "연세대학교 대화채플의 현황과 앞으로의 과제," 『대학과 선교』 제9집 (2005): 27-58.

조은식. "사도행전 17:13-34에 나타난 사도 바울의 타문화권 선교방법론," 『선교와 신학』 제14집 (2004년 12월): 145-173.

허도화. "멀티미디어 시대의 학생 채플: 영상 매체의 효과적인 활용," 『대학과 복음』 제8집 (2003): 149-170.

ABSTRACT

Analyze Student Chapel and An Improving Plan: In the Case of Soongsil University

As a Christian university, Soongsil University offers chapel class for six semesters. Each semester, chapel class is offered twelve times per week from Monday through Wednesday. Chapel class is divided into two parts. One is general chapel class. It seems like a traditional worship service. The other is a culture chapel. It includes experimental chapel, CCM(Contemporary Christian Music) chapel and English chapel.

Although there are various forms of chapel, many students are not willing to participate in chapel class because 60-70% are non-Christians. In order to chapel make more effective, this study focuses on a comparison and analysis of chapel class from 1992 to 2007.

Proper guest speakers are important in chapel class. A message in chapel class is different from a sermon in the church because not all the audience are Christians. The chaplain's office should invite guest speakers who understand University students as non-Christians.

Most students prefer culture chapel, but they can choose only CCM chapel or English chapel. It is necessary to extend options such as music chapel, movie chapel and panel chapel, and let them choose whatever they like. These options have not been offered in the past. I am recommending that such options be offered.

The order of chapel class has been simplified and chapel terminologies have been changed to easy words. Use of audio visual aids and multimedia is increasing. Various groups are invited to culture chapel, such as classic music singers, choirs, Mandolin orchestra, music players, drama teams, dance groups, hiphop teams, and so on.

Recently, the rate of culture chapel has been increased. About 10 years ago, the rate of culture chapel was about 20%. From 2005, the rate of it has been 50%. The chaplain's office tries to establish a productive balance between general chapel and culture chapel.

In order to change the atmosphere of chapel, various elements should be included in chapel content. For this, it is necessary to organize technical team for photographing, editing and graphic, skit team and praise team. It helps to have a good atmosphere if professors attend chapel with the students.

Chapel class should be distinguished from lessons in a classroom because it expresses educational ideas and spirit of the University.

▶ **Key Words :** Christian University, chaplain's office, culture chapel, CCM chapel, English chapel

의료 선교 사역 고찰 : 동티모르를 중심으로

들어가는 말

예수 그리스도는 사역을 시작하실 때 회당에서 선지자 이사야의 글(사 61:1-2)을 읽으셨다. 그 내용은 가난한 자, 포로된 자, 눈먼 자, 눌린 자의 필요(need)를 충족시켜 주시겠다는 말씀이었다(눅 4:18). 예수 그리스도는 주린 자, 목마른 자, 나그네된 자, 헐벗은 자, 병든 자, 옥에 갇힌 자에게 하는 것이 곧 주께 하는 것이라고 가르치셨다(마 25:35-46). 이것은 예수 그리스도가 오신 목적이 인간의 총체적 필요를 채우기 위해서라는 것과, 가장 낮은 자, 사회에서 무시당하는 자를 긍휼히 여기시는 그분의 사랑을 실천하라는 말씀이다.

그런데 예수 그리스도의 사역을 생각하면 일반적으로 제자를 부르고, 양육하고, 파송한 일과 회개를 촉구하고 하나님 나라를 선포하신 것만을 생각한다. 반면에 병든 자를 고쳐 주시는 치유사역은 소홀히 하여 간과하는 경향이 있다. 그러나 우리가 성서를 읽어보면 예수의 치유사역이 큰 비중을 차지하는 것을 볼 수 있다.

예수 그리스도의 증인된 그리스도인들은 예수 그리스도의 삶과 가르치심과 지상명령을 기억하고 실천하는 일에 동참할 수 있어야 한다. 강도 만난 사람을 보고도 못 본 척하고 지나가는 제사장이나 레위인처럼 되지 말고, 선한 사마리아 사람처럼 강도 만난 사람의 상처에 기름과 포도주를 붓고 싸매고 자기 짐승에 태워 주막으로 데리고 가서 돌보아 주고 비용까지 지불하고 사랑으로 관심을 갖는 사람이 되어야 한다(눅 10:30-37). 베데스다 못가에 있던 삼십팔 년 된 병자는 물이 동할 때 아무도 그를 못에 넣어 준 사람이 없어 그냥 누워만 있는 처지였다(요 5:2-9). 물이 동할 때 누군가 그를 못에 넣어주기만 했으면 벌써 나았을 텐데, 그를 도와주는 사람이 아무도 없었다. 마침내 예수님을 만나 그 병자는 병을 고치게 되었다.

우리는 흔히 착한 사마리아 사람의 이야기를 하면서, '우리의 이웃은 누구인가?' 하는 질문을 한다. 물론 우리를 필요로 하는 사람이 우리의 이웃이다. 그러나 이제는 누가 우리의 이웃인가를 묻기 전에 우리는 그들에게 어떤 이웃이 되어야 하는가를 질문해야 할 때이다. 적어도 그들이 우리를 찾아오기를 기다릴 것이 아니라 우리가 찾아가 그들의 이웃이 되어주고 그들의 필요를 채워줄 수 있어야 한다. 강도만난 사람도 찾아가 상처에 약을 발라주고 병원으로 데리고 가 치료해 주어야 한다. 베데스다 못가에 누워있는 삼십팔 년 된 병자도 찾아가 병이 낫게 도와주어야 한다. 그것이 하나님의 사랑을 실천하는 길이고, 이웃사랑이고, 선교다.

한국 교회는 다양한 선교사역을 펼치고 있다. 그러나 그 가운데 전문인 선교에 대한 심도 있는 연구와 체계적인 자료가 아직은 없는 듯하다. 따라서 전문인 선교 가운데 의료선교에 대한 기초적인 연구를 시도하려고 한다. 이 연구는 단순한 문헌연구의 차원이 아닌 현장 답사를 통한 실제적인 연구이다. 이것을 위해 현재 한국 선교사가 한 명 뿐이고 아직 본격적인 선교가 이루어지고 있지 않은 신생독립국인 동티모르를 선정하여 현장의 필요를 파악하여 현지 중심의 의료선교 사역을 고찰할 것이다.[1] 이 프로젝트 스타일의 연구에서는 동티모르에 대한 간략한 배경과 의료 및 보건 환경을 설명한 후, 여섯 단계로 의료선교사역을 나누어 각 단계마다의 시행과정을 기술하고,

1) 이 연구를 위해 동안교회(김형준 목사 시무) 지원으로 동티모르 현지 선교사인 이대훈 목사(예장 통합), 인도네시아 선교사 출신의 김영동 교수(장신대 교수), 캄보디아 선교사 출신의 서경기 목사(한아봉사회 사무국장)와 세 차례 이상의 토론을 하였고, 2008년 2월 12-19일까지 현지답사를 하였다.

기대효과를 서술하겠다.

동티모르의 배경

1. 역사적 배경

동티모르는 한국보다 더 오랜 기간을 외세의 식민지로 지배를 받았다. 동티모르와 서티모르가 분리되기 이전의 티모르는 16세기 유럽 열강의 식민지 정책으로 포르투갈과 네덜란드에 의해 동서로 분할되었다. 제2차 세계대전 동안에 동티모르는 1942년부터 1945년까지 일본에 강점되어 6만여 명이 살해되기도 했다. 그 후 네덜란드가 독립을 허용해 서티모르는 1961년 인도네시아에 편입되었고, 동티모르는 1975년까지 포르투갈령으로 남아있었다. 4세기 동안 식민지 생활을 한 동티모르는 1975년 독립이 되자마자 9일 만에 인도네시아의 27번째 주로 강제 합병되었다. 그 후 24년 동안 80여만 명의 인구 가운데 4분의 1에 해당되는 20여만 명이 학살과 기근으로 숨졌다.[2)] 그 후 1999년 8월 유엔 관할 하에 독립 찬성 국민투표가 실시되었고, 2001년 8월 제헌의회 선거가 실시되었고, 2002년 3월 제헌헌법이 제정되었으며, 2002년 4월 초대 대통령이 선출되어 같은 해 5월 20일 완전히 독립되어, 같은 해 9월 UN의 191번째 회원국이 되었다. 그런데 동티모르는 인도네시아의 강점을 부인하는 의미에서 1975년 11월 25일을 동티모르 민주공화국

---

2) 손봉숙. 『동티모르의 탄생 나는 한 편의 휴먼 드라마를 보고 왔다』 (서울: 답게, 2002), 5, 26-27; 최근 자료로 한민족평화선교연구소 주최로 2007년 5월 18일에 개최된 평화마당〈동티모르 분쟁과 평화선교〉 자료가 있다. 곽숙희, "동티모르의 평화와 발전을 위한 과제," 『하나님의 고통과 눈물』 (서울: 평화와 선교, 2008), 196-217과 송강호, "동티모르, 개척자들의 고향," 『하나님의 고통과 눈물』 (서울: 평화와 선교, 2008), 218-239. 사단법인 개척자들. 〈2005 평화캠프 보고서〉. 인도네시아 정부가 편찬한 동티모르에 대한 자료는 Department of Information, *East Timor After Integration* (Indonesia: Department of Foreign Affairs, 1984)와 The Regional Government of East Timor Province, *East Timor Develops* (Indonesia: Department of Foreign Affairs, 1985)가 있다.

건국일로 삼고 있다.[3)]

한국과 비슷한 식민지 역사를 갖고 있는 동티모르는 우리나라와 우호적 관계를 갖고 있다. 우리나라의 상록수부대가 UN 평화유지군으로 1999년 10월 파병되어 인도적 지원과 재건 및 개발에 앞장서 동티모르인들에게 좋은 이미지를 주었다. 동티모르 독립운동 지도자였던 사나나 구스마오(Xanana Gusmão)가 2000년 1월 동티모르 저항협의회(CNRT) 의장의 신분으로, 2002년 6월에는 동티모르 민주공화국 대통령의 신분으로 우리나라를 방문하기도 하였다. 현재 동티모를 대통령은 호세 라모스 호르타(José Ramos-Horta)로 2007년 5월 9일 대통령선거에서 당선되어 5월 20일 제2대 대통령에 취임하였다.

현재 동티모르 정부는 국가발전계획에 교육, 보건, 농업을 최우선 과제로 삼고 있다.[4)] 이 말은 그만큼 이 세 분야가 국가 발전을 위해 시급하고 중요하다는 것을 뜻한다. 다양한 선교사역을 구상할 수 있겠으나 현재 동티모르에서 가장 시급하고 필요한 일에 참여하는 것이 동티모르를 위해 좋은 일이라 사료된다. 이것이 "네 이웃을 내 몸과 같이 사랑하라"(막 12:31)는 말씀을 실천하는 길이고, "땅 끝까지 이르러 내 증인이 되라"(행 1:8)는 말씀을 실현하는 길이라 믿는다. 물론 여기에 영성이 뒷받침되지 않으면 사상누각에 불과하다는 것을 인식하면서 말이다.

2. 의료시설과 보건환경

선교학자 허버트 케인(Herbert Kane)은 의료선교의 일반적인 목적을 여섯 가지로 구분하여 설명한다. 첫째, 인간의 고통을 경감하기 위한 것이다.

---

3) http://enc.daum.net/dic100/contents.do?query1=b05d1720a

4) YASONA(Yayasan Social Naroman)도 정부의 시책에 부응하여 농업, 보건, 교육 3단계 사역을 하고 있다. YASONA는 동티모르 개신교단(the Board of Protestant Congregations of East Timor)에 의해 1983년에 설립된 기관으로 산지에서 이주한 공동체를 위한 봉사기관이다.

예수 그리스도의 치유 사역은 환자들의 아픔을 덜어주고 건강을 회복시키기 위한 것이었다. 둘째, 무지와 미신을 물리치기 위한 것이다. 우리 주변에는 아직도 질병의 근본 원인에 대해 무지한 사람들이 있다. 또 세균의 존재, 기생충, 오염된 음식, 더러운 물 등이 왜 문제가 되는지 조차 모르는 사람들도 있다. 그들은 질병이 생기면 주술사에 의존하기도 한다. 성경에도 유대인들이 병의 원인을 죄 때문이라고 생각했던 것을 볼 수 있다. 셋째, 편견을 없애고 친선을 도모하기 위한 것이다. 외국인 또는 선교사에 대해 배타적인 사람들이 치료를 통해 편견을 버리고 우호적인 관계를 갖게 되었던 것을 선교역사는 증거한다. 넷째, 공중 건강을 발전시키기 위한 것이다. 의료선교는 개별 환자만 돕는 것이 아니라 예방접종과 전염병 방지책으로 공중의 건강까지 돌보는 사역이다. 다섯째, 하나님의 사랑을 보여주기 위한 것이다. 단순한 치료가 아니라 하나님의 사랑을 경험한 사람들이 그 사랑을 나누어주는 사역이다. 여섯째, 환자들을 그리스도께 인도하는 것이다.[5] 이렇게 여섯 가지의 목적을 염두에 두고 동티모르의 의료 및 보건 환경을 살펴보면 의료선교 사역이 얼마나 필요한가를 알 수 있을 것이다.

1) 의료시설

동티모르 보건부의 2006년 SIP 자료에 의하면, 동티모르에는 국공립병원과 민간의료시설이 존재한다. 국공립 병원의 경우 보건소, 중간 진료병원, 그리고 국립병원으로 분류된다. 보건소는 2시간 거리에 맞춘 1단계 접근시설로 지방 보건소(health posts)는 1명의 간호사와 1명의 조산원으로 구성되어 있다. 지역 보건소 사이에서 운영되는 이동 병원(mobile clinic)도 있고, 원거리 거주 주민을 위한 정규 방문 검진이 고려되고 있다.

이외에 각 지방 주요 거점에는 6명의 직원이 근무하는 2단계 보건소

5) 허버트 케인, 『선교사의 생활과 사역』 백인숙 옮김. (서울: 두란노서원, 1992), 381-384.

(community health center)가 있고, 각 지방 중심도시에는 1명의 의사와 9-13명의 직원이 근무하는 3, 4단계 보건소가 있다. 3, 4단계 보건소는 소규모 입원시설과 실험시설을 보유하고, 무전기와 구급차 1대가 구비되어 있다.

중간진료병원(referral hospital)으로는 4개의 서부지역(Oecussi, Maliana, Suai, Maubisse)에 24개의 침대를 보유한 1차 소규모 진료병원이 있다. 동부지역의 세 곳(district)을 관장하는 Baucau 병원은 타지방 병원보다 규모가 큰 중간진료병원으로 기본적인 전문의의 서비스와 수술이 가능한 곳이다.

수도인 딜리(Dili)에 있는 국립병원은 전문의의 서비스를 비롯하여 외과 서비스를 받을 수 있도록 세부 진단 장비를 보유한 병원이다.

민간의료시설은 종교단체에서 운영하는 병원이 약 32개가 있는데, 이 가운데 가톨릭계 보건기관이 27개이고 개신교 측의 보건기관이 5개이다.[6] 이 외에 NGO에서 운영하는 보건기구가 8개 있다.

2) 보건환경

동티모르는 의료시설이 낙후되어 있고 국민 보건지표가 낮다. 높은 출산율에 비해 유아 사망률이 높다. 동티모르는 세계에서 출산율이 높은 나라로, 높은 출산율로 인하여 인구증가가 매우 빠른 속도로 진행되고 있다.[7] 그러나 높은 출산율과 빠른 인구증가에 비해 유아 사망률이 매우 높은 양상을 보

6) YASONA에서 운영하는 보건소(clinic)가 로스 팔로스(Los Palos) 동쪽 지역, 사메(Same) 남부 지역, 딜리(Dili) 중심부 등 세 곳에 있다. 로스 팔로스 지역 보건소에는 네 명의 간호사가 근무하고 하루 150-200명의 환자가 온다. 사메 지역 보건소에는 두 명의 간호사가 근무하고 하루에 75명 정도의 환자가 온다. 딜리 지역의 베코라(Becora) 보건소에는 3명의 간호사가 있으나, 주변에 다른 보건소가 있어 이사할 예정이다. Yayasan Social Naroman Brochure. Yayasan 책임자인 모세 다 실바(Moises A Da Silva) 목사와의 인터뷰에서. 2008년 2월14일.

7) 동티모르의 인구는 2005년 말 9십7만 7천명여 명으로 출산율은 8.2%로 세계에서 높은 편이고, 인구증가율도 빠른 편이다. 〈동티모르 보건부 SIP 자료, 2006년 4월〉.

여준다. 유아 사망률의 원인은 감염, 조산, 출산 쇼크이다. 유아 사망뿐 만이 아니라 5세 미만 아동의 사망률과 산모의 사망률도 높은 편이다.[8] 5세 미만 아동의 사망은 주로 전염병과 영양결핍 때문이다.[9] 산모의 사망은 주로 임신, 분만, 산후 조리중 사망이 많기 때문이다. 유아 사망과 산모 사망의 공통적인 원인은 열악한 다산적 보건 환경 때문인 것으로 보인다. 출산과 임신 사이의 기간이 짧은 것도 산모 사망의 주요 원인 가운데 하나이다. 따라서 임신과 출산에 대한 계몽이 절실히 요구됨과 동시에, 출산시 유아가 감염되지 않도록 의료 환경이 개선되어야 함은 물론이고, 산후 조리시 산모의 환경 또한 개선이 필요한 부분이다.[10] 뿐만 아니라, 산모와 아동의 영양결핍이 일반적인 현상임을 감안할 때 식생활문화의 개선과 기초 영양제 보급이 시급함을 알 수 있다. 빈약한 영양상태가 면역력을 저하시키기 때문이다.

이들은 각종 질병으로부터 자유롭지 못한 것이 현실이다. 동티모르에는 각종 질병과 전염병의 발병률이 높다. 다양한 전염병이 동티모르 국민의 건강을 위협하고 있다. 이질, 말라리아, 결핵, 한센병, 댕기병과 호흡기 질병이 그것이다. 특히 이질은 식수와 관련이 있는데, 모든 가구의 약47%가 안전한 식수를 공급받지 못하고 있다고 한다. 도시가구의 58%이상이 지하수를 먹고 있으나 하수시설이 잘되어 있지 않은 점을 고려할 때 지하수가 하수나 오물에 의해 오염되어 있을 가능성이 높다. 이처럼 식수의 문제는 하수시설과

---

8) 유아 사망률은 2002년도에 1천 명당 88명으로 추산되고, 5세 미만 아동의 경우 1천 명당 125명으로 추정된다. 산모의 사망률은 10만 명당 800명 정도로 추정된다. *Multi Indicator Cluster Survey*, 2002. 일반적으로 개발도상국의 영아 사망률이 높은 이유는 임산부와 신생아를 돌보는데 필요한 건강관리 기관의 수준이 형편없이 낮기 때문이다. 스탠 롤랜드, 『21세기 세계선교의 새로운 패러다임』 정길용 옮김. (서울: 이레닷컴, 2003), 24.

9) 개발도상국의 다섯 살 미만 아동들의 사망 원인은 대부분 영양실조에 감염성 질환이 겹쳐진 결과이다. 위의 책. 어린이 4만 명이 예방 가능한 질병으로 매일 죽는다. 그 가운데 98%가 개발도상국에 속해 있다. 폴 칼훈, "서문", 『21세기 세계선교의 새로운 패러다임』.

10) 개발도상국의 경우 죽을지도 모르는 자녀의 수를 감안하여 아이를 많이 낳는 경향이 있다. 이것이 가족계획 사업을 추진하는데 장애 요인이 되기도 한다. 스탠 롤랜드, 『21세기 세계선교의 새로운 패러다임』, 24.

쓰레기 처리와도 밀접한 관계가 있다. 따라서 이 세 가지가 동시에 개선되어야 한다. 정수된 물을 공급하기 위해 먼저 정수기를 보급하는 일을 고려할 필요가 있다. 이것은 일시적인 것이고 근본적으로는 열악한 위생 환경을 개선해야 한다. 상한 음식 처리와 부적절한 쓰레기 처리를 비롯하여 하수도와 화장실을 개선하여 물이 오염되지 않도록 하는 일과, 깊은 우물을 파서 오염되지 않은 식수를 공급하는 일을 해야 한다.

말라리아나 댕기병의 경우 방역활동으로 발병률을 줄일 수 있다. 따라서 주기적인 방역활동으로 예방 가능한 전염병을 사전에 차단하는 일이 필요하다. 습지나 웅덩이에 방역을 하여 모기가 기생하는 것을 방지하고 전염병이 발생할 소지가 있는 환경요인을 제거하는 일에 중점을 두어야 할 것이다. 사실 질병과 전염병은 예방이 가능하다. 제3세계의 질병은 깨끗한 식수를 제공하고, 열악한 위생 상태를 개선하여 청결을 유지하고 예방접종을 함으로 사전에 예방이 가능하다.[11]

단순한 질병과 전염병뿐 만이 아니라 외국인에 의한 질병이 확대되고 있다. 이것이 심각한 사회현상이며 문제 가운데 하나이다. 매춘을 위해 중국인이 유입되고, 외국인 대상의 매춘이 확대됨에 따라 후천성 면역 결핍증(HIV/AIDS) 양성 반응자가 나타나고 있다. 이것은 관광객을 비롯한 외국인의 출입이 빈번해지면서 확산될 가능성이 있는 잠재적 위험이다. 이것을 방지하기 위해 성문제를 계몽하고 계도해야 한다.[12]

전반적으로 의료시설의 확충과 계몽을 통해 국민건강을 증진시킬 필요가 있다. 이것을 위해 건강교육을 실시하는 일이 필요하다. 무엇보다 외국인의

11) 위의 책, 25, 203.

12) 딜리에 있는 일부 호텔에는 무료 condom box가 설치되어 있기도 하다. CWS(Church World Service) 산하의 HIV/AIDS Support Program에서 성문제를 계몽하고 콘돔사용을 권장하고 있으나 기성세대의 종교지도자들은 콘돔을 나누어 주지도 않고 에이즈 문제에 대해 가르치지도 않고 있다. 이것은 주된 종교가 가톨릭이라는 점도 있고, 에이즈의 심각성에 대해 아직 인지하지 못해 그럴 수도 있다. CWS 티모르 지역 팀 리더인 다니엘 마르깔(Daniel Marcal) 목사와의 인터뷰에서. 2008년 2월 15일.

유입과 경제가 맞물려 파생되는 부정적인 측면인 성문화에 대한 계도가 필요하다.

국민 보건에 있어서는 일차 진료보다 예방의학에 먼저 관심을 가져야 한다. "치료 의학은 질병을 발생 초기에 예방하기보다는 이미 발생한 질환을 완치시키는 방향을 추구하고 있다. 그것은 비용이 많이 들고, 해결 범위가 좁고, 많은 사람들에게 접근할 수 없다는 면에서 비효율적이다."[13] 따라서 질병이 나기 전에 사전에 예방을 함으로 질병의 발병을 줄이는 것이 효과적이다. 그 다음 보건 서비스에 대한 근본적인 진단과 처방이 있어야 한다. 이것을 위해 먼저 보건시설 접근문제가 중요하다. 대부분의 제3세계 국가에서는 의료 인력의 80%가 도시에 편중되어 있다. 병원비를 낼 수 있는 경제력이 있는 소수와 걸어서 병원에 갈 수 있는 사람만이 병원의 혜택을 볼 수 있다. 이것은 교통수단이 불편하거나, 치료비를 내기 어려운 시골 주민들을 건강관리나 치료 측면에서 소외당하게 만든다.[14] 그러다 보니 60-90%의 주민들은 제대로 된 의사를 만날 수 없다.[15] 주민들의 생활 영역에서 진료기관까지의 거리, 다시 말해 접근성이 주요한 요인으로 작용한다. 그리고 얼마나 양질의 보건 서비스를 제공하는가가 중요하다. 아울러 주민 스스로가 개인 보건의 중요성을 이해하는 일이 필요하고 스스로 보건 혜택을 받도록 계도하는 일이 요청된다.

---

13) 스탠 롤랜드, 25-26.

14) 위의 책, 25.

15) 폴 칼훈, "서문", 『21세기 세계선교의 새로운 패러다임』.

의료선교 과정

의료 사역은 지역 사회에 기반을 둔 프로그램이다. 전통적인 의료 관리 체계와 지역 사회에 기반을 둔 건강관리 체계를 비교하면 다음과 같다.[16)]

의료 건강관리 체계	지역사회에 기반을 둔 건강관리 체계
수직적 관계 : 기타 정부 기관과 분리	기타 분야와의 협조를 통해 최선의 기능을 할 수 있음
완치를 위한 제도, 치료, 약품, 고도로 훈련받은 전문가들, 보조 장비, 진료소 등에 중점	주로 예방적이며, 건강을 증진시키는 역할, 식수 위생, 면역, 영양 그리고 건강교육을 강조
발전된 기술 및 전문화를 강조	공통적인 조건들 "위험에 처한 집단", 영아사망률을 낮추는 데 중점
질병에 걸린 사람들을 치료	사회에 있는 건강한 사람들을 도와서 질병을 초기에 예방, 경미한 질환은 치료.
의사와 함께 보조기구들이 큰 역할을 담당	건강증진과 변화의 주된 역할은 자원봉사자들이 담당
건강이란 외부에서 들어온 기술에 의해 이루어지는 것으로 간주	건강증진이란 가족과 사회의 활동에 의해 이루어지는 것으로 간주
전통 의학을 경시하거나 문화를 무시	건강을 위한 전통 의학이나 문화의 긍정적인 면을 인정
의료비용이 많이 들고, 도시 농촌의 격화가 심함	의료비용이 적게 들고, 도시 농촌에 골고루 혜택을 줌
종종 중앙정부에서 재정을 지원	지역 사회 스스로 부분적 지원
환자들이 의사, 간호사 및 그들이 제공하는 의료 서비스에 더 많이 의존하게 된다.	개인과 사회를 도와서 자신들 스스로를 돌볼 수 있는 능력을 증대시킨다.

의료 보건 선교를 위해 먼저 단계를 구분하여 단계별 목표를 세우도록 한다. 그리고 목표를 실행하는 과정을 잘 정리하고 모니터링 하여 나타난 결과를 분석한다. 이것에 대하여 신중하게 보고서를 작성하여 다각적인 평가를

16) 이 도표는 스탠 롤랜드, 『21세기 세계선교의 새로운 패러다임』, 32에서 인용했다.

하도록 한다. 이런 과정에 의하여 보건 의료사역을 3-5년을 주기로 여섯 단계로 구분하였다. 이 여섯 단계는 각각 분리된 독립된 활동이 아니라 상호 유기적인 관계로 보완하는 역할을 한다. 제1단계의 단기 의료 선교는 한번만 하고 그만두는 것이 아니라 계속 진행된다. 그러는 가운데 주민과의 우호적 관계와 의료 선교팀의 경험, 환경 이해, 현장 파악 등을 기초로 자원자를 중심으로 제2단계의 장기 의료 선교를 추진한다. 제1단계와 2단계의 의료사역을 진행하며 가장 의료의 손길이 미치는 못하는 지역, 또는 가장 의료 선교 팀을 필요로 하는 지역을 선정해 의료기관 설립을 준비한다. 이것이 제3단계 사역이다. 장 · 단기 의료선교의 진행을 주시하면서 필요한 지역에 보건소 설립을 추진한다. 이것이 제4단계 사역이다. 제5단계는 의료기관을 통한 선교가 안정을 찾는 시기에 해당된다. 제6단계는 의료기관의 자립화가 이루어지는 시기이다. 각 단계의 시행과정을 살펴보면 다음과 같다.

1. 단기 의료 선교팀

제1단계로 단기 의료 선교팀을 시작한다. 보건소가 없는 지역이나 보건소까지 거리가 먼 지역, 이동진료병원(mobile clinic)의 도움이 미치지 못하는 지역을 선정하여 적어도 3-5년 정도 집중적으로 단기 의료 선교를 실시한다.

단기 의료 선교팀은 5~10명 정도로 구성하여 여름과 겨울 등 적어도 일년에 두 번 정도 정례화된 사역을 한다. 만일 여러 단기 선교 의료팀이 자원할 경우 지역을 나누어 의료 사역을 하게 할 수 있다. 단기 의료 선교팀의 경비는 개인이 부담하도록 하고, 교회에서는 의약품비를 지원한다. 체류기간은 한번 방문시 최소 2주일에서 한 달 정도로 기간을 잡는다. 가능하면 방문지역을 정해 해당 지역에서의 의료 선교를 정례화한다. 이것은 일회성 방문을 지양하고 일정 지역을 꾸준히 방문하기 위함이다. 구성원은 매번 바꾸지 않도록 하고, 가능하면 동일한 팀이 계속 오도록 준비한다. 적어도 일정한

다수의 사람들이 동일한 지역을 집중하여 방문하여 서로 친밀한 관계를 갖도록 한다. 이것은 단순히 치료자-환자의 관계를 떠나 인간관계를 갖는데 도움을 줄 것이다. 또 지역 주민들과 유대관계를 갖고 그들의 건강상태의 변화를 계속적으로 체크할 수 있다. 그래야 지역 주민들의 건강상태와 생활환경에 대해 파악할 수 있고, 거기에 맞는 대책을 세울 수 있기 때문이다. 아울러 그들의 기대를 유발시킬 수 있다.

단기 의료 선교팀은 예방 의학과 건강 교육을 통합하여 실시한다. 보건의료 사역은 주민들이 찾아오기를 기다리는 것이 아니라 주민을 찾아가는 사역이다. 그리하여 건강 교육과 위생 교육을 비롯한 필요한 보건 교육을 실시하게 된다. 질병과 전염병을 유발시키는 환경적 요인들을 조사하여 미리 방지할 수 있게 계몽하는 일을 통해 예방 가능한 질병과 전염병을 사전에 막을 수 있도록 하는 일이 필요하다. 첫째로, 위생 상태가 정결하지 않으면 질병과 전염병으로부터 무방비 상태가 되고 만다. 따라서 쓰레기 처리 시설 개선과, 화장실과 하수도 시설을 개선하여 물이 오염되지 않도록 하여 발병 소지가 있는 환경을 미리 방지하는 일에 앞장서야 한다. 안전한 식수를 공급받을 수 있게 오염으로부터 안전한 지역에 우물을 파거나 정수기를 공급하는 일을 고려해 볼 수 있다. 둘째로, 조혼, 다산, 가족계획, 에이즈에 대한 계몽을 통해 성에 대한 몰이해를 해결할 수 있는 방안을 마련해야 한다. 성문화 개선이 질병에서부터 벗어나게 하고, 국민건강을 증진하는데 도움을 줄 것이다. 셋째로, 주민들의 영양 상태를 파악한 후, 기초 영양제를 공급하고 식생활 개선을 통해 기초 체력과 면역력을 갖도록 계몽한다. 넷째로, 예방 접종과 방역으로 질병과 전염병을 사전에 차단하도록 한다. 적어도 이런 일들을 통해 발병하기 전에 예방하는 일이 얼마나 중요한가 하는 것을 깨닫게 할 필요가 있다. 아울러 주민들 스스로가 자기 건강에 관심을 갖고 스스로 책임을 지도록 한다.

의료 선교팀은 단순히 환자를 진찰하고 약을 주는 것에서 그치는 것이 아니라 진료를 통해 하나님의 사랑을 전할 수 있는 마음을 가져야 한다. 그러

기 위해 매일 오전 말씀 묵상 시간과 기도의 시간을 갖도록 하여 영성을 유지하도록 하고, 일과 후에는 나눔의 시간을 통해 반성과 도전의 시간을 갖도록 한다.

단기 의료 선교팀의 일정을 마칠 때 쯤, 적어도 하루는 피드백(feedback)하는 시간을 갖는다. 문제점 지적, 개선할 점, 애로사항, 기억해야 할 사항, 계속 추진할 일 등에 대한 의견 교환을 한 후 일차 평가를 한다. 치료를 받은 사람들과의 교제를 통해 그들의 의견을 수렴하도록 하여 그것을 토대로 이차평가를 한다. 일차평가와 이차평가를 토대로 종합적인 평가를 내려 다음 단기 의료 선교사역에 적용한다.

2. 장기 의료 선교팀(기존 병원이나 보건소에서 근무)

단기 의료 선교팀 가운데 장기 의료 선교사로 헌신할 사람들을 양육하거나 자원하는 사람들을 동티모르의 기존 병원이나 보건소에서 사역하도록 한다. 장기 의료 선교사로 자원하여 현지 보건소나 병원에서 근무하며 의료 사역을 할 사람의 수는 한 곳에 1~2명으로 한다. 현지 의료진과 더불어 의료 사역을 하도록 한다. 현지 보건소나 병원에서 이들의 생활비를 책임지기 어려우므로 파송하는 교회에서 생활비를 책임지도록 한다. 현지 선교사와 파송교회는 의료 선교사들의 장기 체류에 따른 비자문제에 차질이 없도록 준비하고 도와준다. 특별히 현지 선교사는 의료 선교사들이 현지 풍토와 근무처에 잘 적응하는지 파악한다. 아울러 언어문제나 동료와의 관계에 있어 도움이 필요한 부분을 지원하도록 한다.

장기 의료 선교사가 사역을 시작하더라도 단기 의료 선교는 계속 진행시키도록 한다. 그래야 의료 선교에 공백이 생기지 않고, 계속적으로 장기 의료 선교사를 양육할 수 있기 때문이다. 만일 새로운 단기 의료 선교팀이 구성되었을 경우 장기 의료 선교사의 협조와 안내를 받아 의료 선교를 하도록 한다. 서로 정보를 공유하며 밀접한 관계를 갖고 사역하도록 한다.

주기적으로 의료 선교사들이 스스로 그들의 의료사역에 대하여 평가를 하도록 한다. 의료 선교사들이 현지 생활에 잘 적응하고 있는지, 현지 의료진과 잘 어울리고 있는지, 어려운 점은 없는지, 현지 의료시설에 대해 개선할 점은 무엇인지 등에 대한 의견을 제출하도록 한다. 이것을 기초로 일차평가를 한다. 아울러 현지 수퍼바이저(supervisor)와 동료 의료진들을 통해 평가서를 받는다. 이것으로 이차평가를 한다. 일차평가와 이차평가를 토대로 종합적인 평가를 내려 장기 의료 선교팀을 위한 대책으로 삼는다.

3. 의료기관설립준비

단기 의료 선교팀의 활동과 장기 의료팀의 사역이 진행되는 동안 제1단계의 지방 보건소 규모의 의료기관 설립을 고려한다. 먼저 의료기관 설립이 필요한지, 주변 의료기관에 의존하도록 하는 것이 나은지, 단기 의료 선교만 장기 의료 선교와 연계하여 지속할 것인지, 대체 방안이 있는지 진단하여 의료기관 설립 여부를 결정한다. 의료기관 설립은 운영이 효율적으로 되지 않을 경우 안 한 것보다 못한 결과가 올수도 있음을 명심해야 한다.

의료기관 설립 여부가 결정된 후, 의료혜택을 받지 못하는 지역을 중심으로 의료진 필요성 여부와 의약품 조달 여부를 감안하여 의료기관 설립 대상 지역을 조사한다. 가능하면 단기 의료 선교팀이 활동하던 지역을 중심으로 하여 의료기관 설립을 고려한다. 그것은 지역에 대한 이해와 이미 주민들과의 관계가 어느 정도 형성되어 있기 때문에 전혀 모르는 지역보다는 활동하기가 수월하기 때문이다. 또한 보건소 설립 대상 지역이 주변 2시간 거리에 다른 의료기관이 있는지 여부를 확인한다. 의료진이 거주하거나 출퇴근하며 근무할 수 있는 지역인지 알아본다. 보건소 설립의 필요성과 적합성에 대하여 평가한다. 이것을 위해 현지 선교사와 단기 선교팀 및 장기 의료 선교사들의 의견을 종합하여 준비한다.

4. 의료기관설립

보건소가 없는 지역이나 보건소까지 거리가 먼 지역, 이동진료병원의 도움이 미치지 못하는 지역을 선정하여 보건소를 설립하도록 한다. 그래서 보건소를 중심으로 지역 의료선교 사역을 확대한다. 보건소의 규모는 먼저 제1단계의 지방보건소(health post)로 시작한다. 한 명의 간호사와 한 명의 조산원이 근무하도록 한다. 현지에서 간호사를 구하기 어려우므로 의료 선교사를 파송하여 간호사 업무를 담당하게 한다. 가능하면 현지 경험이 있는 장기 의료 선교사 가운데 선정하거나 자원자를 받도록 한다. 조산원은 현지에서 구하도록 한다. 조산원은 간호사를 도와 헌신적으로 봉사할 수 있는 사람으로 의료선교에 동참할 수 있는 사람으로 선별한다.

장기적으로 볼 때, 제1단계의 지방보건소가 확대되면 그 때 상황과 필요에 따라 2단계 보건소 그리고 3, 4단계의 보건소를 확장하는 것도 고려할 필요가 있다. 보건소가 설립되면 좀 더 자유롭게 그러나 신중하게 복음을 전하는 일을 시도하도록 한다.[17]

보건소의 존재가 주민들에게 얼마나 도움이 되고 그들의 필요를 채워주는지 주민들의 의견을 청취한다. 아울러 사역자들이 얼마나 친절하게 사역을 감당하고 있는지 환자나 가족들의 평가들 수집한다. 보건소 사역자들의 애로사항과 보람 등에 대한 의견을 듣는다. 이런 내외적 평가를 가지고 보건소의 운영에 대한 발전적 평가를 한다.

5. 의료기관 운영의 안정화

보건소가 설립되고 환자들에게 양질의 의료서비스를 제공하고, 주민들에

17) '신중하게'라 함은 동티모르가 가톨릭이 지배적인 국가이기 때문에 지나치게 공개적인 선교활동은 현지의 가톨릭교회와의 불필요한 관계를 초래할 수 있음을 기억하라는 의미이다. 잘못하면 선교사가 불이익을 당할 수도 있고 선교 활동에 제약을 받을 수도 있음을 유념할 필요가 있다.

게는 사전예방교육을 실시하면서 차츰 보건소 운영이 안정되어가는 시기이다. 보건소의 역할과 활동이 주민들에게 인지되고 지역사회에서 중요한 단체로 인정받을 수 있도록 한다. 주민들에게 친절한 서비스를 제공하고, 보건소의 의료서비스에 만족하도록 노력한다. 주민들과 친밀한 관계를 가지며 예방 교육과 치료를 통해 그리스도의 사랑이 전달되게 한다. 대상과 지역을 고려하여 현실적 정황에 맞는 선교방식을 정하여 융통성 있게 적용하도록 한다. 지역적 상황이나 종교 분포도를 볼 때,[18] 직접적인 방법보다 간접적인 방법을 사용하여 복음을 전하도록 한다. 기독교의 내용을 담고 있는 문서나 영화 상영 등을 통해 기독교를 알리도록 한다.

의료기관이 안정화시기에 들어갔다고 방심하거나 나태해지는 것을 막기 위해 주민들의 의견을 수렴하여 개선할 점이 있는지 찾아본다. 아울러 어떤 방식으로 복음을 전해야 할지에 대한 의료진들이 서로 의견을 교환한다. 보건 의료 사역을 하며 얼마나 그리스도의 사랑을 전할 수 있었는지 스스로 평가를 한다. 의료 선교를 통해 어떤 열매를 맺었는지 살펴본다.

6. 의료기관 운영의 자립화

보건소 운영이 안정되고 주민들에게 좋은 인식이 생기고, 의료서비스가 지역주민들에게 보편화되면서 보건소의 운영을 현지 주민들이 하도록 하는 시기이다. 이때부터 한국교회의 지원 없이 보건소의 운영이 자립되도록 하는 시기이다. 아울러 보건소의 구성원들도 점차 현지인으로 대체하도록 단계적으로 준비한다.

보건소를 지역사회 정부에 양도할지, 지역사회 단체에 양도할지, 개신교단에 이양할지 신중하게 논의하여 결정한다. 보건소 설립의 목적을 이해하

---

18) 종교 분포는 전체 인구의 91~96% 정도가 로마 가톨릭이고, 개신교는 2.6%정도이다, 이슬람은 0.7~1.7%정도이고, 힌두교가 0.3%, 불교가 0.1%정도이다. 포르투갈이 지배했으나 동티모르의 독립을 지원함으로 로마 가톨릭 교회에 대한 신뢰도가 높은 편이다.

고 동의하여 단순히 진료와 처방뿐 만이 아니라 선교사역도 병행할 수 있는 단체에 양도하도록 한다. 그래서 본래의 의료 선교 목적이 훼손되지 않도록 한다.

기대효과

세계 보건 기구는 건강을 다음과 같이 정의했다. "건강은 단순히 질병이나 연약함이 없는 것이 아니고 신체적, 정신적, 사회적으로 온전히 건전한 상태를 말한다." 이 정의는 의료 선교가 생각하는 건강과 다를 바가 없다. 의료 선교는 온전한 사람을 형성하기 위한 사역이다. 온전한 사람이란 온전한 건강을 소유한 사람으로 하나님, 이웃, 자신, 자연과 조화를 이루는 삶을 사는 사람을 말한다.[19] 이것은 영적으로 육적으로 모두 건강한 것을 뜻한다. 의료 선교는 온전한 건강을 소유한 온전한 사람을 형성하기 위해 전인적인 접근을 해야 한다. 스탠 롤랜드가 제시하는 온전한 건강을 위한 삶은 다음의 표와 같다.[20]

19) 위의 책, 34.

20) 위의 책, 33.

정서적인 면(자신)		사회적인 면(이웃)
안정감 자존감 필요한 존재 자신을 인정함 친근감 삶의 목적 휴식		관계 이웃 사랑 용납됨 사회적 역할 자기 영역 확보 안전 자유
	온전하고 총체적인 건강	
의료지원 맑은 물 좋은 위생 교육 취업 휴식, 운동 영양 섭취 질병 예방 예방 접종 보건 교육 농사법 문자해독 주거지		하나님과의 관계 하나님께 순종 하나님 안에서의 성장 영적 교육 전도 양육 제자양육 청지기
육신적인 면(자연)		영적인 면(하나님)

동티모르 정부가 국가발전을 위하여 중점을 둔 과제 가운데 하나가 보건이다. 따라서 이 의료 선교 사역은 동티모르 정부의 과제에 기여하는 일이 될 것이다. 무엇보다 국민 보건을 개선하여 국민 건강을 향상시킨다는 점에서 미래지향적이고, 거기에 선교적 차원에서 시행된다는 것이 동티모르 복음화라는 차원에서 장점이 될 것이다. 의료선교사역을 통해 영과 육이 건강한 사람을 형성하고, 하나님과 이웃과 자연과 조화를 이루어 나가는 삶을 살도록 한다는 것은 사회를 건강하게 만들어가는 일이 될 것이다.

나가는 말

먼저 이 연구는 "너희는 먼저 그의 나라와 그의 의를 구하라" (마 6:33)는

말씀에 기초하여 신학적 기반을 구성했다. 그러나 구체적으로 어떻게 할 것인가 하는 문제에 있어서는 경험과 안목에 있어 한계가 있다. 그것은 필자에게 의료에 대한 전문지식이나 경험이 없고, 현지에서 살아본 경험이 없기 때문이다. 따라서 이 프로젝트 스타일의 연구는 동티모르 보건 의료 사역을 위한 일차 기초 연구에 해당될 것이다. 이 연구가 구체성을 갖기 위해서는 평신도 전문가와 현지인의 참여가 필요하다. 그것은 현지 사정을 잘 아는 사람들과 더불어 현지에 맞는 계획을 세우는 것이 실효성이 있기 때문이다.

일반적으로 보건 의료 사역은 먼저 시급성, 필요성, 중요성을 고려하여 현지에서 가장 시급한 것이 무엇인지, 최우선적 필요가 무엇인지, 가장 중요한 일이 무엇인지 파악하는 일에서 출발해야 한다. 현지의 시급한 일을 제쳐두고 부차적인 일에 매달리거나, 현지인들의 필요를 무시하거나 경시하여 내 마음대로 내 주장대로 하거나, 중요한 일을 소홀히 하는 것은 전적으로 옳지 않다.

보건 의료 사역은 단순히 약을 주고 질병을 치료하는 것으로 그치는 것이 아니다. 질병을 예방하는 프로그램을 진행하고, 건강교육을 하여 사전에 질병으로부터 보호하는 작업을 해야 한다. 여기에 물론 하나님의 사랑을 담아야 한다. 그렇지 않다면 일반 NGO의 의료 활동과 다를 바 없게 된다. 아울러 예방 프로그램과 건강교육에 가능한 많은 사람들의 자발적 참여를 유도한다. 그래서 스스로 자기의 건강을 지키도록 한다.

보건 의료 사역은 일회성 활동이 아니다. 지속적 관리로 주민들의 건강을 체크하고, 환자들의 상태를 파악하여 주민들이 건강한 육체와 건강한 정신을 갖도록 도와야 한다. 개인이 신체적, 정서적, 정신적 건강을 갖도록 하여 건전한 사회생활을 하도록 돕는 것이 온전한 사람을 형성하는 일이다.

언어와 문화와 풍토가 다른 타국에서 활동하는 것은 더욱 어렵다 그러나 "선을 행하다 낙심하지 말라"(살후 3:13)는 말씀을 기억하고 사명감을 갖고 예수 그리스도의 증인이 되는 일에 적극 참여해야 할 것이다. 그럴 때 의료 선교를 통한 귀한 결실이 있을 것이다.

▶ **주제어** : 동티모르, 보건소, 예방, 단기의료선교, 장기의료선교

참고 문헌

손봉숙.『동티모르의 탄생 나는 한 편의 휴먼 드라마를 보고왔다』 서울: 답게, 2002.

스탠 롤랜드.『21세기 세계선교의 새로운 패러다임』 정길용 옮김. 서울: 이레닷컴, 2003.

허버트 케인.『선교사의 생활과 사역』 백인숙 옮김. 서울: 두란노서원, 1992.

곽숙희. "동티모르의 평화와 발전을 위한 과제," 『하나님의 고통과 눈물』 서울: 평화와 선교, 2008, 196-217.

송강호. "동티모르, 개척자들의 고향," 『하나님의 고통과 눈물』 서울: 평화와 선교, 2008, 218-239.

사단법인 개척자들. <2005 평화캠프 보고서>.

<동티모르 보건부 SIP 자료, 2006년 4월>.

Multi Idicator Cluster Survey, 2002.

Department of Information. *East Timor After Integration*. Indonesia: Department of Foreign Affairs, 1984.

The Regional Government of East Timor Province. *East Timor Develops*. Indonesia: Department of Foreign Affairs, 1985.

http://enc.daum.net/dic100/contents.do?query1=b05d1720a

모세 다 실바(Moises A Da Silva) 목사와의 인터뷰. 2008년 2월 14일.

다니엘 마르깔(Daniel Marcal) 목사와의 인터뷰. 2008년 2월 15일.

ABSTRACT

A Study On Medical Mission: On the Center of East Timor

The Korean Church has been doing various mission works in many areas. However, it seems that there is neither profound study nor systematic materials concerning professional mission. This study is an attempt to a basic study of medical mission in East Timor. This project-styled study is practical in its research method, utilizing both literature analysis and field research.

East Timor is a newly conceived country. The government of East Timor has made education, health, and agriculture as the top priority in its National Development Plan. These three areas are surely warrant urgent attention for its national development.

At present, medical facilities are falling behind and national health indicator is very low in East Timor. Both the fertility rate and the rate of infant mortality are high. Along with infant mortality, the rate of maternal mortality rate is also high. Moreover, the people of East Timor are not free from various epidemics and diseases that can be simply prevented with regular preventative measures.

A study of medical mission should begin by grasping the urgent need for this form of mission in the field. It not only provides medicine and cures for diseases, but also provides disease prevention programs and health education. Prevention is better than cure. It plays an important role to protect people from a disease before its onset.

To prepare for a medical mission, it is necessary plan specific steps, set goals, examine the process of operation, and analyze and evaluate results. Out of the six stages, the first stage is to organize a short-term mission team. It may consist of 5 to 10 people and the members should stay at least two weeks to a month. The team visits a fixed place once or twice a year. This is to help the team members form a close relationship with the natives and get their necessary medical information. This may help grasp the individuals' long-term health condition and then provide appropriate health care. The second stage is to send one or two medical volunteers to a local clinic or hospital as long-term medical missionaries. The third stage is to plan a period of preparation to set up a local clinic. In establishing a clinic, the missionary must first carefully examine the necessity of founding a medical institution, then decide on a suitable location where the people as yet have no access to medical care. The fourth stage is the founding a local clinic. At least one nurse and one midwife should serve the clinic. The fifth stage is the stabilization of the operation of the clinic. At this period, the clinic provides quality medical service and preventive education. On the sixth stage, the clinic is now self-supporting in its operation. At this point, the natives should replace the clinic staff, and its operations should be transferred to the local members.

Medical mission is a future-oriented work contributing to the promotion of national health. It operates on the level of Christian mission, as the medical missionaries share God's love with the people of East Timor. By providing wholistic health care for the body and the mind, by promoting reconciliation and harmony with God, with neighbors, and with nature,

the society will be on its way to health and wellness.

▶ **Key Words :** East Timor, a local clinic, prevention, a short-term medical mission, a long-term medical mission

이민자들의 새로운 공동체 형성을 위한 연구

들어가는 말

한국인들의 미국이민은 1903년 시작되었다. 하와이 사탕수수 공장 노무자로 호놀룰루 항에 들어온 이후 한국인들의 미국 이민은 계속 증가하고 있다. 제2차 세계대전 이후 한국전쟁으로 인한 고아, 미군과 결혼한 여자들, 유학생, 소수의 전문직 종사자들이 미국에 정착하기 시작하였고, 1965년 케네디 행정부의 새이민정책으로 아시아 사람들의 이민 문호가 개방되어 한국인의 이민이 급증하게 되었다.

미국은 다인종 국가이다. 그 가운데 한국인들은 미국 주류사회에 그다지 진출하지 못하고, 아직도 주변인으로 살아가고 있다. 이민역사가 짧기 때문에 그렇다고 말하기도 하지만, 미국 문화에 적응하지 못하는 것이 더 큰 원인이라 보아진다. 미국 사회에 적응하기 위해서는 한인 이민자들의 정체성 문제가 중요한 역할을 한다. 정체성 문제는 내가 누구인가를 나 자신이 인식하고 아울러 타인에게 알려주는 기능을 한다. 그러나 많은 한인 이민자들이 그들의 정체성에 대해 큰 관심을 갖고 있지 않다는 인상을 받게된다. 그들은 자신이 한국인이라는 것 외에 더 이상의 관심이 없어 보인다. 개인적으로는 한국인 이민자(Korean Immigrant) 또는 한국계 미국인(Korean-American)이라는 정체성과, 종교적으로는 미국 거주 한국 기독교인(Korean-American Christian)이라는 정체성에 대해서도 깊은 관심이 없는 듯하다. 심지어 많은 목회자들조차 정체성 문제에 깊은 관심을 갖고 있지 않는 것 같다. 시간이 지나도 정체성에 대한 무관심 또는 소홀함은 여전한 듯하다. 이민자들이 외국의 새로운 문화에 적응하려면 그 새로운 문화를 이해하여야 하고 새로운 정체성을 형성하는 것이 필요하다. 그럴 때 이민 사회 안에서 또 신앙 안에서 새로운 공동체를 형성할 수 있을 것이다.

외국으로 이주한 한인들이 많다. 이 연구의 대상은 필자가 경험한 미국 거주 한인 이민자들로 이민 1세라고 부르는[1] 한인 성인 이민자들로 그들의 이민 경험과 적응을 살펴볼 것이다. 그리고 이민자들의 정체성을 통한 새로운 공동체 형성에 대하여 고찰할 것이다.

본론

1. 새로운 현실 경험

새로운 나라에 갔을 때 처음에는 그 나라에서 체험하는 현실에 대하여 객관적인 판단을 하기 어렵다. 일정한 기간에 보고 듣고 느끼고 체험하는 것에는 한계가 있고, 아무리 다양한 체험을 한다 해도 숲 전체보다는 나무를 보

---

1) 현용수는 모호하게 사용되는 몇 가지 용어들은 분명하게 정의한다. 2세는 미국에서 태어난 사람; 1.9세는 한국에서 태어나 4세 이전에 미국에 왔거나 유치원부터 미국에서 교육받은 사람; 1.8세는 한국에서 태어나 6세 이전에 미국에 왔거나 2학년부터 미국에서 교육받은 사람; 1.7세는 8세 이전에 미국에 왔거나 4학년부터 미국에서 교육받은 사람; 1.6세는 10세 이전에 미국에 왔거나 6학년부터 미국에서 교육받은 사람; 1.5세는 12세 이전에 미국에 왔거나 8학년부터 미국에서 교육받은 사람; 1.4세는 14세 이전에 미국에 왔거나 10학년부터 미국에서 교육받은 사람; 1.3세는 16세 이전에 미국에 왔거나 12학년부터 미국에서 교육받은 사람; 1.2세는 18세 이전에 미국에 왔거나 대학교 2학년부터 미국에서 교육받은 사람; 1.1세는 20세 이전에 미국에 왔거나 대학교 4학년부터 미국에서 교육받은 사람; 1세는 22세 이전에 미국에 왔거나 대학 4학년을 마치고 미국에 온 사람. 『크리스찬 신문』 (미주판) 1991년 11월 25일, 6; 현용수, 『문화와 종교교육』 (서울: 쉐마, 2007), 36-37.

허원무는 이 용어들을 세 단계로 요약한다. 1세는 20세 이후 미국에 온 성인; 1.5세는 11세와 19세 사이에 미국에 온 청소년, 2세는 미국에서 태어났거나 11세 이전에 미국에 온 아동. Won Moo Hurh, "The Korean-American Community: Its Development in Historical and Comparative Perspectives," in *Modern Praxis*, No. 9 (Fall 1989): 258.

는 일이 되기 때문이다. 관광을 비롯한 단기 체류의 경우에는 큰 문제가 없지만, 유학이나 주재원 또는 이민 등 장기체류를 목적으로 할 때는 현실에 대한 객관적 이해와 판단이 필요하다.

일반적으로 미국에 도착해서 일정한 시간이 지날 때까지 이민자들은 그들이 직면한 현실을 객관적으로 보지 못한다. 미지의 세계에 온 것에 대해 일말의 불안감이 있는 것이 사실이지만 동시에 새로운 세계에 왔다는 흥분감이 주관적이고 긍정적으로 작용한다. 그러다보니 미국 현실에 대한 분명한 인지를 하지 못하게 된다. 예를 들어, 미국에 도착했을 때 언어문제에 부딪히게 된다. 그런데 언어 문제를 심각하게 여기는 것이 아니라 외국에 왔으니까 언어문제는 당연한 것이라고 쉽게 생각하고 낙관한다. 문화적 차이를 심각하게 느꼈을 지라도 대체로 시간이 지나면 자연히 해결될 것이라고 막연히 기대하며 무시하는 경향이 있게 된다. 어떻게 보면 현실에 부딪히며 현실을 직시하고 현실을 헤쳐 나가겠다는 도전 정신보다, 일단 이 순간을 모면하자는 회피심리가 강하게 작용해서 그럴 수도 있다. 또 자유와 기회의 땅에 대한 이상적인 기대가 냉혹한 이민생활이라는 현실을 덮어버려 한동안 현실 파악을 더디게 만들기도 한다.

그러나 현실은 이상적인 세상이 아니다. 일정한 기간이 지나면 이민자들은 그들의 실제적인 문제들을 깨닫기 시작한다. 어떤 이들은 빠르게, 또 어떤 이들은 서서히 그들의 문제를 인식하게 된다.[2] 그들은 언어 문제로 인해 의사소통의 한계를 느끼게 된다. 또 만나는 사람과의 관계에 변화를 체험한다. 미국인들과 관계를 맺기가 쉽지 않고 긴장되는 일로 받아들이게 된다. 또 서로 생각을 나눌 사람을 찾기가 어려워 외로움이 심화되기도 한다. 뿐만 아니라 감정과 가치관의 혼란을 겪기도 한다. 일상생활의 변화가 생존의 문제를 생각하게 만든다.[3] 이런 문화충격은 커다란 스트레스로 작용한다.[4] 이

2) 현실의 문제를 깨닫는 속도는 개인적 성향에 따라 다르다. 이것은 적응력에 있어서도 마찬가지이다.

와 같은 이민생활의 어려움을 경험하며 이민자들은 그들의 현재 위치를 알게 되는 것이다. 먼저 일상생활에서 경험하는 문제들에 대하여 관심을 갖게 된다. 그것은 가정문제(남편과 아내 문제, 부모와 자녀 문제), 주변화문제, 문화문제(풍습, 전통, 사고방식) 등이다. 비애와 아픔과 고통은 이민자 모두가 겪는 경험이다.

1) 남편과 아내문제

이민생활은 한국에서의 가정생활보다 남편과 아내의 문제에 있어 더 어려울 수도 있다. 요즘은 한국에서도 부부가 직장생활을 하는 경우가 많아졌지만, 얼마 전만 해도 남편 혼자 직장생활을 하는 경우가 많았다. 그러나 이민생활에서는 남편과 아내 모두 직장을 가져야 하는 상황이 비일비재하다. 때로는 자영업을 하여 부부가 같이 일하는 경우도 있다. 따라서 남편과 아내 모두 직장에서 받는 스트레스가 크다. 만일 그들이 직장에서 받은 스트레스를 풀지 못한다면 문제가 될 수도 있다. 특히 아내는 가정을 돌보고 자녀를 돌보아야 하는 면에서 이중부담을 안고 있다.[5] 그러므로 아내들이 그들의 불만을 해소하지 못한다면 가정불화가 야기될 수도 있다. 만일 남편의 경제력이 아내보다 쳐진다면 이것 또한 문제가 될 소지가 있다. 아내의 수입이 남편보다 월등히 높으면 남편은 위축이 되고 열등감을 느끼게 되며 아내는 자만하기 쉽다. 이런 요소들이 가정의 잠재적 위기가 될 수 있다. 이외에도

---

3) 이런 요소들이 문화충격의 원인들이다. Paul Hiebert, *Anthropological Insights for Missionaries* (Grand Rapids, MI: Baker Book House, 1985), 65-70.

4) 생활환경의 변화가 주는 스트레스 지수는 25/100이고, 거주지 이동으로 인한 스트레스 지수는 20/100이다. 위의 책, 72.

5) 한국에서는 경제적 여건이 되면 파출부를 둘 수 있고, 주변의 가족들이 가사를 도와주기도 한다. 그러나 이민생활에서는 인건비가 높기 때문에 파출부를 두기에 경제적 부담이 너무 크고, 가사를 도와줄 가족들이 주변에 없기 때문에 이 모든 일이 주부의 몫으로 돌아간다. 따라서 이민사회에서 한인 주부들이 갖는 부담은 한국에 사는 주부들보다 더 큰 것이 사실이다.

이혼을 비롯한 결혼문제, 배우자의 부정, 폭행을 포함한 부부갈등 등이 가정을 위협하는 심각한 문제로 대두되고 있다.

2) 부모와 자녀문제

남편과 아내의 문제 이외에 이민생활에서 더욱 심각한 문제는 부모와 자녀 사이에 대화가 어렵다는 점이다. 부모는 자녀들에게 '교육 때문에 이민왔다' 는 말을 자주한다. 그러나 자녀의 입장에서 보면, 자녀의 교육 때문에 미국에 이민을 왔다는 부모의 말에 설득력이 없어 보인다. 자신들이 미국에 가자고 한 것도 아니고, 부모가 그들의 의사를 묻지도 않고 일방적으로 이민을 와서 '너희들 교육 때문에 미국에 왔다' 고 하니 이해가 되지 않는 것이다. 그들의 부모는 매일 밤늦게 퇴근한다. 따라서 자녀들과 대화를 할 충분한 시간이 없다. 이것이 부모 자녀간에 대화가 부족한 첫 번째 이유이다.

또 학교의 학부모 간담회에 나갈 여유도 없다. 언어문제로 나가길 꺼려하기도 한다. 자녀와의 언어차이가 깊이 있는 대화를 방해하는 장애요인이 된다. 이처럼 언어문제가 대화를 막는 두 번째 원인이다. 게다가 자녀에 대한 기본적인 관심을 겉으로 잘 드러내지 않는다. 학교문제, 언어문제, 친구문제, 동료문제, 문화적 정체성 문제, 인종차별 등 자녀들이 일상생활에서 겪게 되는 어려움에 대해서는 별로 생각하지 않는다. 미국교육은 성적위주가 아닌 전인교육임에도 부모들은 자녀의 학교 프로그램에는 별 관심이 없어 보이고 대신 성적에 많은 관심을 갖고, 자녀들이 아이비 리그(Ivy League) 대학에 진학하여 물질적으로 성공하기를 기대한다. 이런 부모의 모습을 보며 자녀들은 '과연 교육이 누구를 위한 것인가' 하는 질문을 던진다. 자녀들은 부모가 돈만 버는데 바쁘지, 그들의 실제적 문제에 대해 관심도 없고 알지도 못한다고 생각한다.

부모가 자녀들과 대화를 시도해도 가치관의 차이, 사고방식의 차이, 환경의 차이 등이 대화의 장벽으로 등장한다. 부모들이 수직문화속에 살고 있다면, 자녀들은 수평문화에 살고 있다. 이런 문화적 차이가 대화의 걸림돌로 작용한다. 대화는 서로 말을 주고받고 하는 쌍방통행이어야 하는데, 규칙을 자녀들에게 전하는 일방통행적 태도에 자녀들은 부모를 권위주의적이라 생각한다.[6] 이런 차이가 대화 부재의 세 번째 원인이다. 대화부족이 청소년 문제가 야기되는 중요한 이유임에도 부모들은 이 사실을 인지하지 못하는 것 같다.

부모들이 하루 종일 일하는 동안 자녀들은 미국 학교에서 영어로 수업을 받고 미국인 친구들을 사귀고 미국 사회에서 미국인 친구들과 같이 지낸다. 자녀들은 부모와는 다른 환경에서 다른 일들을 경험하며 성장한다. 이러한 삶의 모습의 차이뿐만이 아니라 세대차, 그리고 가치관의 차이가 부모와 자녀 사이에 보이지 않는 벽을 만드는 것이다.

3) 주변화

한인 이민자들이 이민사회에서 겪는 심각한 문제는 주변화(marginality)이다. 주변화라는 용어는 주류 사회에서 벗어나 있는 또는 두 문화 사이에 있다(in between)는 의미이다. 사회학자 스톤퀴스트(Everett V. Stonequist)는 주변인을 다음과 같이 정의한다.

> 주변인이란 대개 주류사회로부터 소외된 사람을 말한다. 그는 주류집단에 진입하고 용납되기를 추구하지만 받아들여지지 않고 주류집단의 주변에 위치하게 된다. 다 시 말하면 주류집단의 가치관과 이상을 다 받아들였으나 주류집단에 의해 받아들여 지지 못한 외부인이다.[7]

6) 배영교수와 델로라스 펨버튼 교수 그리고 존 윌리 교수는 뉴욕과 로스앤젤레스 등 12개 주의 22개 교회의 총 2천여명을 대상으로 조사 연구한 결과, 50%의 청소년들이 그들의 부모를 매우 권위주의적으로 생각하는 것으로 나타났다. 『중앙일보』, 1989년 11월 8일.

7) Everett V. Stonequist, *The Marginal Man: A Study in Personality and Cultural Conflict* (New York: Russell & Russell, 1937), 107.

이민자의 입장에서 이것을 다시 정리하면, "주변인은 양쪽 사이에 있는 사람뿐만이 아니라 경계에 있거나 밖에 있는 사람을 말한다."[8] 이 말은 이민자는 고유의 문화와 새로운 문화 사이에 살고 있을 뿐만 아니라, 양문화의 경계선에 놓여 있고, 주류 사회 밖에 존재한다는 의미이다. 사회학자들은 이민자들이 사는 곳을 경계지역(borderland)이라고 말한다.[9] 백인들의 주류사회와 흑인들의 게토사이에서 산다는 말이다. 이것이 흑인들의 백인에 대한 반감과 공격의 완충지대 역할을 하기도 한다.[10]

주변인은 부정적으로는 인종차별을 경험하고, 긍정적으로는 새로운 도전을 경험한다. 이민 1세는 미국이라는 거대한 조직에 얼마나 동화될 수 있을지 한계가 있다. 그들은 사회활동과 직장에서의 위치에도 한계가 있다. "주변인은 지배 그룹에 의해 종종 배척된다."[11] 그들이 미국 생활 방식을 따라 살지라도 미국 사회에 동화(assimilation)되는데는 보이지 않는 한계가 존재한다.[12] 사회학자 허원무는 이 문제를 다음과 같이 지적한다.

> 비백인 이민자들은 높은 수준의 문화적 동화(cultural assimilation, 미국 생활방식에 적응)를 하지만, 구조적 동화(structural assimilation, 동등한

---

8) Sang Hyun Lee, "Called To Be Pilgrims: Toward an Asian-American Theology From the Korean Immigrant Perspective" in *Korean American Ministry*. ed. Sang Hyun Lee (The Consulting Committee on Korean American Ministry, The Program Agency, Presbyterian Church (U.S.A.), 1987), 93.

9) 그리핀(Mark Griffin)과 워커(Theron Walker)는 *Living in Borders: What the Church can learn from Ethnic Immigrant Cultures*에서 이민자들은 McWorld와 게토 사이의 경계지역에 살고 있다고 지적한다. McWorld는 McDonald와 McKintosh의 합성어로 백인주류사회를 지칭하는 말이다. 이영길, "이민교회의 특성과 신학 II" 2008년 6월 16일 장로회신학대학교 세계선교연구원 강연 원고.

10) 이것의 대표적인 경우가 1992년 L.A. 사우스 센트럴 지역에서 발생한 4 · 29 폭동이다.

11) Lee, "Called To Be Pilgrims" (1987), 92.

12) 동화에는 사회 구조적 동화(Social Structural Assimilation)와 문화적 동화(Cultural Assimilation)가 있다. 전자는 주류사회에 진입하는 외적인 것이고, 후자는 자신의 고유문화를 주류사회의 문화로 바꾸는 내면적인 것을 뜻한다. 이런 구분에 대해서는 Milton Gordon, *Assimilation in American Life* (New York: Oxford University Press, 1964)를 참조하라.

생의 기회)는 불변의 독립적 변수인 '인종' 문제에 대해 흑백의 혼합에 의해 변하거나 미국의 지배적인 특권 계급인 앵글로색슨계 백인 신교도들의(WASP) 인식의 변화가 없는 한 사 실상 불가능하다. 한인들은 이것에 예외가 아니다.[13)]

조직신학자 이상현은 이 문제를 이렇게 서술한다.

유럽의 백인 이민자는 거의 영어 단어 하나도 모르고 미국 역사를 한 줄도 몰라도 주사회에서 '우리의 하나'(one of us)로 쉽게 받아들여진다. 그러나 비백인 이민자는 미국 생활방식에 높은 문화변용(acculturated)을 한다해도 자동적으로 그리고 거의 영구히 외부인(outsider)으로 취급된다.[14)]

이처럼 한인 이민자들은 주변화를 경험하고 깨닫게 된다. 주변화를 극복하기는 수월하지 않다. 그러나 몇 가지 제언을 할 수는 있겠다. 첫째, 한인 이민자들은 주변화에 대해 현실적 의식을 가져야 한다. 비현실적 개념은 그릇된 인식을 가져올 수 있다. 둘째, 이중언어와 이중문화적 환경에 대해 이해를 하고, 그런 상황을 긍정적으로 해석할 수 있어야 하며, 그들의 장점을 잘 활용해야 한다. 셋째, 다원화된 사회와 다문화 사회에서 새로운 의식을 창출할 수 있어야 한다. 아울러 새로운 정체성을 형성할 수 있어야 한다. 넷째, 높은 수준의 성취력을 가져야 한다. 한인 이민사회와 미국사회에서 세계주의(cosmopolitan) 리더십을 추구해야 한다. 다섯째, 다른 소수민족과 폭

---

13) Won Moo Huhr, *Comparative Study of Korean Immigrants in the United States: A Typology.* (San Francisco, California: R and E Research Association, 1977), 95.

14) Lee, "Called To Be Pilgrims: Toward an Asian-American Theology From the Korean Immigrant Perspective," 93.

15) Won Moo Huhr, "Toward A New Community and Identity: The Korean-American Ethnicity," in *The Korean Immigrant in America.* ed. Byong-suh Kim and Sang Hyun Lee (Monclair, New Jersey: The Association of Korean Christian Scholars in North America, 1980).

넓은 관계를 갖고 아시아 또는 소수민족의 문제에 더 많은 관심을 가져야 한다.[15]

주변인은 주류사회인이 갖지 못하는 특유의 장점을 갖고 있다. 주변인은 주변사회의 허구성을 보며 갈등과 비판을 하게 된다. 사회학자 파크(Robert E. Park)는 주변인은 주류사회인보다 더 넓은 사고지평과 더 예리한 지성과 보다 더 객관적인 관점을 가지게 된다고 지적한다. 뿐만 아니라 "주변인은 항상 주류사회인보다 상대적으로 더 깨어있다"고 말한다.[16] 이처럼 주변인은 주류사회의 허구성을 깨뜨리고 새로운 가능성을 건설하는 창조적 동력이 된다.

2. 의식적 인지

한인 이민자들이 미국에서의 현실에 직면했을 때, 그들이 부딪힌 문제를 의식하게 되면서 그들이 처한 현재 상황을 깨닫게 된다.[17] 그러면서 한국인으로서 외국에서 사는 것이 결코 쉽지 않은 일이라는 것을 느끼게 된다. 아울러 새로운 환경과 문화에 적응하기 어렵다는 것을 발견하게 된다. 한인 이민자들은 광야에서 소외된 느낌을 받기도 하고 한국 문화에 익숙해져 있으나 미국 문화 속에 살고 있다는 이중문화 환경으로 인해 혼란된 감정을 갖기도 한다. 사실 한인 이민자들은 문화적으로 한 언어를 사용하고 단일민족이라는 것 때문에 높은 수준의 민족성을 유지하고 있다. 그러나 그들의 이민생

---

16) Stonequist, *The Marginal Man*, 서문.

17) 히버트는 문화충격의 과정을 네 단계로 구분한다. 첫째는 관광객의 단계로 수주에서 수개월까지 걸리는 기간이다. 둘째는 각성의 단계로 현실을 깨닫고 새로운 문화에서 살아가는 법을 생각하게 된다. 셋째는 회복의 단계로 새로운 문화에 접목이 되는 시기이다. 넷째는 적응의 단계로 새로운 문화가 편안하게 느껴지는 때이다. Hiebert, *Anthropological Insights for Missionaries*, 74-77. 필자는 적응과정을 네 단계로 구분한다. 첫째는 사전의식단계, 둘째는 자각단계, 셋째는 적응단계, 넷째는 정착단계로 본다. 이 과정은 이민자에게 적용이 될 뿐만 아니라, 북한이탈주민들의 남한사회 적응에도 적용이 된다. 조은식, "북한이탈주민들의 적응과정 연구," 『선교신학』 제14집 (2007): 98-115. 『통일선교: 화해와 평화의 길』 (서울: 미션아카데미, 2007), 111-128.

활은 이중문화 환경으로 인한 갈등을 겪는다. 몸에 익숙한 한국인의 관습을 버릴 수도 없고, 낯선 문화를 무작정 받아들이기도 어렵다. 이처럼 이중문화의 부담으로 혼란스럽기도 하고 이질감을 경험하게 된다. 그러면서 그들은 자기 자신과 현재 살고 있는 세상 사이에 벽이 있음을 깨닫게 된다.

한인 이민자들이 이민 문제들을 인식하고 그들의 위치를 깨닫게 될 때 그들이 직면한 문제들에 대한 대책을 고려하게 된다. 그러나 대책이라는 것이 쉽지만은 않아 혼란과 불안이 가중된다. 한인 이민자들의 이러한 상황에 도움이 될 만한 이민자 모델이 존재하지 않는 것이 현실의 문제를 극복하는 것을 더 어렵게 만든다. 사회학자 쿨리(Cooley)에 의하면 인간의 자의식은 중요한 사람에게 반향된 자신의 모습을 통해 정립된다는 것을 거울 자아 이론(looking glass self)을 통해 설명한다.[18] 즉 사람의 자아는 주위 사람들에게 비쳐진 자신의 모습을 통해 또 타인이 그에 대해 생각하고 판단하는 바에 따라서 크게 영향을 받는다는 것이다. 그런데 자신을 바라보는 타인이 없다는 것은 자신을 투영시킬 수 있는 거울이 없다는 것과 같다. 그러다보니 어떤 이민자들은 이런 그들의 문제를 술과 도박으로 해결하려고 하기도 한다.[19]

이민 생활이 오래 될수록 자신의 고유한 것을 더 추구하는 경향이 있다.[20] 동시에 현실에 적응하려는 몸부림이 있다. 이 두 가지가 작용하며 심

18) Ian Robertson, *Sociology* (New York: Worth Publisher, 1977), 113-115.

19) 의학적 관점에서 볼 때, 한인 이민자 20세 이상의 남성 39%가 알콜중독으로 나타났다. 중앙일보는 로스엔젤레스 지역에 거주하는 한인 남성을 대상으로 술버릇에 대하여 20개의 설문조사를 실시하였다. 이 설문은 죤스 홉킨스 대학병원에서 만든 것으로 3개 이상의 질문에 동의하면 그 사람은 알콜중독으로 간주된다. 그 결과가 종합되고 분석되었는데 413명의 남성 가운데 161명이 20개의 설문 가운데 3개 이상에 긍정적인 표시를 한 것으로 나타났다. 이것은 한국에 거주하는 한국인 22%가 알콜중독인 것에 비해 높은 수치로, 한인 이민자 의 상당수가 알콜에 지나치게 의존하고 있음을 보여준다. 『중앙일보』 (미주판) 1990년 3월 6일.

20) 대표적인 경우가 식생활에서 나타나는 김치에 대한 애착이다. 그리고 한국에서는 부르지도 않던 가요를 부르며 감상에 빠지거나 전국노래자랑이나 열린 음악회 등의 프로그램을 시청하는 일이다.

리적 불안이 가중되기도 한다. 이런 불안은 한인 이민자들을 크게 두 개의 그룹으로 나누어지게 한다. 하나는 한국 전통주의자(traditionalist) 또는 초민족주의자(ultra-nationalist)이다. 보수적인 사람들이 취하는 태도이다. 다른 하나는 미국 생활에 통합주의자(integrationist)이다.[21] 개방적이고 비교적 쉽게 적응하는 사람들이 취하는 태도이다.

1) 한인 전통주의자

한인 이민 1세들은 대부분 미국 문화를 회피하고 미국화 되는 것을 꺼린다. 이것은 문화충격에 대한 반작용일 수 있다. 그들은 미국에 살고 있는 현실을 받아들이기보다 한국적인 방법으로 살기를 원한다. 그들은 미국에 살더라도 한국인임을 강조한다. 그래서 그들의 삶에서 한국인 됨(Koreaness)을 유지하고 한국식으로 살려고 한다. 그들은 한국인 이상이다. 그들은 미국

---

21) 문화적 동화(cultural assimilation) 모델에는 네 가지가 있다. (1) 미국인의 성향보다 한국인의 성향이 더 강한 전통주의자, (2) 한국인이면서 미국화 되려고 노력하는 통합주의자, 이민 후에 어떤 이민자들은 자신의 문화와의 연결을 끊어버리는 경우가 있다. 시간이 갈수록 그들의 전통을 무시하고 미국 문화에 서서히 동화되는 경향이 있다. 어떤 이들은 처음부터 한국적인 것을 잊어버리고 미국인처럼 살기를 원하기도 한다. 바람직하지 않은 모습이다. (3) 미국인도 한국인도 아닌 고립주의 자, (4) 한국인이면서 미국인의 성향을 가진 다원주의자. 한국의 전통문화에 자부심을 갖고 잘 유지하면서 미국의 자유와 개인의 특징을 받아들이는 사람들이다. Huhr, "Toward A New Community and Identity," 21; UCLA의 일본계 미국인 학자인 기타노(Harry Kitano)도 동화와 인종정체성의 두 가지 변수를 사용하여 비슷한 구분을 하고 있다. *Race Relations* (Englewood Cliffs, NJ: Prentice-Hall, 1985), *Asian Americans* (Englewood Cliffs, NJ: Prentice-Hall, 1988).

한인 이민자 1세의 동화유형

정체성(한국적): 높음(위) / 낮음(아래); 미국화 정도(동화): 낮음(왼쪽) / 높음(오른쪽)

미국화 정도(동화)	낮음	높음
정체성 높음	전통주의	다원주의
정체성 낮음	고립주의	통합주의

에 살지라도 마음은 한국에 있다. 이런 단계에서 그들은 외로움을 느낀다. 이런 상태를 벗어나려고 한인 공동체를 형성하여 유지하게 된다.

그들은 한인 공동체를 형성하거나 기존의 한인 공동체에 깊이 관여하게 된다. 때로 한인 공동체 안에 한인들을 위한 사업을 하기도 한다. 그러다보면 배타적인 민족이 되어 버린다. 이것은 그들의 강한 민족적 고리(ethnic attachment)와 약한 문화순응(acculturation)을 보여준다. 따라서 그들은 타 인종들과 별로 교제가 없고 미국 사회와도 별로 관계를 갖지 않는다. 결국 그들은 미국사회와 타 인종들로부터 격리되고 만다.

비록 그들이 미국에 살고 있지만 한국적인 것의 좋은 면을 유지할 수 있다. 그러나 미국 사회에 적응하지도 않고 미국의 좋은 면들에 동화되지도 않는다면 이민생활에 생존하기가 어렵다. 전통주의자 그룹은 그들만의 그룹으로 잔존하거나 통합주의자로 변하게 된다.

2) 한국으로 역이민

미국 생활에 적응하지 못하고 한국적인 것에 집착하는 사람들은 다시 한

---

22) 1980년도부터 1989년까지 10년 동안의 한국에서 미국으로의 이민과 미국에서 한국으로의 역이민 통계를 보면 다음과 같다.

연도	미국으로 이민	한국으로 역이민
1980	33,638	848
1981	31,574	970
1982	26,841	1,088
1983	24,015	1,169
1984	25,820	1,338
1985	21,147	1,838
1986	30,548	2,060
1987	26,282	2,669
1988	24,466	3,313
1989	21,336	4,667

출처 : 1990년도 외무부 자료.

국으로 나오기도 한다. 역이민을 결정하는 사유는 현지 생활의 부적응과 취업의 문제가 주를 이룬다. 1987년 이후 한국으로의 역이민이 증가하고 있다.[22] 그 첫 번째 이유는 한국이 살기 좋은 환경으로 바뀌었다는 점이다. 한국정치의 안정과 경제수주준이 향상되면서 과거보다 이민에 대한 기대효과가 낮아졌기 때문이다. 두 번째 외국생활에 대한 부적응과 개인 업무의 변화이다. 과거 한국에서의 생활의 좋은 면에 미련이 남아있고 현지적응에 어려움이 많을 경우 회귀본능에 순응하기도 한다. 또 한국에 취업 등의 이유로 귀국을 결정하기도 한다.

그러나 역이민 또한 쉬운 일이 아니다. 고국의 문화가 생각보다 많이 변해있고, 자신도 이미 변했기 때문이다. 알게 모르게 조금이라도 미국문화에 젖어든 부분들이 들어나며 본국의 문화와 부딪히는 일이 생기기 시작한다. 그러면서 자신의 문화에서도 주변인처럼 느껴지게 된다. 이렇듯 역이민 또한 원래의 문화에 재적응하는 시간과 노력이 필요하게 된다.[23]

3) 잔존과 위축

한국으로 역이민을 오지 못하는 사람들의 대부분은 나이가 많은 사람들이다. 그들은 한국에 와도 할 만한 보람있는 일들이 없고 지금 살던 방식대로 살기도 어렵다. 체면과 자존심 때문에 역이민은 생각도 안한다. 나이든 여성의 경우 손주이건 아니면 타인의 아이건 아기를 돌보거나 파출부 일을 한다. 그들은 거의 영어를 할 줄 모르고 심지어 영어를 사용하는 손주들과도 대화하기도 어렵다. 영어를 못하니까 혼자 갈 수 있는 곳도 많지 않다. 뿐만 아니라 그들의 자녀들은 하루 종일 일을 하고 늦게 퇴근한다. 외로움과 비탄으로 가득찬 나날을 보낸다. 이런 그들의 상황은 한국으로의 역이민을 허용하지 않을 뿐만 아니라, 한국에 가도 거처할 마땅한 곳도 없다.

---

23) 역이민의 충격에 대해서는 히버트의 설명을 참조하라. Hiebert, *Anthropological Insights for Missionaries*, 78-80. 역이민에 적응이 안되어 역역이민을 하는 경우도 있다.

그나마 이민생활에 마음을 두고 살기 위해서는 무엇인가 활동을 해야 한다. 도시에 살고 있는 나이든 사람들은 한인 노인회를 조직한다. 그들은 매일 모여 이야기를 하고, 그들의 어려움과 삶을 나누기도 한다. 일부 교회에서는 노인대학을 운영하여 영어를 가르치고, 성경공부를 하며 미국문화를 가르치기도 하고, 노인들을 위한 사회봉사를 하기도 한다. 어떻게 보면 이런 활동들이 이민생활에서 갈 곳 없는 노인들의 생존을 위한 몸부림이긴 하지만, 이민생활에서 의미를 찾고 보람을 찾으려는 시도라는 측면에서 볼 때 긍정적인 면이라 하겠다.

이민 생활에서 겪는 스트레스가 축적될 경우 신체적 질병으로 그 증상이 나타나기도 한다. 때로는 스트레스로 인한 신체적 질병에서 멈추는 것이 아니라 심리적 우울증이 오기도 한다.[24] 이것은 스트레스의 가장 심각한 결과이다. 종종 2, 30대의 사람들이 새로운 환경에 적응하지 못해, 또는 학업에 대한 부담이나 학교 문제 또는 가정 문제로 자살을 하는 경우가 있다. 어떤 이들은 언어 문제로 학교 수업을 따라가지 못한다. 어떤 이들은 고학력이지만 거기에 맞는 좋은 직장을 구하지 못하는 경우도 있다. 어떤 이들은 가정에 불화가 있거나 이혼을 하여 가정적 어려움을 겪는 사람도 있다. 젊은이들은 그들의 친구나 친척들의 기대가 높기 때문에 한국으로의 역이민을 매우 수치스러운 일이라고 여긴다. 그들의 문제에 대한 적절한 해결책을 찾지 못하면 그들은 극단적인 방법으로 자살을 결심하기도 한다. 미국 생활에 적응 못한다는 실패감과 한국에 다시 나올 수도 없다는 좌절감이 극단적인 선택인 자살을 하게 한다. 이민생활의 부정적이고 비극적인 면이다.

4) 적응

통합주의자들과 일부 전통주의자들은 적응단계에서 만난다. 한인 이민자

24) 위의 책, 70-74.

들은 한국의 문화적 배경과 한국적인 것에 매여 있다. 새로운 환경에 처할 때 어떤 사람들은 미국 생활에 적응하기를 원한다. 그들은 미국사회에 들어가려고 한다. 사설 교육기관이나 공립학교학교에 가서 외국인을 위한 영어 교육과정을 통해 영어를 배우기도 한다. 미국화의 첫 단계로 영어 이름을 짓기도 한다. 이민 생활에 있어 문화적으로 동화된다. 문화변용 또는 문화순응(acculturation) 과정을 통해 양면가치를 경험한다. 그러면서 그들의 가치관, 풍습, 전통, 사고방식의 갈등을 조정한다. 그들은 이중문화의 사람들이 되는 것이다.

다음으로 그들은 사회적으로 동화된다. 그들은 사회적 갈등을 관대히 다룬다. 그들은 지역사회 모임이나 국제 페스티발, 퍼레이드와 같은 사회 행사에 깊이 참여한다. 사회 활동과 무숙자를 돕거나 거리를 청소하는 사회봉사, 사회 정의를 위한 일에 열심히 참석한다. 그렇게 함으로 삶의 사회적 영역을 구체화하고 자신을 새롭게 한다.

5) 필요

한인 이민자들은 한국문화와 미국문화라는 두 문화 사이에서 주변화되면서 정체성문제를 경험하게 된다. 미국식 생활에 익숙하고 미국화된 한인 이민자들도 그들의 삶에서 정체성 문제에 부딪히기도 한다. 정체성 문제는 이민 1세보다는 이민 2세가 더 심각하게 경험한다. 이민자들에게 있어 정체성 문제는 바로 그들의 이민생활의 문제이다. 미국인들은 한인 이민자를 만났을 때 보통 이런 질문들을 한다. “당신은 어느 나라에서 왔습니까?” “왜 미국에 왔습니까?” “당신의 나라로 돌아갈 것입니까?” 한인 이민자들은 그들의 삶의 모습에 아직도 한국적인 면이 많든 아니면 많은 부분이 미국화 되었든 이런 질문을 듣게 되면 소외감을 느끼게 된다. 그러면서 한인사회에 속해 있는지, 미국사회에 속해 있는지 혼란을 겪게 된다. 미국인들은 보통 이런 질문을 유럽인에게는 하지 않는다. 그러나 한인 이민자들은 그들이 영주권자이든 아니면 시민권자이든 여전히 외국인 취급을 당한다. 뿐만 아니라 한인 이민자들은 "중국인입니까?" 또는 "일본인입니까?" 라는 질문을 많이 받는다. 이런 질문들이 한인 이민자들을 화나게 만든다. 한인 이민자들은 이런 문제로 고투하며 그들의 주변화를 자각한다. 그럴 때 그들은 한국계 미국인(Korean-American)로서의 새로운 정체성의 필요를 절감하게 된다. 한인 이민자를 지칭하는 분명한 용어가 필요하다. 이것이 정체성 문제를 해결하는 초석이다.

3. 종교생활

1) 교회의 역할

미국사회에서 살면서 언어와 문화의 차이로 인해 의식적, 무의식적으로 받게 되는 스트레스를 풀기 위해 한국인을 만나 한국말로 이야기를 하고 한국 음식을 먹고 하루를 한국에 사는 한국인처럼 사는 것 또한 이민자들의 삶에 중요한 부분이다. 한국인을 만나기 위해 또 한국인의 도움을 원해 교회에 출석하는 사람들도 있다. 이민 초기에 있는 사람들은 이런 이유로 교인이 되기도 한다. 한인 이민자들은 강한 민족적 연결성(ethnic attachment)을 갖고 있다.[25)]

이민자들은 고달픈 이민생활을 통해 불안감을 느끼기도 하고, 자괴감에 빠지기도 하며, 주류사회로부터의 소외감과 인종차별을 받기도 한다. 이러한 환경에서 이민자들은 그들의 아픔과 한을 풀기 위해 신앙을 갖기도 한다. 물론 사회로부터 인정받지 못하는 것을 교회를 통해 받고 싶어 하는 보상심리도 일부 작용하리라 본다. 그러다보니 이민사회라고 하는 특수성이 교회의 역할과 기능이 단지 예배하기 위한 곳이라는 개념에서 이민자들을 위한 사회적, 문화적, 민족적 역할과 기능을 하게 확대된다. 그래서 이민교회는

---

25) Pyong Gap Min, "Asian Americans: A survey of Ethnic Groups" in *Korean Americans*. ed. Pyong Gap Min, (This paper is a part of a forthcoming book by Sage Publication, 1991), 9.

종교적 기능뿐만 아니라 한인회 또는 한인 공동체와 같은 역할을 하게 된다. 이민교회는 이민생활을 적응하도록 이민자들을 지지해 주는 매우 중요한 역할을 한다.

첫째, 이민교회는 심리적 안식처의 역할을 한다. 이민교회는 이민자들에게 삶의 의미, 소속감, 심리적 안정감 등을 제공한다. 이민교회는 외로움, 어려움, 병, 고립, 실업 등과 같은 개인적 문제를 갖고 있는 이민자들에게 마음의 평안을 제공한다. 이민교회는 이중문화와 이중언어로 인한 극심한 스트레스와 많은 정신적 갈등을 해결하는데 도움을 준다. 아울러 이민교회는 이민자들의 정신적 불안정을 회복하고 정신건강을 고양하는데 도움을 준다. 그래서 교회는 이민자들의 삶에 있어 의미있는 장소가 되는 것이다.

둘째, 이민교회는 사회적 중심지 역할을 한다. 한인교회는 이민자들을 위한 다양한 사회 기능을 갖고 있다. 한인교회는 다른 한국인을 만나는 곳이고, 이민생활에 필요한 정보를 교환하는 장소이기도 하다. 한인 목회자들은 이민 가정을 공항에서 맞이하고, 집을 구해주고, 직장을 찾아주고, 자녀를 학교에 입학시켜주는 등 온갖 일을 담당하기도 한다.

셋째, 이민교회는 민족적 역할을 감당하는 터전이다. 한국인의 민족성과 문화적 전통을 유지하는데 공헌한다.[26] 초기 한인 이민교회가 종교적 역할뿐만 아니라 정치적, 사회적 활동을 했던 것은 잘 알려진 사실이다. 정치적 목적을 위해 모금을 하기도 하고, 사회적으로 시위를 하여 이민자들의 권익을 증진시키기도 하였으며, 조국을 위한 활동을 하기도 하였다.

넷째, 이민교회는 자녀교육을 위한 장이다. 가정에서 하기 어려운 한글, 한국 문화와 역사, 거기에 기독교 교육까지 이루어지는 곳이 교회이다. 더구

---

26) Won Moo Huhr and Kwang Chung Kim. *Korean Immigrants in America: A Structural Analysis of Ethnic Confinement and Adhesive Adaptation*. (Cranbury, New Jersey: Associated University Press, 1984), 22-23.

나 직장생활로 자녀교육에 소홀할 수밖에 없는 이민자들의 현실에서 교회는 자녀교육에 큰 역할을 한다.

다섯째, 교회는 종교기관으로의 역할로 교회의 기본적인 역할이다. 이민교회는 이민자들이 신앙을 갖게 하고, 신앙생활을 통해 현실의 어려움을 극복하도록 도우며, 소망을 갖고 살도록 격려하는 역할을 한다. 생계문제가 다소 해결되면 한인 이민자들은 물질적 성공과 명예로 존재의 의미를 찾지 못한다는 것을 알게 된다. 영적인 생활을 통해 존재의 의미를 찾으려고 한다. 이것을 위해 교회를 다니며 교인이 된다. 이런 이유로 교인의 대부분이 한국에서는 신앙생활을 하지 않았던 새로운 신자들이다. 이민교회 구성원의 비율이 한국에서부터 신앙생활을 하던 사람들보다 이민을 와서 교회에 출석하기 시작한 새 신자들이 더 많은 것을 볼 수 있다. 따라서 이민교회는 새 신자들의 필요를 잘 인식하여 그들을 기독교 신앙으로 이끄는 기회로 삼아야 한다. 그럴 때 하나님의 말씀이 귀에 들어오고 성령이 그들에게 하는 말씀을 깨닫게 될 것이다. 신앙생활을 통해 하나님을 만나고 하나님의 사랑과 돌봄을 체험하게 될 것이다.

이민교회의 이러한 역할을 기대하기 때문에 이민 초기의 사람들이 교회를 찾는 이유가 되기도 한다. 이처럼 이민교회는 이민자들에게 동질감, 연대감, 소속감, 안정감, 그리고 정체감을 제공한다. 이젠 이민교회가 이민자들의 필요에 의해 실제적 문제에 도움을 주는 순기능을 수행하는 차원에만 머물지 말고 주류사회에서 일어나는 현안들에 관심을 갖고 주류사회 속에 뛰어들어 이민자의 존재를 알리고 목소리를 들어내는 일에도 참여를 해야 한다. 그것이 이민교회의 새로운 역할이다.

2) 신학적 함의

이민자들이 새로운 세상에서 사는 동안 그들 자신에 대한 궁극적인 질문을 하게 된다. 이민생활의 궁극적인 목표는 무엇인가? 이민생활에 있어 영적인 의미는 무엇인가? 이런 질문을 염두에 두고 이민자들의 문제를 어떻게

다루고 어떻게 극복할 수 있는지 몇 가지 생각해 보겠다.

첫째, 사람들은 조상으로부터 그들의 민족성(ethnicity)을 물려받았다고 단순히 생각한다. 그러나 민족성에는 신학적 의미가 담겨있다. 한국인이라는 뿌리는 하나님의 선물 가운데 하나라는 것이다. 따라서 한인 이민자들은 그들의 뿌리를 하나님의 값진 선물로 인식할 수 있어야 한다. 특히 이민교회는 뿌리교육을 통해 이민자들과 2세들에게 자긍심을 심어주어야 한다.

둘째, 그들의 주변화 상황은 문화적 갈등과 인종차별에 의한 결과만이 아니다. 그것은 신학적 의미를 갖고 있는데, 그것은 하나님이 순례의 길에서 그들을 부르셨다는 것이다. 이것은 거룩한 부르심이다. 다른 말로, 하나님이 그들을 순례자로 부르셨다는 것이다.[27] 그러므로 하나님의 궁극적인 목적이 이민자들의 삶 이면에 있는 것이다. 그러면 누가 순례자인가? "순례자는 하나님의 통치에 궁극적인 충성과 확신을 갖고 사는 사람이다. 그리고 기꺼이 고향의 편안함을 버리고 필요하다면 타향에서도 거주할 수 있는 사람이다. 끝으로 작별하든 거주하든, 집이 있든 없든 그런 유혹에서 벗어나는 사람이다."[28] 따라서 이민교회는 하나님의 부르심을 깨닫게 하는 신앙교육을 해야 한다.

셋째, 한인 이민자들은 영적으로 그들의 '본향'을 추구하는 하나님의 백성들이다. 이민생활이 어려워도 하늘의 본향을 기대하며 그곳에 소망을 두고 현실의 어려움을 극복해 나갈 수 있는 것이다. 이것을 위해 이민교회는 비젼교육을 통해 이민자들이 꿈을 갖고 살 수 있도록 격려할 필요가 있다.

---

27) 이것은 하나님의 선택을 양산하는 것이 아니다. 적어도 주변성은 부르심을 의식하는 합리적인 기초를 제공해 준다. Sang Hyun Lee, "Called To Be Pilgrims: Toward a Theology within the Korean Immigrant Context," in *The Korean Immigrant in America*. ed. Byong-suh Kim and Sang Hyun Lee (Monclair, New Jersey: The Association of Korean Christian Scholars in North America, 1980), 48.

28) Lee, "Called To Be Pilgrims: Toward an Asian-American Theology From the Korean Immigrant Perspective," 95.

넷째, 한인 이민자들은 외국에 정착하여 살 책임과 광야 같은 그곳에서 하나님의 나라의 실현을 위하여 공헌할 사명을 가지고 있다.[29] 이것이 이민자들이 갖고 있는 선교적 사명이다. 그러므로 이민교회는 이민자들에게 선교적 사명을 일깨우는 교육을 통해 그들이 선교적 사명을 갖고 살 수 있도록 인도해야 한다.

다섯째, 한인 이민교회는 주류사회로부터 또 다른 인종 그룹으로부터 단절되어 있거나 스스로 주류사회의 문제에서 벗어나 있기도 하다. 이민교회도 주변화되어 있는 것이다. 이제 이민교회는 개인 중심의 사적 신앙을 강조하는 일에서 벗어나 주류사회의 문제에 관심을 갖고 참여하는 공동체가 되어야 한다. 아울러 민족중심적인 배타적인 태도에서 벗어나 2세들과 타인종을 위한 사역에도 관심을 갖고 준비하는 열린 공동체가 되어야 한다.

4. 목회적 계획

이민생활에 도움을 주는 이민교회의 역할을 살펴볼 때, 교회의 세 가지 기능을 다시 고려할 필요가 있다. 교회의 세 가지 기능은 첫째, 선포하고 증거하는 공동체(kerygma)이다. 이것은 주류사회의 지배논리로부터 해방을 선포하고 하나님의 백성으로 새로운 이민공동체를 형성하려는 움직임으로 볼 수 있다. 둘째, 양육하고 교제하는 공동체(koinonia)이다. 이것은 양육과 교제를 통해 하나가 되는 공동체를 정립하려는 기능이다. 셋째, 봉사하는 공동체(diakonia)이다. 이를 삶의 현장에서 실천하려는 구체적인 신앙인격의 형성이다. 이 세 가지 기능이 잘 조화될 때 교회는 한인 이민자들이 정체성을 형성하여 새로운 공동체를 발전시키도록 도울 수 있을 것이다. 새로운 한인 공동체를 발전시키기 위해 목회자와 기독교 교육 담당자들은 기본적인

29) Lee, "Called To Be Pilgrims: Toward a Theology within the Korean Immigrant Context," 48-61; Lee, "Called To Be Pilgrims: Toward an Asian-American Theology From the Korean Immigrant Perspective," 68-69.

말씀과 사회봉사와 공동체 지원을 강조해야 할 것이다. 그들은 예배, 성경공부, 영어 교육, 미국 문화와 역사 교육 등의 교육 프로그램과, 한국 명절 알리기, 미국 명절 소개, 한국 음식 소개 등의 문화 행사와, 방문, 상담, 지역사회 모임 참석, 빈곤자 돕기 등 지역사회 봉사를 활용한 프로그램을 개발할 수 있을 것이다. 목회적 계획의 지극히 중요한 요소 가운데 하나는 한인 이민자를 위한 정체성 형성에 도움을 주는 것이다.

1) 새로운 정체성 형성

이민 1세대의 정체성은 한국 민족성(ethnicity)과 문화에 심오한 영향을 받았다. 그들은 혈통과 생김새가 한국인이지만 현재 미국에 살고 있고, 사고방식이 미국화 되어가고 있다. 그들은 자신의 문화를 지키고 그것을 나누며 살고 있지만 미국 문화에 동화되고 있다. 그러나 그들은 종종 주변화되고 자긍심이 부족할 때가 많다. 한인 이민자들은 외국인, 순례자, 거류인, 이방인, 이민자, 주변인, 중간자, 외국인 거주자 등으로 불린다. 그들은 새로운 정체성이 필요하다.

새로운 정체성은 기독교를 통해 한인 이민자들을 위해 형성할 수 있다. 기독교 복음과 교회는 그리스도 안에 있으면 새로운 피조물이 되고 새로운 정체성을 갖는다고 말한다. 이민교회는 기독교 신앙 안에서 새로운 정체성을 찾도록 도와야 한다. 아울러 이민자들은 성서를 통해 그들의 정체성을 찾도록 스스로 노력할 필요가 있다. 이것을 위해 목회자는 정체성에 관한 내용을 담은 설교를 할 수 있고, 교회 교육 담당자는 성경공부 계획을 세워 정체성 문제를 다룰 수 있을 것이다.

이것을 위해 먼저 자신의 민족성(ethnicity)를 이해하는 것이 중요하다. 그리고 교회는 한인이민자들이 한국계 미국인(Korean-American)으로 자부심을 갖도록 도와야한다. 한국계 미국인은 조상의 뿌리는 한국에 있지만 미국에 살고 있는 사람을 말한다. 한국계 미국인이라는 용어는 미국에 살고 있는 한국인들에게 적용되는 말이다. 설교나 교육을 통해 한국 이민자들의 민족적 문화배경과 경험을 설명하는 시간을 갖도록 계획을 세우는 일이 필요하다. 이것은 한인 이민자들이 그들의 민족성 때문에 직면한 문제를 보게 하고, 그들의 배경을 잘 이해하도록 도우며, 그들의 민족성은 하나님이 주신 선물이라는 것을 깨닫고, 긍정적인 자화상을 개발하도록 한다. 그리하여 한인 이민자라는 정체성에서 자부심을 갖게 한다.

둘째로, 그들의 삶에 하나님의 인도하심을 아는 것 또한 매우 중요하다. 설교나 교육을 통해 하나님의 인도하심에 전적으로 순종하는 사람들을 위한 하나님의 특별한 계획을 이해하고, 이민 생활의 영적인 목적을 깨닫고, 한인 이민자들을 향한 하나님의 섭리를 발견하도록 돕는다. 이런 과정은 성서를 현재 상황에 적용하는 방법을 익히는데 도움이 될 것이다.

성서에 의하면 하나님의 백성들은 순례자로 살았다. 왜냐하면 그들은 하나님의 나라인 본향을 생각하며 살았기 때문이다. 그들은 이 세상에 어떤 가치를 두지 않았고, 앞으로 도래할 하늘나라에 그들의 믿음과 소망을 두었다. 아브라함의 예가 그 가운데 하나이다.

이민생활을 순례자의 삶에 비유하고 교훈을 얻으려는 시도가 있다.[30] 중요한 것은 순례자는 목표를 향하여 걸어가는 사람이라는 점이다.[31] 목표를 상실할 때 순례자는 피난민이 될 수도 있다. 한국을 떠나 미국에서 방황하는 피난민이 될 수도 있다는 말이다. 순례자의 삶과 피난민의 삶은 근본적으로 다르다는 점을 인식할 필요가 있다.

아브라함은 오늘날 이라크 지역인 갈데아 우르의 옛 도시에서 테라의 아들로 태어났다. 따라서 그는 갈데아 사람이었다. 비록 그가 이방인이었지만 하나님은 아브라함을 불러 첫 히브리 사람으로 삼으셨다(창 14:13).

하나님은 아브라함에게 "너는 너의 고향과 친척과 아버지의 집을 떠나 내가 네게 보여 줄 땅으로 가라"(창 12:1)고 지시하셨다. 아브라함을 향한 하나

30) 대표적인 경우가 이상현 박사의 "Called To Be Pilgrims"이다.

31) 이영길, "이민교회의 특징과 신학 II."

님의 말씀은 간단했다. 그러나 그 내용은 굉장한 요구를 하는 것이었다. 이교도의 땅인 고향을 떠나 멀고도 먼 가나안 땅을 향해 가기 전 아브라함은 하나님 앞에 자기 자신을 내어 놓았음을 여실히 보여준다. 우르와 하란은 상업 도시였다. 아마 살기 편했던 지역이었을 것이다. 그러나 그 두 도시는 이방신 숭배의 중심지였다. 아브라함은 새로운 땅에 대한 아무런 실제적 이해 없이 하나님의 명령에 순종했다. 이것은 신앙의 결단을 요구하는 것이었다.

아브라함은 걱정하거나 주저하지 않았다. 그는 하나님의 말씀에 순종할 뿐이었다. 그는 하나님의 지시에 따랐고, 하나님만을 의지했다. 믿음으로 아브라함은 알지 못하는 곳을 향하여 그의 인생 여정을 시작했다. 아브라함은 과거의 편안함을 포기했다. 그는 불확실성을 위해 확실성을 포기했다. 보이지 않는 것을 위해 보이는 것을 기꺼이 포기했다. 믿음으로 아브라함은 하란을 떠나 가나안 땅으로 갔다. 아브라함은 기꺼이 하나님과 동행하며 한걸음씩 나아갔다. 우리는 여기서 하나님의 인도하심을 신뢰함과 하나님의 약속을 믿는 그의 믿음을 볼 수 있다.

하나님은 아브라함을 통해 일하셨다. 아브라함은 하나님으로부터 그리고 하나님의 구별된 계시를 받았다. 하나님의 계시는 그에게 있어 가장 중요하고 획기적인 사건 가운데 하나가 된다. "그는 영적 역사상의 획기적인 사건으로 우뚝 서 있다."[32] 그러므로 우리는 아브라함을 신앙의 개척자라고 부른다. 아브라함은 새로운 민족의 조상이 되었다. 아브라함은 이삭을 통해 유대인의 조상이요, 이스마엘을 통해 아랍의 조상이며, 그리스도인들의 조상(갈 3:7, 29)이 되었다. 성서 이야기를 통해 한인 이민자들에게 정체성에 대한 이야기를 해 줄 수 있고, 순례자로서 사는 동안 하나님이 그들을 하나님의 도구로 사용하신다는 사실을 가르쳐야 한다.

세 번째, 이민교회는 신앙적 정체성을 제공하여야 한다. "새로운 피조물"

---

32) Herbert Lockyer, *All the Men of the Bible*. (Grand Rapids, Michigan: Zondervan Publishing House, 1958), 28

(고후 5:17), "하나님의 대사"(고후 5:20), "하나님의 자녀" 등은 이민자들이 쉽게 공감할 수 있는 이미지이다.

긍정적인 이미지의 정체성 가운데 하나는 "하나님의 대사"라는 것이다. 이 새로운 정체성은 화해의 사역을 이해하는데 도움이 될 것이고, 그리스도의 대사로서 광야와 같은 이민생활에 화해의 사역을 실천하도록 격려할 것이다.

인간의 죄 때문에 하나님과 인간과의 관계가 깨어졌다. 하나님은 깨진 관계를 회복하기 위해 이 세상에 독생자를 보내주셨고, 죄로부터 인간을 구하셨다. 예수는 우리를 하나님과 화해하게 하였다. 화해는 십자가에서 죽었을 때 그리스도 안에서 이루어진 하나님의 은혜로운 사역의 한 단면이다. 화해는 하나님과 인간과의 관계에 변화를 가리킨다.

이제 그리스도인들은 예수 그리스도 안에서 믿음으로 하나님과 화해되었고, 곧 그리스도의 대사가 되었다. 대사는 외국에 거주하며 나라를 대표하는 위임된 사람이다. 대사는 본 정부를 위해 발언할 전권을 갖고 있다. 대사는 또한 반대 의견을 조정하고 반대자들과 화해하기도 한다. 이런 면이 그리스도를 대표하는 그리스도인들에게 적용된다.

모든 그리스도인은 그리스도의 대사이다. 우리의 책임은 사람들을 돕고 하나님과 화해하는 것이다. "그러므로 우리가 그리스도를 대신하여 사신이 되어......."(고후 5:20). 이 말은 대사는 명예가 아니라 모든 그리스도인을 위한 현재 실제적인 책무임을 의미한다. 그러므로 그리스도인은 대사됨으로 인해 갖게 되는 책임을 기억해야만 한다. 그리스도인은 다른 사람의 화해를 위해서도 기도해야 한다.

이민교회는 이런 종류의 이야기를 가르침으로 교회와 사회에 봉사하고, 광야처럼 황량한 세상에서 전도하고 화해하며, 복음으로 황량한 광야를 하나님의 나라가 되도록 바꾸어 가는 새로운 사명을 주어야 한다. 이것이 도전이 될 것이다. 그럴 때 사람들은 긍정적인 시각을 갖고 하나님의 대사로서의 새로운 정체성에 자부심을 갖게 될 것이다.

그 외의 정체성은 "하나님의 자녀"라는 것이다. 요한복음을 보면 예수를 "영접하는 자 곧 그 이름을 믿는 자들에게는 하나님의 자녀가 되는 권세를 주셨다"(요 1:12)고 했다. 요한복음에 의하면 예수는 우리를 종이라 하지 않고 친구라 하겠다(요 15:15)고 기록되어 있다. 로마서 8:14-17과 갈라디아서 4:6-7에 의하면 우리는 하나님의 자녀이다.

성서는 우리를 그리스도 안에 있는 새로운 피조물이라고 말한다. "누구든지 그리스도 안에 있으면 새로운 피조물이라"(고후 5:17). 이민 후에 옛것은 지나갔고 한인 이민자는 그리스도 안에서 새로운 정체성을 얻게 된다.

이와 같은 성서적 신학적 이미지를 통해 한인 이민자들은 믿음 안에서 새로운 정체성을 발견할 수 있고, 선한 그리스도인으로 살 수 있을 것이다. 이런 기독교 정체성이 이민생활에 도움이 될 것이다. 한인 이민자들은 새로운 정체성과 신앙을 통하여 이민 생활의 영적 의미와 궁극적인 목표를 찾게 될 것이다.

2) 새로운 공동체 형성

정체성은 그들이 누구인지 말해주는 개념이다. 그리고 정체성은 그들의 삶을 반영한다. 이민자들이 어떤 삶을 살고 있는가를 이해할 수 있는 부분이 바로 그들의 정체성이다. 허원무는 한인 이민자들은 다양한 발달론적 단계의 변증법적 과정 안에서 그들의 정체성을 형성한다고 말한다.[33] 그룹 안(intra-group)과 그룹 간(inter-group)의 상호관계에서 역동적인 정체성 형성이 일어난다. 먼저 그룹 안에서의 관계에 있어서는 접촉 → 상호협조 → 경쟁 → 갈등 → 수용의 과정을 겪게 된다. 이것은 이민 년수에 따라 각 단계를 거치게 된다. 이러한 단계를 거치면서 이민자들은 상호간에 외국에서 만

33) Won Moo Huhr, "Towards a Korean-American Ethnicity: Some Theoretical Models," in *Korean Immigrants in the United States*, A Reader, complied by Kwang C. Kim (Chicago, 1992).

난 동포(Fellow-countrymen in a strange land) → 동포 그러나 (Fellow-countrymen but) → 동포 그래서 어쨌다구 (Fellow-countrymen, so what?) → 동포 재 발견 (Fellow-countrymen rediscovered)의 단계를 거치게 된다. 반면에 그룹 간의 관계에서는 접촉 → 경쟁 → 갈등 → 수용 → 다원주의의 과정을 겪게 된다.[34)]

이민자들은 동료 이민자들과 함께 그들의 인종적 정체성을 찾기 시작한다. 같은 처지에 있는 이민자들을 만나며(접촉) 서로 위로가 되는 것이다(상호협조). 이것이 첫 번째 단계이다. 어느 정도 시간이 지나면 이젠 동료 이민자들이 경쟁의 대상이 된다. 이 때 이민자들은 서로의 이해에 따라 갈라지게 된다. 정치적 이해, 지역연고, 출신학교 등에 의해 당파주의, 지방주의 등이 나타나게 되고, 개인주의가 심화되며 그들이 속한 공동체가 폐쇄적이 된다. 이것이 두 번째 단계이다. 세 번째 단계에 들어가 '동료 한인들, 그들이 나와 무슨 상관이 있는가?' 하며 서로 갈등하게 된다. 이 과정에서 공동집단이 이익집단으로 변하게 된다. 다음은 동료 한국계 미국인들을 재발견하는 수용의 단계이다. 이때 그들은 한국계 미국인으로 민족적 정체성을 발전시키게 된다.

인종 상호간의 관계에 있어서 한인 이민자들의 정체성 형성은 어떤가? 먼저 그들은 자신을 아직도 한국인으로 정체화한다. 외국 문화와 언어의 차이를 경험하면서 한국인이기를 고집하게 된다(전통주의). 이것은 문화충격에 대한 방어적 매카니즘이다. 두 번째는 인지적 양립성의 단계이다. 이 단계에서 그들은 문화수용, 경제적 안정, 인종끼리의 경쟁, 그리고 주류사회의 온정주의에 진전을 보이며 민족적 정체성에 대해 양면적인 태도를 갖게 된다(통합주의). 세 번째는 주변성을 인식하는 단계이다. 그들이 동화의 단계에 이르면서 그들을 향한 보이지 않는 제한과 차별로 인한 사회적 주변성을 발

34) Won Moo Huhr, "Toward A New Community and Identity," II-14.

견하기 시작한다. 네 번째는 한국계 미국인으로서의 새로운 민족적 정체성을 의식하는 단계이다. 주변성을 의식하게 되면서 정체성의 위기가 오게된다. 결국은 새로운 민족적 정체성이 대두된다. 정체성을 의식하고 발전시키기 위해서 내적 집단(한인 이민사회)과 외적 집단(미국 주류사회)의 상호작용에 의존하게 된다. 이러한 발전을 위해서 인종적 다원주의가 필요하게 된다.[35)]

한인 이민자들의 정체성은 소유할 수 있는 실체가 아니라, 변화하는 삶에 수직적 차원과 수평적 차원이 만나는 교차로에서 일어나는 것이다. 이민생활에서 진정한 한국인으로 사는 길은 한인의 경계를 넘어 진정한 사회를 형성하는 일에 참여하는 것을 의미한다. 새로운 공동체는 민족의 중요한 전통과 문화적 가치를 잃지 않고 동시에 공동체의 배타적인 경계를 개방하는 것이다. 따라서 한국계 미국인으로서의 정체성을 갖고 새로운 공동체 형성을 위해 타민족에 대한 배타적인 태도에서 벗어나되 한국인됨을 잃지 않도록 해야 한다.[36)]

나가는 말

누구에게나 소속감이 중요하다. 이 소속감이 그 사람의 정체성을 결정하기도 한다. 한국에서는 말하지 않아도 소속감을 느끼고 자연스럽게 정체성을 갖게 된다. 그러나 생활 환경이 바뀐 이민사회에서는 의지할 사람이나 기댈 곳을 찾기가 어렵다. 그나마 교회가 이민자들의 요구를 충족시켜주는 역할을 감당하고 있다. 이민교회는 언어가 다르고 문화가 다른 이민자들에게

35) Won Moo Huhr, "Towards a Korean-American Ethnicity," 448-456; 박승호, "격동하는 세계 속에서 한인 이민교회가 나아갈 길," 〈보스톤 한인교회 첫희년 심포지움〉 2003년 11월, 62.

36) 박승호, "격동하는 세계 속에서 한인 이민교회가 나아갈 길," 63.

안식처의 역할을 해준다.

이민 생활에서 오는 심각한 어려움 가운데 하나는 정체성의 문제이다. 이민자들은 이중문화 속에 살며 한국인도 아니고 미국인도 아닌 현실속에서 갈등하며 지내게 된다. 이런 이민자들에게 기독교 관점에서 정체성을 제공할 수 있는 길은 교회를 통해서 그리고 기독교 신앙을 통해서이다. 이민교회는 설교나 성경공부 등을 통해 신앙적 정체성을 심어주도록 목회적 계획을 세워야 한다.

어느 민족이나 그 민족의 고유한 민족성이 있다. 민족성(ethnicity)은 그 민족에게만 주어진 특징이다. 이것은 단순히 주어진 것이 아니라 하나님의 유일한 선물이다. 따라서 민족성에 대한 자부심을 갖는 일이 필요하다. 이 민족성을 바탕으로 이민자들은 신앙 안에서 그들의 생활환경에 맞는 정체성을 가질 필요가 있다. 신앙적 정체성은 그들의 이민생활에 적응하는데 도움을 줄 뿐만 아니라 더 나아가 정착하는데 도움이 될 것이다. 신앙적 정체성을 통해 이민자들이 신앙 안에서 새로운 공동체를 형성해 갈 때 그들의 이민생활에 적응하는데 긍정적이고 발전적인 기여를 할 수 있을 것이다.

▶ **주제어** : 이민자, 정체성, 주변화, 이중문화, 적응

참고 문헌

Gordon, Milton. *Assimilation in American Life*. New York: Oxford University Press, 1964.

Hiebert, Paul. *Anthropological Insights for Missionaries*. Grand Rapids, Michigan: Baker Book House, 1985.

Hurh, Won Moo. *Comparative Study of Korean Immigrants in the United States: A*

Typology. San Francisco, California: R and E Research Association, Inc., 1977.

______. "Toward A New Community And Identity: The Korean-American Ethnicity" in *The Korean Immigrant In America*. Ed. Byong-suh Kim and Sang Hyun Lee. Montclair, New Jersey: The Association of Korean Christian Scholars in North America, 1980, 1-36.

______ . "The Korean-American Community: Its Development in Historical and Comparative Perspectives." in *Modern Praxis*. No. 9 (Fall 1989): 245-279.

______ . "Towards a Korean-American Ethnicity: Some Theoretical Models," in *Korean Immigrants in the United States*, A Reader, complied by Kwang C. Kim. Chicago, 1992.

Hurh, Won Moo, and Kwang Chung Kim. *Korean Immigrants in America: A Structural Analysis of Ethnic Confinement and Adhesive Adaptation*. Cranbury, New Jersey: Associated University Press, 1984.

Lee, Sang Hyun. "Called To Be Pilgrims: Toward A Theology Within The Korean Immigrant Context" in *The Korean Immigrant In America*. Ed. Byong-suh Kim and Sang Hyun Lee. Montclair, New Jersey: The Association of Korean Christian Scholars in North America, 1980, 37-74.

______ . "Called To Be Pilgrims: Toward an Asian-American Theology From the Korean Immigrant Perspective" in *Korean American Ministry*. Ed. Sang Hyun Lee (The Consulting Committee on Korean American Ministry, The Program Agency, Presbyterian Church (U.S.A.), 1987, 63-120.

Lockyer, Herbert. *All the Men of the Bible*. Grand Rapids, Michigan: Zondervan Publishing House, 1958, 28-29.

Min, Pyong Gap. "Asian Americans: A Survey of Ethnic Groups" in *Korean Americans*. Ed. Pyong Gap Min. This paper is a part of a forthcoming book by Sage Publication, 1991.

Robertson, Ian. *Sociology*. New York: Worth Publisher, 1977.

Stonequist, Everett V. *The Marginal Man: A Study in Personality and Cultural Conflict*. New York: Russell & Russell, 1937.

박승호, "격동하는 세계 속에서 한인 이민교회가 나아갈 길," <보스톤 한인교회 첫희년 심포지움> 2003년 11월.

이영길. "이민교회의 특성과 신학 II," 2008년 6월 16일 장로회신학대학교 세계선교연구원 강연 원고.

조은식. "북한이탈주민들의 적응과정 연구," 『선교신학』 제14집 (2007): 95-123.

______.『통일선교: 화해와 평화의 길』 서울: 미션아카데미, 2007.

현용수. 『문화와 종교교육』 서울: 쉐마, 2007.

『크리스찬 신문』(미주판). November 25, 1991, p. 6.

『중앙일보』(미주판), 1989년 11월 8일.

______. 1990년 3월 6일.

ABSTRACT

Forming a New Community for the Korean Immigrant

This study focuses on the importance of forming a new community for the Korean immigrant in the United States. In order to do this, I discuss experiences of immigrant life and awakening to the reality of a different culture, and consider the identity of Korean immigrants in a Christian perspective.

From arrival until a certain period after, many Korean immigrants do not see objectively what they are facing in reality. They do not have a clear understanding of the American reality. The reality of a grueling immigrant life is overshadowed by their idealistic expectation of the land of opportunity and freedom.

After a certain period, Korean immigrants begin to realize their real problems, such as family problem, the race problem and cultural differences. One of serious problems that Korean immigrants face is marginality. The first generation of Korean immigrants has a limit on how much they can assimilate to a huge organization such as America.

When Korean immigrants encounter the reality of life in the United States, they become conscious of the problems they are faced with, and realize their present situation. They feel alienated in this wilderness country and have strange feelings because they live in a bi-cultural setting. Then they realize the need of their new identity as Korean-American. It is important to understand the new culture and form a new identity in order to adapt new culture in a foreign country.

The Korean immigrant church is a very important place for the Korean immigrant. The church provides a meaning to life, a sense of belonging, and psychological peace of mind to immigrants. Furthermore, the church should participate in social issues in a mainstream society for rights and interests. The immigrant church helps people discover their identity through Christian faith. The church has a threefold function: kerygma, koinonia and diakonia. If there three functions are well combined, the church may help Korean immigrants to develop a new community.

Korean immigrants should open their clannish boundary of community. A way to live authentic Korean-Americans is beyond the boundary of Koreanness and interacts with the mainstream society and other ethnic groups. With the identity of Korean-Americans, Korean immigrants move toward a dyanamic society of the United States. Then they can develop a new community in muticultural, multiethnic and multiracial society.

▶ **Key Words :** immigrant, identity, marginality, bi-culture, adaptation

삶에서 찾는 문화선교

초판인쇄 2009년 6월 8일
초판발행 2009년 6월 15일

지은이 조 은 식

펴낸이 김 대 근

펴낸곳 **숭실대학교 출판부**
서울 동작구 상도동 511

등록 제14-2호(1982.1.25)
TEL.02-820-0771~2
FAX.02-817-5297
http://press.ssu.ac.kr

찍은곳 한컴인쇄정보
TEL.02-2274-3394~5
FAX.02-2274-3397

값 12,000원

ISBN 978-89-7450-244-7 03230